A STUDY ON THE INTRODUCTION
AND EVOLUTION OF ENGLISH LOAN WORDS

英源外来词的引进与演变研究

李海燕 著

中国社会科学出版社

图书在版编目(CIP)数据

英源外来词的引进与演变研究 / 李海燕著. —北京：中国社会科学出版社，2018.4

ISBN 978-7-5203-2329-1

Ⅰ.①英… Ⅱ.①李… Ⅲ.①汉语-外来语-研究 Ⅳ.①H139

中国版本图书馆CIP数据核字(2018)第071047号

出 版 人	赵剑英
责任编辑	任　明
责任校对	沈丁晨
责任印制	李寡寡

出　　版	中国社会科学出版社
社　　址	北京鼓楼西大街甲158号
邮　　编	100720
网　　址	http://www.csspw.cn
发 行 部	010-84083685
门 市 部	010-84029450
经　　销	新华书店及其他书店
印刷装订	北京君升印刷有限公司
版　　次	2018年4月第1版
印　　次	2018年4月第1次印刷
开　　本	710×1000　1/16
印　　张	16.25
插　　页	2
字　　数	250千字
定　　价	75.00元

凡购买中国社会科学出版社图书，如有质量问题请与本社营销中心联系调换
电话：010-84083683
版权所有　侵权必究

摘　要

本书选择清末以来引进的英源外来词作为研究对象，通过描述和分析外来词的译介方式及其形、音、义的演变，探索其对汉语词汇系统的影响，以期能够进一步拓展对外来词的研究，同时也能为外来词的规范提供一定的理论依据。

除绪论和结语外，全书共分六章。

在绪论部分，我们阐明了本选题的宗旨和研究目标，界定了本书的研究范围和对象，概述了相关研究的现状及存在的问题，明确了本研究所运用的语料来源、研究方法和相关理论。

第一章我们将英源外来词引进的三个高潮期进行了对比，从译介主体、译介方式、词语类属、引进途径等方面总结了这三个时期英源外来词的特点。

第二章介绍了英源外来词译介方式的类型，并对其演变进行了分析，研究表明，纯音译向意译过渡并非汉语发展的必然趋势。译介方式的演变始终是在透明化、简明化和陌生化、新颖化之间寻找着平衡点。同时，本章还从英语原词的角度考察了其对译介方式选择的影响。

第三章将英源外来词词形的演变分为同源异形和同形异源，并分析了造成这两种现象的内在原因。

第四章阐述了英源外来词语音演变中常见的三种音系修补策略，即音段的置换、音段的增删以及音节的拆分重构。研究表明，这三种策略的采用一方面是为了尽可能地保留英语中的语音信息，力求语音的近似；另一方面是为了满足汉语的音系结构要求。

第五章采用共时研究和历时研究相结合的方法，将英源外来词词义的演变分为"自发而生的词义演变"和"借用而生的词义演变"，既考察了英源外来词在汉语的语用环境中自发生成的演变，也考察了在其历时发展过程中受英语原词影响而发生的演变。

第六章考察了英源外来词的引进对汉语语素系统、词缀系统、多义词的形成和同义词场所产生的影响。同时，对于英源外来词中关注较少的两个方面，我们也进行了尝试性的研究。一个是英源外来词的回潮现象，借助强势方言的力量是英源外来词重新出山所采用的一种手段，词义的宽泛和变异是这些回潮词能够在汉语的普通话词汇系统内长期留驻的决定性因素之一。另一个是对英源外来词的冗余组合现象的分析，研究表明，求新与合作的语用心理是促成这种现象形成的原因。

最后，在结语中，我们对研究内容作出了总结，并指出不足之处以及今后研究的方向。

关键词：英源外来词；译介方式；词形；词义；语音修补策略；演变

ABSTRACT

This book selects the words borrowed from English since late Qing Dynasty as its object of study. It describes and analyzes the evolution on the translation methods, forms, phonology and meanings of the loanwords, as well as investigates into their influence on Chinese vocabulary, with an attempt to extend the research on the loanwords and provide a certain theory basis for the standardization.

Apart from the introduction and conclusion, this book can be divided into six chapters.

In the introduction, we mainly expound research objectives of the topics, summarize the present situation and problems of related research, and define the scope of the research, corpus sources, research methods as well as related theories used in this study.

In chapter one, we divide the borrowing climaxes into three periods and summarize the characteristics of the loanwords in different periods from the following aspects: the subjects of translation, the methods of translation, the category of loanwords and the borrowing ways of loanwords.

In chapter two, it introduces and analyzes the types and the evolution of the translation methods. It shows that phonetic loan taking the place of transliteration is not the inexorable tendency of the Chinese language development. The evolution of the translation methods has always been to find a balance between simplicity and novelty. At the same time, this chapter also investigates influences of original English words on the selection of the translation methods.

In chapter three, the evolution of forms can be divided into two situations. One is the words with the same source and different forms. The other is the words with the same forms but different sources. And in this chapter we also analyze the reasons for the two phenomena.

In chapter four, it expounds three phonological repair strategies, such as phonemic replacement, epenthesis, deletion and reconstructions of syllables. It shows that the adoption of the strategies is to retain phonetic information of original English words. On the other hand, it is to meet the requirements of Chinese phonological structure.

In chapter five, on the meanings of the loanwords, we analyze synchronically and dynamically the evolution of their lexical, grammar and coloring meanings, which change with the development of the times and the society and are influenced and restricted by the original English words.

In chapter six, we put an emphasis on the influence of the loanwords on the Chinese vocabulary system. In addition, we focus on other two aspects that the researchers put little attention to. One is about the borrowings once replaced by the phonetic loan words. We analyze the reasons for their reappearance and the methods they adopt. The other is about the redundant syntax of the borrowings from English. It shows that the pragmatic psychology of seeking for new expressions and cooperation is attributed to this language phenomenon.

Finally, it summarizes the contents of the study and points out the inadequacies and the direction of future research.

Keywords: loanwords from English; translation methods; forms of the words; meanings of the words; phonological repair strategies; evolution

目　　录

绪论 ……………………………………………………………（1）
　　一　选题宗旨与研究目标 …………………………………（1）
　　二　研究范围与语料来源 …………………………………（2）
　　三　相关研究现状及存在的问题 …………………………（3）
　　四　研究思路和方法 ………………………………………（13）
　　五　语言学理论和实践对本研究的指导意义 ……………（14）
第一章　英源外来词的引进 …………………………………（16）
　　一　清末至"五四"运动前后 ……………………………（16）
　　二　"五四"运动至20世纪上半叶 ………………………（30）
　　三　20世纪80年代至现在 ………………………………（32）
第二章　译介方式的类型与演变 ……………………………（38）
　第一节　译介方式的类型 ……………………………………（38）
　　一　音译 ……………………………………………………（38）
　　二　仿译 ……………………………………………………（61）
　　三　形译 ……………………………………………………（68）
　第二节　译介方式的演变 ……………………………………（78）
　　一　纯音译向意译的演变 …………………………………（79）
　　二　五种音译方式之间的演变 ……………………………（98）
　　三　音译和形译之间的演变 ………………………………（102）
　　四　音译、仿译、意译之间的演变 ………………………（103）
　第三节　英语原词对译介方式选择的影响 …………………（105）
　　一　英语商标词与谐音音译 ………………………………（105）
　　二　化学元素词与形声化音译 ……………………………（107）
　　三　普通化了的英语专有名词与音译添意 ………………（108）

四　英语派生词、复合词与仿译、音意半译 …………… (111)
第三章　词形的演变 ……………………………………… (114)
　第一节　同源异形 ……………………………………… (114)
　　一　同一译介方式下的同源异形 …………………… (114)
　　二　不同译介方式下的同源异形 …………………… (121)
　第二节　同形异源 ……………………………………… (123)
　　一　原有字义消解形成的同形异源 ………………… (123)
　　二　字面组合连缀成义形成的同形异源 …………… (125)
　　三　字面意义附加了联想意义形成的同形异源 …… (127)
　　四　外来语素参与构词后形成的同形异源 ………… (129)
第四章　语音的演变 ……………………………………… (131)
　第一节　音段的置换 …………………………………… (131)
　　一　辅音的置换 ……………………………………… (131)
　　二　元音的置换 ……………………………………… (135)
　　三　音段置换的其他制约因素 ……………………… (137)
　第二节　音段的增删 …………………………………… (139)
　　一　音段的增加 ……………………………………… (139)
　　二　音段的删减 ……………………………………… (141)
　第三节　音节的拆分重构 ……………………………… (143)
　　一　拆音 ……………………………………………… (144)
　　二　重新切分 ………………………………………… (144)
第五章　词义的演变 ……………………………………… (146)
　第一节　自发而生的词义演变 ………………………… (146)
　　一　词汇意义的演变 ………………………………… (147)
　　二　语法意义的演变 ………………………………… (165)
　　三　色彩意义的演变 ………………………………… (171)
　第二节　借用而生的词义演变 ………………………… (175)
　　一　义项的增加 ……………………………………… (176)
　　二　语法意义的演变 ………………………………… (178)
第六章　英源外来词的引进对汉语词汇系统的影响 …… (181)
　第一节　对汉语语素系统的扩充 ……………………… (181)

一　音译形成的衍生性语素 ································· (181)
　　二　仿译形成的衍生性语素 ································· (188)
　　三　形译形成的衍生性字母语素 ···························· (191)
　　四　衍生性外来语素的产生机制 ···························· (192)
　第二节　对汉语类词缀系统的丰富 ···························· (195)
　　一　外源性类词缀的引进与汉化 ···························· (198)
　　二　自源性类词缀的显化 ··································· (206)
　　三　外来类词缀的产生机制 ································· (209)
　第三节　对汉语固有词义项的增补 ···························· (210)
　　一　由仿译移植而来的外源义项 ···························· (210)
　　二　受仿译影响而生的外源义项 ···························· (211)
　第四节　对汉语同义词场的扩容 ······························ (213)
　　一　同义词场形成的途径 ··································· (213)
　　二　同义词场内部关系的考察 ······························ (214)
　　三　同义组合的冗余现象分析 ······························ (228)

结语 ··· (236)

参考文献 ·· (238)

绪　　论

一　选题宗旨与研究目标

现代汉语词汇的研究相对于语音学和语法学这两门"显学"来说，是一门后起的、相对比较薄弱的学科。无论是在理论的建设和架构上，还是在语料的收集和整理上，无论是在内部结构分类和分析方面，还是在外部使用语境的研究方面，无论是在共时研究的领域，还是在历时演变的领域，其成果都是相对较少的。而外来词作为词汇研究中的一个子集，其涉及面虽然广至文化、社会、语言、民族、翻译等诸多方面，但却一直显得门庭冷清。季羡林先生在为《异文化的使者——外来词》一书作序时，曾感慨地指出："世界上一些先进的文明国家，往往都有一批研究外来词的专家，有不少的外来语词典……反观我国，不无遗憾。研究外来词的专家很少，编纂成的专著和词典更不多见。广大人民群众对这方面的知识，几乎等于零。这与我们改革开放的大气候显得异常不协调。"[①]

虽然关于外来词的研究已经有一些专著出版，并取得了不少成果，但其研究却并不平衡，仍然有许多缺环需要我们去补充。史有为的《汉语外来词》[②]虽是一部全方位研究汉语外来词的专著，但正因为它的全，才在有些方面疏于简略，比如，对于外来词词义的演变涉及得就很少。相比而言，梁晓虹的《佛教词语的构造与汉语词汇的发展》[③]一书，将研究范围限定在佛教词语这一特定的领域，所以达到了比较精深的程度。因此，我们认为将外来词的研究范围限定在英语来源的这一领

[①] 史有为：《异文化的使者——外来词》，吉林教育出版社1991年版，第2页。
[②] 史有为：《汉语外来词》，商务印书馆2016年版。
[③] 梁晓虹：《佛教词语的构造与汉语词汇的发展》，北京语言学院出版社1994年版。

域中，将有利于进一步拓展对外来词的研究。通过对清末以来英源外来词在我国的共时状况和历时变化的研究，探索其形式和内容的动态演变过程，分析其对汉语词汇系统的影响，能够深化我们既有的研究成果，并在此基础上有所补白和创新，同时也能为外来词的规范提供一定的理论依据。

本项研究的目的是在对清末以来英源外来词的全面梳理和定量分析的基础之上，在下列四个方面作出探索：第一，通过对英源外来词引进历史的回顾，总结出各个历史时期英源外来词在引进途径、译介方式等方面呈现出的不同特点；第二，总结英源外来词译介方式之间的演变规律，并从英语原词的角度考察其对译介方式选择的影响；第三，系统地探索英源外来词形、音、义演变的规律；第四，探索英源外来词的引进对汉语语素系统、词缀系统、多义词的形成和同义词场所起到的作用，在典型的个案分析的基础之上，试图抽取一些规律性的认识。

二 研究范围与语料来源

本书的研究范围限定于清末以来的英源外来词。我们知道，英语中有许多外来词。据统计，英语里的外来词已经达到 50 万个以上[①]，而且还在递增。本研究所说的"英源"，指的是以英语词的身份被引进到汉语中，至于这个词在英语里是不是源自其他语言的外来词，则不在本研究的考察范围之内。如：tango 在英语里是个源自西班牙语的外来词，进入汉语中时，是以英语词的身份被引进的，用纯音译的方式转写为"探戈"，因此我们认为"探戈"是个英源外来词。

本研究的语料主要来自以下这些词典和资料：

1. 刘正埮、高名凯、麦永乾、史有为编：《汉语外来词词典》，上海辞书出版社 1984 年版。

2. 李行健、曹聪孙、云景魁主编：《新词新语辞典》（增订本），语文出版社 1993 年版。

3. 香港中国语文学会：《近现代汉语新词词源词典》，汉语大词典出版社 2001 年版。

---

① 汪榕培：《英语词汇学高级教程》，上海外语教育出版社 2002 年版，第 380 页。

4. 钱乃荣主编：《酷语 2000》，上海教育出版社 2001 年版。

5. 杨健平主编：《时尚词汇——新名词应知应晓》，北京科学技术出版社 2001 年版。

6. 包铭新：《时尚话语》，上海科学技术文献出版社 2001 年版。

7. 沈孟璎主编：《实用字母词词典》，汉语大词典出版社 2002 年版。

8. 亢世勇、刘海润主编：《新词语大词典（1978—2002）》，上海辞书出版社 2003 年版。

9. 王均熙编撰：《当代汉语新词词典》，汉语大词典出版社 2003 年版。

10. 宋子然主编：《100 年汉语新词新语大词典（1912—2011 年）》，上海辞书出版社 2014 年版。

11. 周荐、侯敏等主编：《（2006—2015）汉语新词语》，商务印书馆。①

上述资料中，《汉语外来词词典》所收录的英源外来词主要是从清末到 20 世纪 80 年代初的，《近现代汉语新词词源词典》为清末至"五四"运动前后引进的英源外来词提供了例句和佐证。20 世纪 80 年代以后的英源外来词主要由其他几本新词语词典和字母词词典所收录，这些词典所收录的英源外来词共 4923 个，基本能覆盖和反映英源外来词从清朝末年到现在的历史面貌，能够满足我们的研究需要。其中，《汉语外来词词典》中收录的 3381 个英源外来词是我们重点考察的对象。《实用字母词词典》收录英源字母词 1192 个，其他几本新词词典共收录英源外来词 350 个。

在研究中，有些描写需要自然语料来支持，我们将利用北京大学中国语言学研究中心的 CCL 语料库，并采用近十年的《人民日报》的语料作为我们的自然语料来源，对语言现象进行考察和验证。

三 相关研究现状及存在的问题

我国语言学界对汉语外来词进行自觉的研究可追溯到 20 世纪 50 年

---

① 这套丛书为新词语编年本，每年出版一本。

代。在这60多年的研究历程中,其研究的焦点主要集中在以下几个方面。

(一) 关于外来词的范围和确定的标准的研究

关于外来词的范围和确定的标准问题,分歧主要表现在意译词的归属问题上。

意译词的归属问题实质上是和外来词的定义问题分不开的。学术界对外来词的定义存在着分歧,分歧的焦点在于:从内涵看,是指把外语词中的音义全部借入,还是指借入形、音、义中的任何一个因素;从外延看,就是意译词和日语汉字词是否应归于外来词。因为日语汉字词不在本研究的考察范围之内,所以在这里不作讨论。

1. 意译词可分为两种,一种是仿译词,即在意译过程中保留了外语词原有的结构形式,逐字直译过来的词,如:足球(football)、马力(horsepower)。另一种是全译词,即完全根据本族语的结构方式将外语词翻译过来,如:火车(train)、电脑(computer)。认为意译词是外来词的学者也由此而分为两派。

(1) 认为仿译词是外来词,而全译词不是外来词。持这种观点的学者主要有周定一、张德鑫等。

周定一将受外语影响的语词分为六类:音译的、半音译半意译的、音译加义类或加限制词的、音意兼译的和借译的。其中"借译的"就是指采用仿译的方式,"全译词"在文中被称为"描写词"。他认为,把描写外来新事物、新概念的所谓"描写词"也放在外来语的范围之内,有点说不过去;而把"马力""蜜月"等词看成外来语的一个类别,却不是毫无道理。因为,第一,这些词在原来的语言里大半是由几个词组合起来的,意译过来在词的结构上受到原文的限制;还有一部分在原来的语言里是明显的复合词,意译也受同样的限制。第二,这些词在原来的语言里很多不能从字面上直接见意,多少带点字面之后的特指含义。①所以,他认为仿译词属于外来词。

张德鑫将"仿译词"称为"半汉化意译词",认为这种半汉化意译词,如:热狗(hotdog)、水门(watergate)之类的词,也应算是外来

---

① 周定一:《"音译词"和"意译词"的消长》,《中国语文》1962年第10期。

词，因为它们不能像有些汉语新生复合词那样能够望字生义，其含义完全决定于外语原词所指及其背景典故。①

另外有的学者并未明确区分仿译词和全译词，如：贺文照在其研究中阐述了意译词属于外来词的理由，但文中所举之例均为仿译词，未见有全译词，由此可推知，至少作者认为仿译词是外来词。作者在文中陈述的理由是："……仔细比较这些意译词和括号里相应的外语词，不难发现它们在词义结构上的联系；这些汉语意译词和相应的外语词一样，使用的都不是它们的字面意义而是它们的引申意义，它们引申意义的理据只能到外国文化中去寻找，尤其是在意译外来词刚刚引进之时……通过以上分析，我们似乎可以得出结论，意译词可以堂堂正正地称为外来词。"②

（2）认为仿译词和全译词都是外来词。持这种观点的学者有罗常培、潘允中、郭伏良等。

罗常培将汉语里的外国借词分为四类：音译词、新谐声字、借译词和描写词。音译词又细分为四类：纯译音的、音兼义的、音加义的和译音误作译义的。③其中的"借译词"就是我们所说的"仿译词"，"描写词"就是"全译词"。

潘允中认为，连词和音搬过来是借词，仅以汉字翻译原来的词义的是译词，并将这两种词都归入外来词。④

郭伏良认为借意类的词也属于外来词，并将其分为整体意译、意译加类名、逐词意译三种。⑤其中，"整体意译"就是我们说的"全译"，"逐词意译"就是"仿译"。

还有一些学者对意译词为何是"外来词"这个问题提出了较为明确的理由。如：

---

① 张德鑫：《第三次浪潮——外来词引进和规范刍议》，《语言文字应用》1993 年第 3 期。
② 贺文照：《汉语意译外来词归属问题探讨》，《安庆师范学院学报》（社会科学版）2000 年第 3 期。
③ 罗常培：《语言与文化》，语文出版社 1989 年版，第 27—30 页。
④ 潘允中：《汉语词汇史概要》，上海古籍出版社 1989 年版，第 20 页。
⑤ 郭伏良：《新中国成立以来汉语词汇发展变化研究》，河北大学出版社 2001 年版，第 30—38 页。

孟华将"意译词"分为"半同化意译词"（仿译词）和"全同化意译词"（全译词）两种。从词的命名原因和命名过程，说明了全同化意译词是外来词的理由。他指出，全同化意译词的根本属性在于：它们是由译名而不是由一般命名产生的。从命名原因看，全同化意译词产生于两种语言间发生借用时的"定名空缺"，而不是本族语自发的衍生物；从命名过程看，全同化意译词并未经历一般命名那样的"内化""外化"的概念形成过程，它仅是赋予来自异族的概念以纯粹的民族化语言形式。同时，它也是两种文化接触时一种文化借鉴另一种文化的产物，应该属于外来词。①

另外，有的学者前后观点相左，这也从一个侧面反映出这个问题的复杂性。葛本仪在《汉语词汇研究》中曾论述道："（汉语吸收外来词一般表现为……）再一种是鉴于外语词所表示的意义，然后用汉语的词素和组词规则形成新词。这类词通常也称作意译词。如：民主、足球、铁路、电话、煤气……"② 从中我们可以看出，作者认为全译词和仿译词都是外来词。但是在 2003 年出版的《汉语词汇学》中又改变了自己的观点，指出："受外语词的影响包括两个方面的含义，其一是语音的影响，其二是词素结构的影响。尽管 foot 翻译成'足'，ball 翻译成'球'，'足'和'球'都不是外来词，而是汉语中固有的词，但作为词素构成的'足球'却不是汉语中固有的词，'足球'的产生是受到了英语原词 football 的词素及结构影响产生的，因此它也是一个外来词……此类外来词的确受到外语原词的影响，受外语原词的影响与受外语原词所表示的事物的影响是不一样的，这类词有别于以下的词：telephone－电话……"③ 从这些论述中，我们可以看出，作者只承认仿译词是外来词，而将全译词排除在外了。

上述学者对外来词的界定，学术界称之为"广义外来词"。

2. 认为意译词不是外来词。如：

吕叔湘指出："译语有两种，译意的和译音的。译意的词，因为利用原语言里固有的词或词根去凑合，应归入合义复词，而且也不能算是

---

① 孟华：《译名和译名方式的文化透视》，《语文研究与应用》1992 年第 1 期。
② 葛本仪：《汉语词汇研究》，山东教育出版社 1985 年版，第 33—34 页。
③ 葛本仪：《汉语词汇学》，山东大学出版社 2003 年版，第 71 页。

严格的外来词。译音的词，浑然一体，不可分离，属于衍声的一类。"①

高名凯、刘正埮认为，把外语中具有非本语言所有的意义的词连音带义搬到本语言里来，这种词才是外来词。因为它是把"音义的结合物"整个地搬了过来。如果只将汉语的词所表明的意义搬了过来，这就只是外来的概念所表现的意义，不是外来的词，因为我们并没有把外语的词（"音义的结合物"）搬到本语言里来，只是把它的概念所表现的意义搬过来罢了。②

符淮青认为，从外国语言和本国其他民族语言中连音带义吸收来的词叫外来词。外来词不包括意译词，意译词是根据原词的意义，用汉语自己的词汇材料和构词方式创造的新词。③

上述学者对外来词的界定，学术界称之为"狭义外来词"。

另外，有的学者对意译词的归属问题持一种模棱两可的态度，如：梁晓虹曾论述道："我们可以赞同这种意见（即意译词不算作外来词）。但有一点却要提出来，即无论是音译、意译、半音半意所创造的词，都是因为和外来民族的文化交流、沟通，吸收了他族人民所介绍的新事物或新概念才有。语言是抽象思维的负担者。而抽象思维，又是客观事物在人脑中的反映。没有客观事物的存在，没有客观事物在人脑中的反映，作为抽象思维负担者的词也就不能存在。所以，一个新词的产生总是因有了新概念的产生，而新概念的产生也总有客观新事物的产生或对客观事物的新认识的产生为基础。从这个意义上说，即使是意译的词，也毕竟因其'义'是'外来'的，所以也仍和本族语词有本质的区别。"④作者一方面承认意译词不是外来词，另一方面从语言和思维的关系角度论证了意译词不同于本族语词。

3. 为了解决外来词的归属问题，有些学者还提出用另外的名称来取代"外来词"这一名称。如"香港中国语文学会'外来概念词词库'总说明"中提出了这样的观点：

---

① 吕叔湘：《中国文法要略》（上），商务印书馆1941年版，第19页。
② 高名凯、刘正埮：《现代汉语外来词研究》，文字改革出版社1958年版，第8—9页。
③ 符淮青：《现代汉语词汇》（增订本），北京大学出版社2004年版，第187页。
④ 梁晓虹：《佛教词语的构造与汉语词汇的发展》，北京语言学院出版社1994年版，第63页。

"外来词"或"外来语"常给人一种错觉,以为这种词的形、音、义均为外来的。尽管如此,我们还是认为,将汉语中那些形、义和音、义外来的词称作外来词是比较合理的(前者如源自日语的外来词,后者如音译词),因为它们的形、音、义三者中有一半以上是外来的。但对只是"义"为外来的词(意译词),也称"外来词"就有点勉强了,因为这类词的形、音、义三者已有一半以上是中式了,这种词只能称其为"外来概念词",而"事物概念为外来的"这一特点又是这三种词所共有的。所以我们认为,用包容性更广的"外来概念词"来取代"外来词"这一名称,那是更趋合理的。

因此,我们给汉语中的"外来概念词"所下的定义是:汉语表示本为外族语词的概念的那种词。①

但也有学者对这一提法提出了异议。如:吴世雄认为,外来词可分为七类:形借、音借、形借兼音借、义借、形借兼义借、音借兼义借、形借兼音借兼义借。前三种是"外来形式词",后四种是"外来概念词",因此他认为外来词包括"外来概念词"和"外来形式词",其包容性和所指范围显然都比"外来概念词"更大。②史有为同样也对此提出了质疑,指出关于"拜拜"之类的词不是外来概念词,因为"从其概念看,并非外来,中土早已有之,两者之区别,仅仅在于风格之不同或语用条件之略异"。而"OK"之类的词,则并非概念词,而是叹词。③

随后,黄河清又提出了"汉语外来影响词"的说法,将其定义为"汉语中受外来影响的词。这种影响有来自外语的,如语音、词义、词形等方面,也有来自外来事物的"④。对于这一提法,吴世雄认为"离科学的要求尚有很大的距离"。他指出,这个概念很模糊,很难区别汉语外来影响词和汉语本体词。例如,"阿Q"这个词显然在词形上受到

---

① 《香港中国语文学会"外来概念词词库"总说明》,《词库建设通讯》1993年第7期。
② 吴世雄:《关于"外来概念词"研究的思考》,《词库建设通讯》1995年第8期。
③ 史有为:《外来概念词质疑及其处置》,《词库建设通讯》1993年第7期。
④ 黄河清:《汉语外来影响词》,《词库建设通讯》1995年第8期。

外语的影响，可它却是一个地道的"中国概念词"，是土造的中国词，不能把它看作外来词。①

综上所述，不论是狭义外来词还是广义外来词，不论是外来概念词还是外来影响词，其争论的焦点之一就是是否将意译词纳入自己的研究范围。

在本书中，我们认同关于广义外来词的第一种观点，认为有必要区分仿译词和全译词，并将仿译词纳入研究的范围，这主要是基于以下两点考虑：

第一，仿译词不仅将外语原词的概念借了进来，而且将构成这一概念的独特的语义结构和语法结构也借了进来，使汉语许多语素或词的语义、用法等发生了明显的变化，为汉语的构词提供了新的"词模"。

第二，仿译词包含着一个自主命名的过程，凝聚着外民族独特的思维方式和文化内涵。如："热狗"是 hot dog 的仿译，用来指"一种中间夹有热香肠、酸菜、芥末酱等的面包"。美国人将 hot dog 称为"腊肠狗香肠"。在美国买腊肠狗香肠的小贩，胸前挎着一个热水箱，里面装了保温的香肠，叫卖"Get your dachshund sausage！"人们常用面包夹着这种香肠吃。到了 1906 年，一个报社漫画家将他看到的香肠画成漫画刊登在报纸上，不过他画的是一个面包，里面夹了一只腊肠狗，而不是香肠，因为他不会拼 dachshund 这个词，就在漫画下面写了"Get your 'hot dog'！"，之后，这种夹有香肠的面包便被叫作 hot dog。仿译词中所凝聚的这种文化内涵，不是通过组成语素的意义的简单叠加就能获得的。因此可以说，仿译词在很大程度上保留了原词语的文化信息，是异域文化的传递者。

而全译词则完全是用汉语本有的语素材料和构词方式而造的词，没有任何异域的色彩，所以不宜看作外来词。但是，由于汉语中有相当一部分音译词转化为了全译词，为了保证研究的连续性和完整性，我们在论述这种演变的过程中，对这一部分全译词也会有所涉及。在本研究中我们将这些"全译词"称为"意译词"。

---

① 吴世雄：《关于"外来概念词"研究的再思考》，《词库建设通讯》1997 年第 1 期。

（二）关于外来词的分类的研究

关于外来词的分类，各位学者的分类标准各有不同，或根据外来词的来源，或依据外来词进入汉语的时间，或是按照外来词的译介方式等来进行分类。其中在这一方面的研究着力较多的当属史有为的专著《汉语外来词》。作者认为，影响外来词资格的因素有借入方式、应用、频度、社群、语义等五种。这些因素造成了外来词的不同类型。作者分别从以下四个角度对外来词的类型进行了分类[①]：

（1）外来词的形式类型

借音：单纯音译；谐音音译；音译字形意化；音译加义标

音形兼借：纯字母词；日源汉字音译词；日制汉字意译词

半借音半借义：半音译半意译

单纯借形：与原字音无关的借形；字音同源的借形

（2）外来词的功能类型

应用类型：引进性应用；介绍性应用；注源性应用；研讨性应用

频度类型：最常用；常用；不常用；罕用

（3）外来词的社会类型

全员社群：包括海内外所有以汉语/华语为母语的社群

母体社群：中心社群；地方社群

子体社群：子社群中的主居社群；子社群中的客居社群

特殊的地方社群：台湾社群；香港社群

（4）外来词的语义类型

语词类：概念外来词；感叹外来词

专名类：单纯记号型专名；特点联想型专名

术语类：专门学科的专门用语

作者讨论了由五类因素造成的不同类型的外来词，这实际上也就是讨论了外来词的功能，使我们能够从功能与类型这一新的角度来认识外来词。

（三）关于外来词汉化规律的研究

高名凯、刘正埮在《现代汉语外来词研究》一书中就外语词如何汉

---

① 史有为：《汉语外来词》，商务印书馆2016年版，第148—185页。

化为汉语外来词分别从语音、语义、语法三个方面进行了总结。作者将英语原词和相应的现代汉语外来词的发音法进行了详细的比较,总结出了19条规律。同时又从语义学的角度考察了外来词的汉化规律,总结了三个方面的规律。另外,作者还从语法的角度指出外来词在进入汉语后要受汉语语法的支配。①从上述的三个方面来看,论述的较多的是外来词在语音方面的汉化规律,这是作者阐释得最为精彩的部分,也是在这一领域里较为经典的论述。

杨锡彭在其专著中对外来词在语音、语义、语法形式、书面词形等方面的汉化规律进行了总结,并提出了较为独到的见解。在语音汉化方面,提出"语音对应法"和"汉读法"是两种互相补充、各有利弊的语音汉化手段。在语义汉化方面,基于汉字的认知特点以及词结构的语义变化分别提出了"语义虚化"和"重新分析"等规律。②

(四) 关于外来词的文化视角研究

罗常培的《语言与文化》一书从分析词语的语义出发,探讨了语言与文化的关系。③该书的主要内容是从语词的语源和演变看过去文化的遗迹,从造词心理看民族的文化程度,从借字看文化的接触,从地名看民族迁徙的踪迹,从姓氏和别号看民族来源和宗教信仰,从亲属称谓看婚姻制度,以大量的语言个案分析为出发点,论述了语言所反映出来的文化特点以及不同民族间文化交往的概貌,开创了研究汉语与文化之关系领域的先河。

高名凯、刘正埮论述了外来词与文化交流的关系,将外来词按照其所指明的事物或概念,根据其范围,分类排比,从中分析外来词所反映的汉族文化发展的趋势,并得出了这样的结论:汉族人民在和世界上其他国家的人民接触的时候,已迅速地打破"闭关自守"的局面,而走上了和世界文化合流的道路。与此同时,我们又保留了自己传统文化的民族特点,从而在世界文化的领域中占据了一个显著的地位。④

史有为的《异文化的使者——外来词》是从文化学视角研究外来词

---

① 高名凯、刘正埮:《现代汉语外来词研究》,文字改革出版社1958年版。
② 杨锡彭:《汉语外来词研究》,上海人民出版社2007年版。
③ 罗常培:《语言与文化》,语文出版社1989年版。
④ 高名凯、刘正埮:《现代汉语外来词研究》,文字改革出版社1958年版,第140页。

的另一本专著。该书首先论述了什么是外来词以及外来词的文化品格，分析了外来词的二重性，即外民族语的某些语言文化性质和本民族语的某些固有语言文化性质。其次，从四个方面论述了华夏文化与外族文化在交流过程中所产生的外来词，即：①华夏文化与古代四裔文化在接触和交流中产生的外来词；②入主中原的各少数民族遗留在华夏文化中的各种外来词；③佛教、摩尼教、伊斯兰教、基督教、犹太教在中国传播的过程中遗留下来的宗教外来词；④欧美文化和日本文化在与华夏文化进行交流的过程中所产生的外来词。上述外来词的来源与词义在这本专著中都有较为详细的说解，这也是本书的一大特色。最后该书论述了外来词对汉语语词的整合模式所产生的影响，细致地分析了音译词和音义合译词的构成，归纳为四大类型十种方式，认为大部分外来词的各音节之间无法形成意义联系，是散性关系，只有小部分谐音的音义兼译词，"各意化音节之间的关系勉强符合汉语传统构词方式，在意义上呈现聚性关系"①。这十种整合方式突破了汉语传统的词内整合模式，而且正在影响汉语一部分新词的整合构成。

综上所述，目前学术界已经在外来词的范围和定义方面作了许多论述与探讨，但至今尚无定论。在外来词的类型分类方面作了多角度的研究与考察，同时在外来词的汉化规律以及外来词与文化的关系方面也作了许多分析与研究，提出了一些很有见地的见解与看法。但从整体而言，与语言学其他领域的研究相比，汉语外来词的研究是薄弱的，缺乏应有的广度和深度，具体表现在以下几方面：

（1）多倾向于形式和类型的静态研究，缺乏动态性的研究，尤其是外来词的词义演变规律的研究。高名凯、刘正埮从动态的角度细致地分析了"浪漫史"这个词与它在外语中的原词 romance 的语义对应规律②，但仅限于个案的分析，缺乏系统性、规律性的建构。张永言就曾指出了外来词研究中存在的这种片面性，认为"我们不仅要研究一个外来词是从哪里传来的，什么时候传来的，为什么传来的和怎样传来的，而且要研究它是怎样被同化的，它的意义发生了什么变化，这些变化是

---

① 史有为：《异文化的使者——外来词》，吉林教育出版社1991年版，第268页。
② 高名凯、刘正埮：《现代汉语外来词研究》，文字改革出版社1958年版，第141—145页。

怎样发生的，它的出现引起了借方词汇里的哪些变化等等"①。

（2）多倾向于从语言内部机制的角度进行研究，缺少综合性和整体性的研究，将语言内部因素与社会、文化、认知心理、语用考察等诸多因素结合起来进行研究做得还不够。

（3）对来自不同语源的外来词进行分类研究做得比较少，不利于外来词研究的进一步深化和拓展。

基于此，我们认为，英源外来词作为外来词的一个重要组成部分，我们有必要对其作一番细致的考察，将共时的研究和历时的研究结合起来，考察它在译介方式、词形、语音和词义的演变过程中出现了哪些特殊现象，发生了怎样的变化，这些变化产生的原因，以及对汉语的词汇系统产生了何种影响，这些不仅有利于深化和拓展外来词的研究，同时对外来词的规范也具有一定的现实意义。

四 研究思路和方法

本书的主要研究方法和思路如下：

1. 共时和历时相结合

20世纪初，索绪尔指出语言有共时的一面，也有历时的一面，并且将共时的研究作为其研究的核心。共时和历时的性质是不同的，但两者之间的联系不允许我们对其进行完全割裂式的研究。本研究在对清末以来的英源外来词进行精细而详尽的整理和分类的基础上，试图对于其形、音、义在历时发展过程中的演变规律作出分析和总结。

2. 描写和分析相结合

在研究中，我们将对英源外来词在译介方式和词义的演变中出现的现象进行翔实而客观的描写，而后对其作出分析。在着重剖析语言内部机制的同时，也力求揭示这些语言现象与社会、认知心理的关系。

3. 静态和动态相结合

本着静态和动态相结合的原则，我们既对外来词的引进与译介方式的类型作出描写和分析，也对译介方式、词形、语音、词义的演变作出考察，并且将词义的演变作为重点考察的对象，选取了两个参照点对其

---

① 张永言：《词汇学简论》，华中工学院出版社1982年版，第94页。

进行研究，不仅注重词义的临时性变化，而且对将要成为或已成为事实的变化进行研究，以保证研究的完整性和立体性。同时，我们对由英源外来词的引进所形成的同义词场进行个案分析，以研究同义词场中各词语之间的动态模式关系。

4. 定量与定性相结合

在研究中，我们对语料进行定量的统计分析，以数字、图表等形式化的手段进行具体、直观的语言事实的描述，最后再进行宏观的定性分析，以保证研究结论的客观性和可信度。

基于上述理论和方法，我们试图对清末以来英源外来词的引进和演变过程进行考察与研究，以期能得出一些规律性的认识。

五 语言学理论和实践对本研究的指导意义

本研究从现代中西语言学的理论精华中受到了诸多启发。

描写语言学认为，要真正认识语言的本质，必须首先对语言的构造进行详尽的描写，才能弄清楚语言自身的构造规律。因此，描写语言学把语言的内部结构和规律作为研究的重点。我们正是在这一理论的启发下，对英源外来词的引进历史、译介方式、词义演变等诸方面进行客观而精细的描写，然后再定性分析、总结规律。

社会语言学把语言当作一种社会现象，放在整个社会生活中加以考察，从社会生活的变化与发展中去探究语言变化发展的规律。与此同时，又从语言的变化与发展，特别是语言要素中最活跃、最敏感的部分——词汇的变化与发展中，去探究社会生活的某些倾向或规律。从这个角度出发，我们就能比较正确地观察和理解英源外来词在汉民族社会的背景下，在使用的过程中所发生的种种变化，并分析和探索引起这些变化的原因。

文化语言学认为，语言与文化之间的关系是互相制约、互相依赖并互相推动发展的，如果脱离了文化的研究，深入的语言研究几乎是不可能的。外来词是外来文化的载体，对它的研究应该是多维的，而且我们发现，在英源外来词的研究中，有些语言现象仅仅从语言本身看是难以理解的，但是如果把它放入文化的范畴来考察，一切便迎刃而解了。因此，文化语言学为我们的研究提供了新的视角。

认知语言学是以语义为中心的语言学，从人的认知能力出发解释词义演变的原因。隐喻和转喻作为人们重要的认知、思维方式，是词义演变的重要机制。人类认知世界时根据事物特征和认知规则对不同事物进行归纳分类，形成不同的认知域。在认知语言学者看来，隐喻是基于相似原则的不同认知域之间的投射；转喻则是相接近或相关联的不同认知域中，一个突显事物替代另一事物。隐喻和转喻能够较好地解释词义演变的过程和条件。

词汇语义学研究词语的意义和意义的变化，把词义的演变分为词的一个意义的演变和一个词的义项的演变两种情况来研究，并且特别注重一个词新旧义项的衍生关系，将其归纳为辐射型、连锁型、交叉型三种模型，这些为英源外来词的词义研究提供了坚实的理论基础。

英源外来词的研究同样需要对比语言学的有关理论和方法。由于英源外来词涉及英语和汉语两种语言，在研究外来词进入汉语后所发生的语音、语义演变时，我们需要将这两种语言中的语音、词汇进行共时的对比研究，描述它们之间的异同，特别是其中的不同之处。因此，对比语言学中的语音对比、词汇对比对于英源外来词的研究也有直接的指导意义。

总之，本研究描写、统计、分析、总结的过程，实际上是在现代语言学中的"描写语言学""社会语言学""文化语言学""认知语言学""词汇语义学""对比语言学"等语言学理论与方法指导下的产物。我们认为，多学科理论的结合是发展语言学的必经之路，而这已经为越来越多的人所认识。

第一章　英源外来词的引进

社会历史的进步与发展，贸易文化的交往与交流，尤其是西方科学技术、文学艺术、宗教哲学思想的翻译和传播，促使汉语吸收了大量的英源外来词。在我国汉语的历史发展过程中，大规模地吸收英源外来词有三次，我们据此将英源外来词的引进分为三个时期。

一　清末至"五四"运动前后

1840年爆发的鸦片战争使中国沦为半殖民地半封建的社会，帝国主义对中国进行了政治、军事、文化、经济等方面的侵略。从鸦片战争到"五四"运动前后，是中国社会急剧变化的时期。这一时期，西方殖民者为掠夺殖民地叩开古老帝国的大门，古老的封建王朝陷入半殖民地半封建的黑暗社会，近代中国的有识之士为富国强民，摆脱中华民族处于水深火热之中的危机，积极学习西方先进军事技术、民主政治制度，并翻译了大量的外国书籍，从而掀起了"西学东渐"的第二次高潮。随着"西学东渐"的拓展，作为西方物质文明、精神文明表达工具的西方词汇，特别是作为近代学科发展产物的西方术语，遂开始了其跨文化之旅，广布中国语文世界。

这一时期主要是借助于少数知识精英群体在对西方的政治制度、文化生活、哲学思想、科学技术进行翻译和介绍的同时，引进了大量的英源外来词。这其中比较具代表性的有以下一些。

（一）林则徐和《四洲志》

被称为"清朝开眼看世界的第一人"的林则徐在任两广总督期间，常与英国等西方殖民主义国家打交道，深感"夷情叵测，宜周密探报"，于是着力于刺探域外（主要是西方）的情形。他的最终目的是要了解西方，不仅仅是为了满足自己的求知欲望，更多的是使中国做好准备，对外国的威胁以适当的回击。因此，他想更进一步了解西方的地理、历史、政治制度和时事等。

1841年，由梁进德翻译、林则徐润色编辑的《四洲志》就是在这样的背景下出版的。《四洲志》的内容是依据英国人慕瑞（Hugh Murray）的著作《世界地理大全》（An Encyclopaedia of Geography，于1834年在伦敦出版）加以摘译，介绍亚洲、非洲、欧洲、美洲30余国的历史、地理、民族、社会、风俗及物产，重点在欧美部分，美国即占全书五分之一，不仅论述美国地理，而且介绍其政治制度，涉及总统制、议会上下院以及立法、司法、行政三权分立等。《四洲志》对外国专用词大量使用了音译或者音意合璧的译介方法，包括国名、人名、河流名、山川湖泊名、海洋名、洲名、城市名，一些国名（佛兰西、意大里、葡萄亚、弥利坚、普鲁斯、英吉利）和洲名（阿细亚洲、阿未利加洲、欧罗巴洲）的译法已经非常接近今天的译名。在《四洲志》创译的反映域外知识的新词语中，还有一些音译的政治术语，如表1-1所示。

表1-1　　　　　　　《四洲志》中的部分外来词

英语	《四洲志》中的译名	现译名
parliament	巴厘满衙门	议会
senate	西业	参议院
senator	西匿士	参议员
president	勃列西领	总统
cabinet	加弥业	内阁
representative	里勃里先特底甫	众议员
House Speaker	立士碧加	众议院议长
Supreme Court	苏勃林	最高法院

书中还对勃列西领（总统）一词进行了解释[①]：

[①] 参见冯天瑜《新语探源——中西日文化互动与近代汉字术语生成》，中华书局2004年版，第220页。

因无国王，遂设勃列西领一人，综理全国兵刑、赋税、官吏黜陟。然军国重事，关系外邦和战者，必与西业会议而后行。……定例勃列西领以四年为一任，期满更代；如综理允协，通国悦服，亦有再留一任者，总无世袭终身一事。

这是中国人编纂的文献里较早关于美国总统制的介绍，使中国读者能够借以了解西方的政治制度。

虽然《四洲志》是急就章，很多外国专名是按照译者乡音勉强音译而成，所创的音译词大都没有传用下来，但在当时还是影响较大的。

(二) 魏源和《海国图志》

魏源编纂的《海国图志》是近代第一本有关西方人民及其国家和技术的参考文集，也是19世纪中叶中国乃至东亚内容最丰富的世界知识百科全书，1847年刊行60卷本，1852年再刊至100卷本，共80万字，附地图75幅，西洋船炮器艺图式57页，《中西历法异同表》等表格8幅，同时还简单介绍了英文字母，并列出了26个英文字母以及它们的读音，每个字母有一个汉字音译。魏源将林则徐从广州带来的《四洲志》《澳门月报》等有关域外的材料加以汇总，并加入自己亲自审问英俘及根据其他英俘口供撰成的《英吉利小记》，同时征引其他传教士所写的历史材料以及中国的原始资料，编纂了这部文集。这是第一本有系统的、试图传播西方信息以及西方军事技术的书，其中的度量衡、外国官职和政府机构都是用音译词来表示的。如表1-2所示。

表1-2　　　　　　　　《海国图志》中的部分外来词

英语	《海国图志》中的译名	现译名
House of Commons	甘文好司	众议院
pound	磅	磅
ton	𨁏	吨
tonnage	𨁏船	吨位
merchant	马占	商人
company	甘巴尼	公司
parliament	巴厘满	议会
acre	埃加	英亩

续表

英语	《海国图志》中的译名	现译名
Protestantism	波罗士特正教	新教
Privy council	布来勿冈色尔	枢密院
archbishop	厄治弥索司	大主教
Congress	衮额里士	国会
Capitol	加碧多尔	（美国）国会大厦
House of Lords	律好司	（英国的）上议院
bishop	弥涉	主教
knights	奈士	骑士
state	士迭	州
servant	沙文	仆人
chancellor	占色腊	大法官
Chief justice	知付质治	审判长

《海国图志》在传播西方知识方面，起过重要的作用。书中所介绍的西洋知识多具有实用性，主要涉及"西技"，旁及"西政"，而少论"西学"。译介内容主要指向器用层面，略涉制度层面，很少论及西方观念文化，这也导致译介的西洋术语多为技术层面的，其中有些音译词，如：甘文好司、磅、趸、甘巴尼、巴厘满等等，曾在19世纪被广泛使用。

(三) 张德彝和他的游记

张德彝是从北京同文馆毕业的学生，后来成为清末的外交家。于1862年创立的北京同文馆，是中国近代第一所学习外语、培养研究国家关系的专门人才的学校。从同文馆毕业的很多学生在随考察团出国时写了大量的游记，这也是研究近代英源外来词形成和传播的珍贵资料。张德彝就是其中的代表，他曾先后随考察团赴西访问，著有八部游记，对域外"奇物奇事"作了详细记述。这八部游记分别是：

1. 《航海述奇》四卷：记同治五年（1866年）张德彝以同文馆学生身份随赫德、斌椿游历欧洲。

2. 《再述奇》六卷：又名《欧美环游记》，记同治七年至八年

(1868—1869年)随蒲安臣使团出访美、英、法等国。

3.《三述奇》八卷：又名《随使法国记》，记同治九年至十一年（1870—1872年）随崇厚出使法国。

4.《四述奇》十六卷：又名《随使英俄记》，记光绪二年（1876年）随郭嵩焘到伦敦使馆任翻译，直至光绪六年（1880年）归国，其间1878—1879年曾奉调随崇厚赴俄。

5.《五述奇》十二卷：又名《随使德国记》，记光绪十三年至十六年（1887—1890年）随洪钧出使德国的见闻。

6.《六述奇》十二卷：又名《参使英国记》，记光绪二十三年（1897年）随罗丰禄到伦敦使馆任参赞，二十六年（1900年）回国。

7.《七述奇》：未成稿，当系记光绪二十七年（1901年）随那桐赴日本任参赞官，此行目的为据辛丑条约去赔礼道歉，自称"所负使命深觉有辱国体，故辍而不述"①，只留下二十页手书日记。

8.《八述奇》二十卷：又名《使英日记》，记光绪二十八年至三十二年（1902—1906年）任清廷出使英国大臣的经历和见闻。

在这些游记中出现了一些日常生活方面的英源外来词，如表1-3所示。

表1-3　　　　　　张德彝著作中的部分外来词

英语	曾用译名	现译名	出处
sherry	舍利	雪利酒	《航海述奇》
chocolate	炒扣来	巧克力	《航海述奇》
champagne	三鞭	香槟	《航海述奇》
ice-cream	冰积凌	冰激凌	《航海述奇》
caoutchouc	羔求	橡胶	《航海述奇》
beer	比耳酒	啤酒	《航海述奇》
coffee	加非	咖啡	《航海述奇》
whiskey	回四季	威士忌	《再述奇》

---

① （清）张德彝：《六述奇》（上），钟叔河校点，岳麓书社2016年版，第40页。

第一章 英源外来词的引进　　　　　　　　　　　　21

续表

英语	曾用译名	现译名	出处
coco	靠勾	可可	《再述奇》
orchestrina	敖尔柴斯特立那	手摇风琴	《再述奇》
magnolia	麻娄立雅	木兰花	《再述奇》
velocipede	威娄希北达	早期自行车	《再述奇》
chess	柴艾斯	国际象棋	《再述奇》
badminton	巴塔多尔	羽毛球	《三述奇》
doctor	铎德	博士	《四述奇》
sandwich	三堆之	三明治	《四述奇》
telephone	太立风	电话	《四述奇》
influenza	因弗仑杂	流行性感冒	《五述奇》
soda	搜大	苏打	《五述奇》
giraffe	直利狐	长颈鹿	《五述奇》
phonograph	佛诺格拉甫	留声机	《五述奇》
plague	普拉究	瘟疫	《六述奇》
fathom	伐色木	英寻	《六述奇》
jury	竹乐尔	陪审员	《六述奇》
chairman	柴尔曼	主席	《八述奇》
absinthe	阿卜桑代	苦艾酒	《八述奇》
passport	帕斯坡特	护照	《八述奇》

这些外来词都没有流传下来，从音译用字的选择上看，只追求记音，而并不注重其意义，表现出一定的随意性。"champagne（香槟）"本来是指起泡的葡萄酒，并没有什么"三鞭"，"三鞭"只是两个记音符号，如：

　　午正至马赛拉海口，下火轮车，乘马车行数里入拉佩店，早晚食中华面汤，饮三鞭酒。入夜，并食面包少许。[（清）张德彝《再述奇》卷6]

但是"三鞭"的字面意义却容易让人联想到一种强身药酒。有趣的是，虽然"香槟酒"不再用"三鞭酒"这样的译名，但是"三鞭酒"

这个词本身并没有消亡。后来烟台张裕集团就真的生产出含有"三鞭"（海狗鞭、鹿鞭、广狗鞭）的三鞭酒，成为张裕传统四大酒种之一。鲁迅在《准风月谈·中国的奇想》中曾说：

  无论古今，谁都知道，一个男人有许多女人，一味纵欲，后来是不但天天喝<u>三鞭酒</u>也无效，简直非"寿终正寝"不可的。

此"三鞭酒"非彼"三鞭酒"（champagne）。

另外，张德彝还采用仿译的方法引进了一些外来词，如：

  〔手箱〕源于 handbag，即今手提包、手包。
  〔马力〕源于 horsepower，指工程技术上常用的一种计量功率的单位。
  〔油画〕源于 oil painting，西洋画的一种，用含油质的颜料在布或木板上绘成。

这些词至今还在沿用。

（四）傅兰雅、徐寿和《化学鉴原》

清末译介西书、厘定新语的工作，沿袭了明末利玛窦口授，徐光启、李之藻笔述式的翻译方式，经历了较长的"西译中述"时期。《化学鉴原》就是1871年由英国传教士傅兰雅（John Fryer）口译和中国科学家徐寿笔述的一本化学著作。两位中外学者以"西译中述"的合作方式，将英国韦尔斯（1828—1898年）所著 *Principles and Applications of Chemistry*（《化学原理及运用》，1858年出版）翻译成汉语，题名为《化学鉴原》，共六卷。

傅兰雅作为一名有着丰富的翻译实践经验的译者，不仅提出了译名统一与规范化问题，还在翻译实践中摸索出一套"设立新名"的方法。在他1880年撰写的《江南制造总局翻译西书事略》中论述了三种方法：

  一，以平常字外加偏旁而为新名，仍读本音，如镁、钟、砷、矽；或以字典内不常用之字释以新义而为新名，如铂、钾、钴、锌等是也。二，用数字解释其物，即以此解释为新名，而字数以少为妙，如养气、轻气、火轮船、风雨表等是也。三，用华字写其西名，以官音为主，而西字各音亦代以常用相同之华字……①

其中第一种方法就是罗常培所说的"新谐声字法"，即就着原来的译音再应用传统的"飞禽安鸟，水族著鱼"的办法把它们写成谐声字。第二种方法为意译法，第三种方法为音译法。

在《化学鉴原》中，傅兰雅用第一种方法规范了翻译化学元素的"华字命名法"：每个新字有一偏旁，该偏旁根据元素类属而定，如金属用金字旁，非金属用石字旁，然后加声旁，此声旁根据各元素英文名称第一音节而定。对于48个尚未熟悉的元素，他们各创造了一个形声字，其中有36个沿用至今，分别是：铝、钡、铋、溴、钙、镉、钴、铬、铒、碘、铟、铱、钾、锂、镁、锰、钼、钠、铌、镍、钯、铂、铷、钌、硒、铽、碲、牡、铀、钒、钨、锌、锆、钽、镓、锑。②这之后化学元素名的译介也基本沿用了这一做法，傅兰雅、徐寿也因大量创译新名，而被时人称作"今之仓颉"。

(五) 严复和他的翻译著作

严复是我国近代最杰出的翻译家，他既有国学根基，又通晓西文、西学，以他为代表的这一批中国译才的出现，结束了傅兰雅、徐寿时期"西士口授、中士笔受"的创译新语的过渡形态。严复提出了著名的"信、达、雅"翻译理论，并身体力行地翻译了十余部著作。其中，对英源外来词影响较大的共有八部，分别是：

(1) 《天演论》（*Evolution and Ethics and other Essays*，英 T. Henry Huxley 著，1898 年出版）

(2) 《群己权界论》（*On Liberty*，英 John Stuart Mill 著，1899 年出版，原名《自由论》，1903 年改为本书名）

(3) 《穆勒名学》（*System of Logic*，英 John Stuart Mill 著，1902

---

① 傅兰雅：《江南制造总局翻译西书事略》，载张静庐编《中国近代出版史料初编》，群联出版社 1953 年版，第 16 页。

② 张子高、杨根：《徐寿和中国近代史》，科学技术文献出版社 1986 年版，第 114 页。

年出版）

（4）《群学肄言》（Study of Sociology，英 H. Spencer 著，1902 年出版）

（5）《原富》（Inquiry into the Nature and Cause of the Wealth of Nations，英 A. Smith 著，1902 年出版）

（6）《法意》（Spirit of Law，法 C. D. S Montesquiou 著，1902 年出版）

（7）《社会通诠》（History of Politics，英 E. Denk 著，1903 年出版）

（8）《名学浅说》（Logic，英 W. S. Jevons 著，1908 年出版）

对于这些著作，严复在不同的时期采用了不同的翻译方法，贺麟在《严复的翻译》一文中这样论述道：

> 严氏初期所译各书如《天演论》（1898）、《法意》（1902）、《穆勒名学》（1902）等书，一则因为他欲力求旧文人看懂，不能多造新名词，使人费解，故免不了用中国旧观念译西洋新科学名词的毛病；二则恐因他译术尚未成熟，且无意直译，只求达，故于信字，似略有亏。他中期各译品，实在可谓三善俱备：如《群学肄言》，虽成于壬寅（1902）岁暮，但书凡三易稿；如《原富》几可算是直译，他于例言里说："虽于全节文理，不能不融会贯通为之，然于辞义之间，无所颠倒附益。"又如《群己权界论》虽于 1899 年译成，但于 1903 年加以改削后才出版的。《社会通诠》亦成于 1903 年。这四种都算是严复中期的译品，比前后两期的都译得好些。到了 1908 年译《名学浅说》，他更自由意译了。序里说："中间义恉，则承用原书，而所引喻举例，则多用己意更易，盖吾之书取足喻人而已，谨合原文与否，所不论也。"他这种"引喻举例多用己意更易"的译法，实在为中国翻译界创一新方法。我们可称之曰"换例译法"。①

---

① 贺麟：《严复的翻译》，载罗新璋《翻译论集》，商务印书馆 1984 年版，第 152 页。

严复在他的初期和后期的译作中，注重意译，他竭力将中国已有的事物和事例套用在外来的事物上，例如，在翻译《天演论》时，为了通顺优美地传达原作的内容，使之容易为中国读者所理解，他对原文的篇章结构进行调整和更改，甚至用"李将军必取霸陵尉而杀之"和"伯翳养马"等中国读者比较熟悉的中国典故来替换原文中的外国事例。在早期译作《群己权界论》中，鉴于汉语"自由"一词有"放任、自恣、自纵"等消极含义，严复不主张以"自由"翻译 freedom，因其不符合 freedom "在尊重他人自由、保证社会合理法治前提下的个人自由"的精义，遂主张用同音的"自繇"代之。但"自繇"太不通俗，后成为被遗忘的陈词。严复本人晚年也顺从世俗，采用"自由"一词。显然，个人的观念和倾向性很难改变整个族群的用词惯性。而在他的中期译作中，尤其是《原富》，基本上是直译，因而里面出现了许多"前无古人，后无来者"的英源音译词。

严复在他的译作中引进了大量的英源外来词，也有一些流行至今的。如表 1-4 所示：

表 1-4　　　　　　　严复译著中沿用至今的部分外来词

英语	音译词	出处
Utopia	乌托邦	《天演论》
logic	逻辑	《穆勒名学》
logos	逻各斯	《穆勒名学》
totem	图腾	《法意》

这些词之所以能够流行至今，是其在选择音译用字时兼顾了汉字的表意趋向，在表音的同时，也提供了某种意义的暗示，如音译 Utopia 时取"乌托邦"三字，在谐音之外，又可以从这三个汉字中产生联想，"乌"是"没有"，"托"为"寄托"，"邦"即"国家"，三个字合起来的意思即为"空想的国家"，以引出"空想主义"的意蕴。

严复还用形声化音译的方法译介了一些英源外来词，如：

〔䴵䴘〕源于 opossum，负鼠，美洲所产的一种动物。
〔麷䴭〕源于 bread，面包。

虽然这些词没有留存下来，但是严复的实践承袭了中古时期"葡萄""苜蓿"之先例，和傅兰雅、徐寿等人一起开启了用形声化音译的方式译介英源外来词之先河。从《现代汉语词典》（第 6 版）①中收录的一些外来词可以看出这其中一脉相承的渊源关系。如：

〔舭〕源于 bilge，船底和船侧间的弯曲部分。
〔鸸鹋〕源于 emu，鸟，外形像鸵鸟，嘴短而扁，羽毛灰色或褐色。翅膀退化，腿长，有三趾，善于走，生活在大洋洲草原和开阔的森林中，吃树叶和野果。严复曾译为"鹩鹋"。
〔鶆䴈〕源于 Rhea，美洲鸵。

但是，由于严复主张文字越古才越能达意，其译作主要以文士为阅读对象，创译的术语典雅有余而通俗不足，再加上他的福建口音也影响着他的音译和选字，因此他引进的许多英源外来词都转化为了意译词。据我们对《汉语外来词词典》的统计，在 483 个转化为意译词②的纯音译词中，有 60 个都是严复引进的，见表 1-5。

表 1-5　　　　严复译著中转化为意译词的外来词

英语	音译词	意译词	出处
bank	版克	银行	《法意》
dictator	狄克达佗	独裁者	《法意》
council	考温斯尔	协议会	《法意》
martyrs	摩尔底斯	殉道者	《法意》
senate	沁涅特	参议院	《法意》
censor	申苏尔	监察官	《法意》
alibi	阿里排	（法律上指）不在现场	《名学浅说》
predicate	布理狄桀	断定	《名学浅说》
truffle	脱拉弗耳	块菌	《名学浅说》

---

① 以下简称《现汉》。
② 在这些意译词中，有一部分是日本人利用古汉语词或汉语固有的语素组词意译英语词而来的词，这些日语汉字词后来辗转进入汉语中，取代了汉语里的英源音译词。在本研究中，我们将这一部分日语汉字词也归为意译词。

第一章　英源外来词的引进

续表

英语	音译词	意译词	出处
hypothesis	希卜梯西	假说	《名学浅说》
being	庇音	存在	《穆勒名学》
predicament	布理的加门	范畴	《穆勒名学》
thing	丁格	事物	《穆勒名学》
existence	额悉思定斯	存在	《穆勒名学》
object	鄂卜捷	物体	《穆勒名学》
physics	菲辑格斯	物理学	《穆勒名学》
category	加特可理	种类；范畴	《穆勒名学》
metaphysics	美台斐辑	形而上学	《穆勒名学》
boomerang	文摩兰	回飞镖	《社会通诠》
unit	幺匿	单位；个体	《社会通诠》
primate	布拉默特	灵长目动物	《天演论》
philosophy	菲洛索菲	哲学	《天演论》
gorilla	戈栗拉	大猩猩	《天演论》
gibbon	吉贲	长臂猿	《天演论》
Magna Charta	马格那吒达	大宪章	《天演论》
nerve	涅伏	神经	《天演论》
nebulas	涅菩剌斯	星云	《天演论》
chimpanzee	青明子	黑猩猩	《天演论》
orang	倭兰	猩猩	《天演论》
zebra	芝不拉	斑马	《天演论》
abbot	阿勒	寺院主持	《原富》
attorney	阿埵尼	辩护人	《原富》
esquire	埃士科尔	乡绅	《原富》
acre	爱克	英亩	《原富》
baron	巴伦	男爵	《原富》
bishop	毕协	主教	《原富》
president	伯理玺天德	总统	《原富》
dialectic	第亚纳蒂克	辩证法	《原富》
duke	独克	公爵	《原富》
earl	尔勒	伯爵	《原富》
university	伏尼维实地	大学	《原富》

续表

英语	音译词	意译词	出处
country	噶温提	郡；县	《原富》
college	哥理支	学院	《原富》
criminal	孤理密涅	犯罪的；刑事上的	《原富》
viscount	怀康	子爵	《原富》
captain	甲必丹	船长	《原富》
gentleman	真特尔门	绅士	《原富》
lawyer	劳叶尔	律师	《原富》
religion	鲁黎礼整	宗教	《原富》
marquis	马基	侯爵	《原富》
mayor	美阿	市长	《原富》
militia	密里沙	民兵	《原富》
molasses	摩拉斯	糖浆	《原富》
Puritan	票利丹	清教徒	《原富》
pope	朴伯	教皇	《原富》
civil	司域尔	民事的；民法的	《原富》
stamp duty	斯旦税	印花税	《原富》
town	拓温	市镇	《原富》
city	锡特	城市	《原富》
emperor	英拜勒尔	帝王	《原富》

这些音译词由于音节复杂，用字偏于古雅，难以立足于汉语系统，后来被意译词所取代，这不能不说是严译词语的一大遗憾。

总而言之，这一时期的英源外来词主要呈现出以下的特点。

虽然引进的外来词浩如烟海，但绝大多数都还是有迹可循的，通过努力查找、考证，基本上都能追根溯源，为他们找到最初的"主人"，这是因为这一时期外来词引进的主要推动者大致有两类：一类是当时的开明官员，如林则徐、魏源等，他们的著作（如林则徐的《四洲志》、魏源的《海国图志》）都成为"开眼看世界"的先驱著作，率先引入了大量西方知识和词语。另一类就是当时的进步知识分子，如徐寿、严复等，他们都从不同的领域、不同的专业引进了大量的外来词。这些外来词是伴随着这两类推动者对西方的国情概况、政治制度、文化生活、哲学思想、科学技术等进行翻译和介绍的著作和译作而来的，因此在一定程度上受到学者个人的学识和喜好的制约和影响，有一定的偶然性和倾向性。如严复主张翻译"要用汉以前字法、句法"，反对用"近世利俗文字"，导致他译介的许多英源外来词的用字在现在看来都很生僻，这也是这些词没有流传下来的原因之一。

用南方方言的语音来转写的英源外来词较多，尤其是粤方言，这主要是因为当时首先跟西方人直接接触的是广东沿海一带的人，而且当西方人转向中国其他港埠时，他们也都是由广州助手，特别是广州翻译陪同的，因为翻译和助手懂得洋泾浜英语。林则徐主持编译的《四洲志》的主要信息都来自于当时外国社团在澳门和广州出版的早期刊物，如 Canton Register（《澳门杂录》），Chinese Repository（《澳门月报》），Canton Press（《澳门新闻录》）等等，所雇用的译者也都是当地翻译，所译介的词语不可避免地受到了方音的影响。徐继畬很早就注意到了这个现象，在其所著的《瀛寰志略》（1848年至1849年间出版）的凡例中，就很有见地地指出，当时许多音译词都是根据广东语音来转写的，因此他提出了用正音（即北方方言）来翻译英语词的主张。[①]梁启超也提出了类似的主张，他建议将所有英语中的音节与相应的读音以北京语音的汉字列成一表，作为西名汉译的依据。同时他指出，应该用京音来转写外来词，废除用中国南方（广东和福建）方言翻译的外来词。[②]

外来词的同源异名现象在这一时期非常普遍。例如，"democracy（民主）"的词面形式有"德谟克拉西""德漠克拉西""德模克拉西""德莫克拉欺"等；"telephone（电话）"被译介为"德律风""德利风""独律风""爹厘风""太立风"等；"Olympic games（奥林匹克运动会）"的词形有"亚林匹克运动会""奥林庇克运动会""奥菱比克运动会""阿林庇克运动会"等；"president（总统）"亦有"勃列西领""伯理玺天德""伯力锡天德""伯理玺""伯里玺天德""柏理玺天德"等不同的词形。这一时期随着西学东渐的拓展，中文传统上经过训诂的字词已经很难准确表述其所对应的西方字词，自然只能是以双方

---

① 徐继畬：《瀛寰志略》，上海书店出版社2001年版，第8页。
② 参见［意］马西尼《现代汉语词汇的形成——十九世纪汉语外来词研究》，黄河清译，汉语大词典出版社1997年版，第93页。

的词语对译为先行，音译对应也就成了一种重要的译介方法。因为音译词要模拟原词的发音，而汉语的同音字又很多，同一音节可以用不同的汉字表示，同时译者大多都有方言背景，在译音用字的选择上表现出一定的任意性，也不太注重译音用字的意义，所以就造成了这一时期的汉语外来音译词形式多样，音译用字较为随意。面对众多混乱的新词语，清末政府也曾成立学部编订名词馆，任命严复做总纂官，负责审定编撰各科中外名词，以对照表或词典形式出现，企图以政府力量来规范各科名词。该馆曾出版《辨学中英名词对照表》，内收辨学（哲学）词168个，心理学词251个，论理学词70个。[①]可惜这个官方的规范是以严复的翻译用字为标准，严复没有翻译使用的词就不算"规范"。但严译求"雅"，且侧重于"古雅"，虽富于古文韵味，但难免"曲高和寡"，难以得到社会上使用者的认可。

从传播的渠道来看，当时的社会相对比较封闭，还没有形成有效的大众传播渠道，并且当时文言文仍占据着统治地位，这些都对英源外来词的传播起到了一定的制约作用。

二 "五四"运动至20世纪上半叶

"五四"运动以后，随着我国资本主义的发展，民族民主革命运动的高涨，翻译西方科技著作更是蔚然成风，且白话文在书面上已经取代了文言文，译文语体也由文言文转为白话文，获得了社会的承认，为广大人民群众所接受。在这个转型时代，反映新事物、新思想的外来词语，作为时代潮流的集约化符号，迅速向民间大众渗透、扩散。这一时期的英源外来词主要呈现以下的特点。

从引进的途径来看，许多外来词都是通过以上海话为代表的吴方言区引进的，然后才进入普通话，这是这一时期英源外来词引进的一个显著特点。1843年，面临着东海的上海被迫开埠，于是有了一个自由发展的租界和相当长时间的市民自治，这使得上海迅速从农业社会走出，到20世纪二三十年代已经成为一个国际大都市和金融中心。上海的经济文化中心地位的确立，使上海话取代了苏州方言而成为吴方言的代

[①] 参见钟少华《中国近代新词语谈薮》，外语教学与研究出版社2006年版，第32页。

表，并使得吴方言区成为当时的强势方言区。随着西方新事物的大量涌入，上海出现了吸收英源外来词和创造洋泾浜语的高潮，并迅速向四周辐射扩散。据周振鹤、游汝杰研究："自海通以来至20世纪40年代末，中国的城市受西洋文化影响最深刻的，莫过于上海。西洋文化举凡工艺、交易、饮食、音乐、戏剧、体育、游戏、娱乐、生活方式等方面都在上海方言的外来词上留下了痕迹。"[1]这些外来词有不少已进入普通话，成为全民语言。在吴方言中定型，后进入普通话的英源外来词的类型大致有[2]：

日常生活用品、食品、交通工具类：沙发（sofa）、引擎（engine）、马达（motor）、太妃糖（toffee）、吐司（toast）、白脱（butter）、雪茄（cigar）、法兰绒（flannel）、三明治（sandwich）、布丁（pudding）、卡片（card）、卡车（car）、香槟（champagne）、咖啡（coffee）、罗宋汤（Russian soup）、可可（coco）、咖喱（curry）、芭蕾（ballet）、白兰地（brandy）、啤酒（beer）、水汀（steam）、芒果（mango）、苏打（soda）、巴儿狗（bull dog）、道林纸（Dowling）、乔其纱（georgette）、塔夫绸（taffeta）、茄克衫（jacket）、尼龙（nylon）、派克（parka）、维他命（vitamin）、赛璐珞（celluloid）、马赛克（mosaic）、巧克力（chocolate）、凡士林（Vaseline）、开司（kiss）、派司（pass）

文化教育、体育娱乐类：麦克风（microphone）、探戈（tango）、霓虹灯（neon light）、拷贝（copy）、模特儿（model）、开麦拉（camera）、吉普（jeep）、梵哑铃（violin）、摩登（modern）、高尔夫球（golf）、扑克（porker）、爵士乐（jazz）、华尔兹（waltz）

疾病、医药类：歇斯底里（hysteria）、盘尼西林（penicillin）

政治、宗教、文教类：法兰西（France）、纳粹党（Nazi）、加

---

[1] 周振鹤、游汝杰：《方言与中国文化》，上海人民出版社2015年版，第253页。
[2] 资料来源：游汝杰：《〈上海通俗语及洋泾浜〉所见外来词研究》，《中国语文》2009年第3期；周振鹤、游汝杰：《方言与中国文化》，上海人民出版社2015年版，第248—259页。

拿大（Canada）

度量衡类：克拉（carat）、加仑（gallon）

其他类：蜜斯（miss）、蜜昔斯（mistress）、卡宾枪（carbine）、那摩温（number one）、赖三（lassie）

从外来词的类属看，日常生活类和文化艺术类的英源外来词增多了。原因有二：一是这一阶段学习西方的目的，不在于培养少数格致人才，而是要用其广开民智，更新整个国民的心理。如果说前一阶段人们对西学的认识还主要局限于"器""艺""用"等方面的话，那么这一阶段人们对西学中的政治学、哲学、论理学、经济学、历史学、文学等社会科学领域予以了高度重视。除"西学""西法"的概念外，又出现了"西化""欧化"等新概念。西方文化正作为一个完整的体系，影响着人们的思想观念，西方的生活方式和风俗礼节也在潜移默化地影响着人们的生活观念。二是上海作为当时的商业中心，其文化也被笼罩在浓厚的商业氛围之中。商业社会又是享乐主义的社会，需要丰富的文化娱乐作为生活的作料，于是人们选择了采西俗、用西物的拿来主义态度，以现实的生活方式为楔口，引进了不少西方的东西，而反映这些西方文化内容的外来词语也随之注入汉语词库。

从传播的渠道来看，由于白话文占据了统治地位，书面文字实现了口语化、生活化，除去了文言文艰涩怪僻、故作玄奥的贵族风格，使得下层人民也能学习文化受到教育，这无疑加速了英源外来词的传播。

三　20世纪80年代至现在

自从新中国成立以来，一直到20世纪70年代末，英源外来词的引进和使用都受到了明显制约，这主要是由于当时中国的意识形态领域强调突出无产阶级，反对和抵制资产阶级思想，外来事物和外来文化很难被吸收和引进。英源外来词的引进和使用被贴上了"崇洋媚外"的标签，其生存空间也随之而缩小。据统计[①]，这一阶段引进的外来词语仅

---

① 统计依据宋子然主编《100年汉语新词新语大词典（1912年—2011年）·中卷》，上海辞书出版社2014年版。

有寥寥数个，大致可分为三类：第一类是上海洋泾浜英语演变而来的带有负面意义的观念文化词语，如"阿飞"，指"打扮怪异、举止轻狂的青少年"。这个词是从洋泾浜英语演变而来，"阿"是上海话里的词头，"飞"是英文 figure 的音译缩写。另有"嗲"，一是指"好，精彩，够味"，二是指"娇滴滴，忸怩怕羞的样子"。这个词来源于洋泾浜英语 dear，它的读音在上海话和普通话里原来是没有音韵地位的，后特为它增加了一个音节。20 世纪 60 年代初，"嗲"字形容忸怩怕羞、娇滴滴的样子，多用以形容女性。第二类是用于当时农业生产的机械，如"康拜因"，是 combine 的音译，指"联合收割机"，一种能同时完成多种工作的机械，可把收割、脱粒和分离几种机器装在一起，同时连续完成这几项工作，是当时一种既节省人力，工作效率又高的农业机器。第三类是流行于当时的生活用品，如"的确良"，指一种涤纶纺织物，Dacron 的音译。的确良衣物以耐磨、易洗、快干、不走样为特点，深受当时群众的欢迎。"的确良"发端于 20 世纪 60 年代末，流行于整个 70 年代，一直延续到 80 年代中期。"席梦思"，英语 Simmons 的音译，指"一种高级、豪华、舒适的软弹簧式床垫"。另有两个仿译词，"超级市场（supermarket）"指"以顾客自选购物方式经营的大中型综合性零售商场"。1930 年 8 月，美国人迈克尔·库仑（Michael Cullen）在美国纽约开设了第一家超级市场。第二次世界大战后，超级市场在世界范围内得到较快的发展。"圆珠笔（ballpoint pen）"，指"一种以小钢珠作为笔尖、依靠笔头上转动自如的小钢珠带出稠性油墨来书写的一种书写工具"。"圆珠笔"最初的词形是"原子笔"，"原子"是"圆珠"二字上海话的记音字。

十一届三中全会以后，中国纠正了"左"倾错误，实行对外开放的政策，努力学习西方国家的先进科技知识和管理经验，扩大了同世界各国的交往，并且在新的世界格局中发挥着越来越重要的作用。从近代史上的被迫开放转变为现在的主动、自觉的开放，人们的思想也得到了极大的解放，这为大规模地探索、学习西方文化扫清了道路上的障碍。英源外来词就是在这样一种社会和政治背景下，伴随着西方的科学成果和文化思潮大量地涌入了中国。这一时期的英源外来词主要呈现以下的特点。

从引进的途径来看，呈现出由南向北推进的趋势，许多英源外来词是从粤方言，特别是从香港方言引进的，然后再通过传媒以及经济交流等途径进入普通话中。正如邵敬敏指出："现代汉语外来词的引进，有一条非常明显的分水岭：80年代以前，极大部分都是从上海方言中引进的；而80年代以后，则主要是从粤方言，特别是从香港方言引进的。"[1]由于香港的特殊地理位置和特殊的经历，使得香港粤语中有大量的英语外来词。改革开放使珠江三角洲得风气之先，毗邻香港的广东经济迅速发展，粤语的市场价值也随之提高，加之港派流行文化的推波助澜，粤语很快脱颖而出成为强势方言。同时，新概念、新事物如潮水般涌现，生活节奏加快，已经不允许人们用"一名之立，旬月踟蹰"的方式去慢慢创造新词与翻译外来词了，而普通话中又没有现成的词汇来表达，于是，内地积极向香港、广东靠拢，吸收源自粤语的外来词。在粤方言中定型，进入普通话的英语外来词的类型大致有[2]：

文化教育、体育娱乐类：MTV、派对（party）、呼啦圈（健身圈，Hula Hoop）、的士高（迪斯科，disco）、朋克（摇滚乐的一种，Punk）、KTV、拉力赛（rally）、DJ、媒介（媒体，medium）、披头士（甲壳虫乐队，Beatles）、托福（TOEFL）、雅思（IELTS）、吉他（guitar）、保龄球（bowling）、发烧友（fancier）、新鲜人（大一新生，freshman）、迪士尼（迪斯尼，Disneyland）、嘉年华（carnival）、吧（bar）、摆乌龙（出错，"乌龙"是"own goal"的音译）、安可（encore）、笨猪跳（bungy jump）等。

日常生活用品、食品、交通工具类：扎啤（"扎"为英文"jar"的音译）、鸡尾酒（cock-tail）、泵（pump）、T恤衫（T-shirt）、比基尼（bikinis）、曲奇（cookie）、克力架（cracker）、啫喱（果子冻，jelly）、威士忌（whisky）、麦当劳（McDonald）、肯德基（Kentucky Fried Chicken）、必胜客（Pizza Hut）、奶昔（milk-

---

[1] 邵敬敏：《香港方言外来词比较研究》，《语言文字应用》2000年第3期。
[2] 资料来源：李宇峰、于广元：《谈粤语源英语外来词对普通话的影响》，《扬州大学学报》（人文社会科学版）2006年第4期；宋子然主编：《100年汉语新词新语大词典（1912年—2011年）·下卷》，上海辞书出版社2014年版。

shake)、可口可乐（Cocacola）、香波（shampoo）、卡曲（皮外套，car coat）、摩丝（mousse）、蛇果（一种产自美国的苹果，Delicious）、卡带（磁带盒，cassette）、派（pie）、的士（taxi）、快巴（一种纺织品，fiber）、蛋挞（tart）、血拼（shopping）、销品茂（shopping mall）、品客（薯片，pringles）、芝士（cheese）等。

其他类：打（dozen）、秀逗（short）、闷骚（man show）、泊（park）、甫士（pose）、贴士（tips）、酷（cool）、卖点（selling point）、哇塞（What's that?）、嬉皮士（hippies）、线人（line man）、拍拖（part）、拍档（伙伴，partner）、顶客（丁克，DINK）、黑客（hacker）、威亚（wire）、高峰会谈（峰会，summit meeting）、平台（platform）、连锁店（chain store）等。

另外，由于政治制度和地缘关系的原因，一些台湾的英源音译词也通过粤方言区进入了普通话中，如"迷你（mini）、秀（show）、幽浮（UFO）"等等。结合上一时期英源外来词引进的途径来看，我们可以看出强势方言、优势文化以及经济发达对语言词汇的影响。

这一时期的外来词呈现了爆发式的增长，不仅数量众多，领域广泛，而且除了少数词语以外，大多数词语的轨迹已无法准确探知，原因主要在于外来词的引进主体广泛存在于各个领域。国人的受教育程度在这一时期普遍提高，英语教育日渐普及，随着国民英语水平的提高，任何人都可能成为现代的"仓颉"。译介主体的多元化成为这一时期外来词的一大特点，各行各业的人员都有可能成为外来词的引进者、筛选者，他们从整个民族文化的思维方式、理解水平和使用习惯出发译介外来词，并在不断使用的过程中对外来词进行评价、选择或淘汰，从而为我们的日常生活增添数量丰富的外来词。

从词的类属看，生活和娱乐方面的英源外来词增长比较快。如：朋克（punk）、比萨饼（pizza）、波波族（Bobos）、粉丝（fans）、马克杯（mug）、轰趴（home party）、蔻（cute）、赛博钨（cyberwood）、卡丁车（karting）、乐活（LOHAS）、脱口秀（talk show）、伟哥（viagra）、秒杀（seckill）、舍宾（shaping）、跑酷（Parkour）、锐舞（rave）等等，都是在这一时期引进的。原因不难理解，这一时期我国政治平稳，社会安定，国民的温饱问题已经基本解决，更多地关心自己的生活与健康也是情理之中的事情。

从译介的方式看，这一时期的英源外来词译介方式更加多样，出现了形译的译介方式，即直接引进英文字母，使汉语中出现了大量的英源字母词。由于译介方式的多样性，常常出现同一个外来事物或概念用多种方式引进，形成字母词、音译词以及意译词并存的局面，丰富和扩展了汉语的同义词场。如：WTO-世界贸易组织，OPEC-欧佩克-石油输出国组织，等等。

一些英源外来词能够转化为语素直接参与构词，是这一时期英源外来词的又一大特点。"的士（taxi）"简缩成"的"，成为能产性很强的一个语素，积极地参与构词，像"面的、摩的、板的、的哥、的姐、打的"等等。有的英源外来词一经引入，不需要简缩，就能直接构词，如："秀（show）"就表现出很强的组合能力，像"作秀、服装秀、秀场"等等。不仅如此，有些英源字母词也能参与构词，"IT"能构成"IT产业、IT界、IT企业、IT人才、IT市场、IT业、IT时代、IT头[①]"等词语。仿译词"水门事件（Watergate case）"被引进汉语后，"门"作为"丑闻"的代名词迅速成为汉语中能产性极强的语素，但凡某人或某团体所做的一些地下的非法的或隐秘的事情被曝光后，人们就用"某某门"来表达，如"电话门、国旗门、虎照门、监控门、解说门、骷髅门、滤油门、女友门、歧视门、违法门、伪虎门、误杀门、艳女门、质量门、翻新门"等等，不胜枚举。这些外来语素不仅扩展了汉语的语素系统，而且改变了只用汉语的语言材料构词的局面。

这一时期出现了英源外来词回潮的现象，一些曾经呈消匿之势的英源外来词，又重现回到了人们的日常用语中，比如"巴士"的说法，解放前就有，但在20世纪50年代左右就不再使用了，直到这一阶段"巴士"的说法又重新开始使用。其他如：派对（party）、维他命（vitamin）、菲林（film）、安琪儿（angel）、麦克风（microphone）、荷尔蒙（hormone）等等，也都与这种情况类似。

---

① IT头：指以李泽楷为代表的一批在信息技术领域独占鳌头的精英所剃的寸头，以此象征在IT业大展宏图的人。

从传播的速度看，这一时期英源外来词的传播比以往两个时期的传播速度都要快，这与高度发达的传媒、日益先进的通信手段以及英语在中国的普及等有密切关系。迅速的传播速度也使得词的语义定型和文字定型也较以往更快。

第二章 译介方式的类型与演变

第一节 译介方式的类型

一 音译

音译意味着语音的转写，是所有语言之间互相借用词语时最为便捷的方法。在民族交流接触的过程中，当大量反映外来新生事物的概念涌来时，人们难以很快了解外来事物的本质并找出一个贴切的词语去指称，这时，人们往往以原词语构式的语音为参照点进行语音临摹。音译的译介方式根据汉化程度可分为几种不同的类型。

（一）纯音译

纯音译指单纯模拟外语词的声音，如：Asura-阿修罗，chocolate-巧克力。这是将外语原词的音与义整体直接借用过来，以汉语的语音成分和音节结构特征对原词的语音进行调整，是汉语创制外来词最普遍使用的手段。

在中国翻译史上，音译由来已久，最早可以追溯到孔子。《穀梁传·桓公二年》记载说："孔子曰：'名从主人，物从中国。'"孔子这里说的是撰写史书时记载事物名称的方法，但在中国翻译史上常常被看作对译名问题的原则指导。所谓"名从主人"，是说人名、地名应该按该人该地所在的国家或民族语言的读音去翻译。

这种音译的方式早在佛经翻译时期就已很常用，也是佛经翻译研究的一个重要论题。不少论者将其称为"不翻"，如隋唐时期的灌顶在隋大业十年（614年）所著的《大般涅槃经玄义》中谈到了当时人们翻译经名"大般涅槃"（mahāparinirvāna）时的种种意见，共分四类：无

(不可翻)、有（可翻）、亦有亦无（部分可翻部分不可翻）和非有非无（并非可翻但又并非不可翻），其中第一类"无"就是"不翻"，即用汉字来记录外语词的声音。灌顶在书中记载了包括大亮法师在内的五家之说：

> 其各说者，凡有五家：
> 一云：一名含众名，译家所以不翻，正在此也。名下之义，可作异释。如言"大"者，莫先为义。一切诸法，莫先于此。又"大"，常也。又"大"，是神通之极号，常乐之都名。故不可翻也。
> 二云：名字是色、声之法，不可一名累书众名，一义迭说众义，所以不可翻也。
> 三云：名是义上之名，义是名下之义。名既是一，义岂可多？但一名而多训。例如此间"息"字，或训"子息"，或训"长息"，或训"止住之息"，或训"暂时消息"，或训"报示消息"，若据一失诸，故不可翻。
> 四云：一名多义，如"先陀婆"，一名四实。关涉处多，不可翻也。
> 五云："秖先陀婆"，一语，随时各用。智臣善解，契会王心。涅槃亦尔，初出言"涅槃"，涅盘即生也。将逝言"涅槃"，涅槃即灭也。但此无密语翻彼密义，故言无翻也。（《大般涅槃经玄义》）

灌顶所列各家所持的"不翻"意见，基本都是指一名多义的词语应该用音译的方法，最后一条中大亮法师所指的"密语"也是一词多义的缘故，他认为梵文 nirvana（涅槃）既言生又言死，故不翻。后来唐代玄奘提出的"五种不翻"更为全面，涉及"密语""一名多义""无相应之事物""已有约定俗成之音译名"和"译义效果不如译音"五类：

一、秘密故，如"陀罗尼"。二、含义多故，如"薄伽"，梵具六义。三、此无故,如"阎浮树",中夏实无此木。四、顺古故,如"阿耨菩提",非不可翻,而摩腾以来,常存梵音。五、生善故,如"般若"尊重,"智慧"轻浅。①

玄奘所谓的"不翻",也是音译。他具体提出了五种情况不翻,即神秘语,多义词,中国没有的物名,久已通行的音译,以及为宣扬佛教需要的场合。例如,"陀罗尼"是佛教咒语,音译是为了保持宗教的神秘性。"薄伽"有六种含义,即"自在,炽盛,端庄,名称,吉祥,尊贵",用意译无法涵盖这六种含义。"阎浮树"是中国没有的物名。"阿耨菩提"承袭了以前的音译。"般若"一词显得庄重,意译为"智慧"就显得轻浅了。凡遇到这些种类的名词,都应该用音译。玄奘的"五不翻"既包含了音译法所使用的范围及所承载的功能,也确定了其应遵循的原则。也就是说,一种语言中的词语或概念在另一种语言中无等值词的情况,即出现语义空白的情况,应该用音译法。音译词可以一词承担多个义项,并能够满足人们追求"神秘""尊重"等多种语用心理。同时,音译法在使用时应遵循"约定俗成"的原则。

我们知道,词是音义结合的统一体,有着外在形式和内在意义两个方面。词的外部形式指词的语音及书写形式,词的内部形式指词的语法结构和语义结构。从这个角度看,纯音译词具有浓厚的异域色彩,这主要表现在:其一,词中的每个音节、每个字都没有独立的意义,仅仅是表音的符号;其二,字的组合在汉语中不能形成合理的语义组合,只是用音节的组合体来表达一个源自外语词的意义。外语原词的内部形式在从原语言到汉语言的翻译过程中完全消失,成为一种无内部形式的词,"我们无法对之作语法结构和语义结构的切分,也就是说我们已无法从形式上看到它们概念的构成和其内部的言语组合规律"②。但是这不符合汉语汉字的认知方式。汉字是语素—音节文字,在汉语使用者的认知习惯中,构成词的每个音节每个字都是有意义的,长期学习和使用汉字的人,往往在潜移默化之中产生"望文生义"或"见形知义"的认知

---

① 参见陈福康《中国译学理论史稿》,上海外语教育出版社1992年版,第42页。
② 王艾录、司富珍:《语言理据研究》,中国社会科学出版社2002年版,第314页。

心理，会不自觉地根据字形或偏旁所提供的信息来认识其所代表的事物，因此，在纯音译词中，即使是只作为记音符号的汉字，人们在理解时也会不自觉地朝着意化的方向发展。例如，"德谟克拉西"本是democracy（民主）的纯音译词，近代学者许寿裳由于热情宣传"五四新文化运动"的精神和成果，积极鼓吹民主，授课时满口"德谟克拉西"，遂得了个"德谟克拉东"的绰号。可见，"西"虽然只是个记音符号，但是人们在理解时仍然不自觉地利用了汉字的表义性，并由此联想到了与之相关的"东"。

再以"三明治（sandwich）"的译介为例："三明治"指西方一种中间夹上火腿、肉类、生菜或沙拉的夹心面包。由Sandwich第四世伯爵John Montagu（1718—1792）而得名。Sandwich原是英国一个地名，在古英语中意为"多沙之地"，这个地方有一位名叫John Montagu的伯爵酷爱赌博，为了不离开赌场，他差人送来一些烤肉和乳酪，用面包夹着，这样他能用一只手拿着吃，另一只手还可以握牌，不会把牌弄脏。Sandwich伯爵四世的这个点子很快就流传开来，于是大家将这种食物命名为"Sandwich"。可见，"三明治"中的"三"只是一个用来记录"San-"这个音节的符号，与数字"三"并无关联。但是由于汉民族固有的"见字知义"心理认知特点，"三明治"在引进之初就与数字"三"的含义联系在了一起。"三明治"的引进最早可以追溯到清代张德彝所著的游记，当时的词形为"三堆之"：

又英一种小食，亦名三堆之者，系两片面包，中夹火腿一块。[（清）张德彝《四述奇》卷9]

可见，在引进之初，译者就有"三层食物堆而成之"这种理解倾向了。后来，sandwich又被写作"三面吃""三文治""三名治"，但无论怎么演变，似乎都与数字"三"脱不开关系。赵元任也注意到了这种现象："例如Sandwich叫'三名治'（'名'是因为w唇音的影响），这里的'三'字完全是音译。可是近来有人管三层面包的three decker叫'三名治'，于是就有人提议管平常两层面包的sandwich叫'二名治'，那么丹麦式的一层面包上头加菜的应该叫'一名治'了。不过这还是说着玩儿的猜想，还没有听见人说过叫过或吃过二名治、一名治呐。"①

后来 sandwich 逐渐定型为"三明治"，于是现在又有了"三明治"人生和"三明治"太太：

> "三明治"人生：指已婚女人的一种幸福快乐的生活。她们在家庭和事业之间很好地兼顾双重人生角色。因像三明治的夹层那样，最有价值、最有味道，故称。
>
> "三明治"太太：指在家庭和事业之间，能自如兼顾双重人生角色，幸福快乐生活的已婚女人。

这是利用"三明治"的比喻义引申出来的词组，这种引申仍然是建立在对数字"三"的语义理解基础之上的，虽然"三明治"可能不仅只有三层。从理论上来讲，音译外来词由于在译介过程中发生蜕变，进入汉语后的内部形式已经不能通过字面意义来理解，即不能把表意作用的字作为构词单位（语素）或用常规的构词模式进行分析。但是，由于汉字顽强的表意性，以及汉语词汇在构词方式和语义特征上具有的极强的理据性，使得人们习惯于通过汉字的字义来获取理解词语的线索。这导致在使用音译法译介外来词语时呈现出以下两种倾向：

一种倾向是竭力消解字面意义带来的歧义，尽量选用中性的、字形简单的汉字，选用不会产生某种联想的汉字组合，以避免望文生义，因形害义，音译用字从最初的只求记音的随意滥用发展到现在的避免歧义的谨慎选用。如 coco 曾被译作"靠勾"，后定名为"可可"；chocolate 曾被译作"炒扣来"，后定名为"巧克力"；whiskey 曾被译作"回四季"，后定名为"威士忌"；AIDS 当初曾译为"爱之病""爱滋病"，最后定名为"艾滋病"。

另一种倾向则是竭尽一切可能，对于外语原词的内部形式有所保留，或拼凑、附会，或让其残存、羡余，力图在音译用字上形成有意义的音节组合，以便于记忆、理解和言说。即使是纯音译的外来词，有时也可能选择一些与词义相关的音译用字，以使词义有迹可循。如"伯理

---

① 赵元任：《赵元任语言学论文集》，商务印书馆 2002 年版，第 623—624 页。

玺天德（president）"一词中的"伯""天德"与封建君主相联系，具有提示词义"总统"的功能。马西尼认为译者用"伯"与"王"相对，以示君主国与民主国（美国）。①正是由于这种倾向性，于是就有了除纯音译之外的其他音译法：谐音音译、音译添意、音译半译、形声化音译等。

这两种倾向都是基于汉民族"见字知义"的这样一种普遍的语言认知心理，人们在对待外来词时，总是要探究其中"字"的含义，因为汉字不仅是汉语的书写形式，而且是汉语语义、汉语理据的积极表现手段。

（二）谐音音译

谐音音译是指在不违背音译原则的前提下，尽量选用那些在字面上能引起词义联想的汉字来转写外语词。这种译介方法既保留了与原词相近的读音，转写的汉字又发挥了它的表意特点，顺应了汉语表意性，因而又称为"音意双关"或"音意兼译"。

这种以声循义、以声谐义的译介方法在中古时期汉语引进源于梵语的佛教外来词时就已经采用了。"彼岸"是梵文 Pāra 的谐音音译，"彼岸"中的"彼"本作"波"，因"彼""波"古音相近，后都用"彼"。《大智度论》卷十二："波罗，秦言彼岸。"又："以生死为此岸，涅槃为彼岸。"盖世俗者迷昧无知，对"我"执着不舍，佛家把此视为万恶之本。佛家主张"无我"，而"生"与"死"可谓"我"所存在的总代表。故佛家把生死的境界叫此岸，而将破除"我执"、熄灭"生死"轮回而后获致最高之理想境界称为"彼岸"。②用"彼"既考虑到语音的相似，又可与"此"相对，表示两种决然相反的境界，这样的翻译可谓独具匠心。

后来明末徐光启大学士与意大利传教士利玛窦合译《几何原本》时继承了谐音音译的传统，把拉丁文 geometria 译为"几何"。"几何"在古代汉语中早有用例，其义有三：一为"若干，多少"之义，如

---

① ［意］马西尼：《现代汉语词汇的形成——十九世纪汉语外来词研究》，黄河清译，汉语大词典出版社1997年版，第192页。
② 参见梁晓虹《佛教词语的构造与汉语词汇的发展》，北京语言学院出版社1994年版，第16—17页。

《诗·小雅·巧言》:"为犹将多,尔居徒几何?"西汉司马迁《史记·周本纪》:"夫民虑之于心而宣之于口,成而行之。若壅其口,其与能几何?"北宋宋祁等《新唐书·李多祚传》:"(张柬之)乃从容谓曰:将军居北门几何?"二为"无多时,所剩无几",如《墨子·兼爱下》:"人之生乎地上之无几何也。"曹操《短歌行》:"对酒当歌,人生几何。"三为"问当何时",如《国语·楚语下》:"其为宝也,几何矣?"《汉书·五行志》:"赵孟曰:其几何?"总而言之,"几何"在古代汉语中是作为疑问数词使用的。把 geometria 译为"几何",既记录了词头 geo-的音,又表达了"测地学"中"数未定而设问"的意,几——面积多大,何——形状如何,深得几何学之精义。徐光启和利玛窦运用谐音音译的方法将汉语疑问数词"几何"改造成为一个数学术语,用来表示物体形状、大小、位置间的相互关系,可谓传神之译。

清代的传教士米怜(William Milne)创办的中文刊物《察世俗每月统记传》(1815—1821)刊名中的"察世俗"就是英语 Chinese(中国)的谐音音译,在选择这三个字作音译用字时,又借用了其字面义——考察世俗人心,刊物封面引述《论语》警句"子曰多闻择其善者而从之",呼应了"察世俗"语义。[①]这种译介方式的运用,显示了传教士较高的翻译水平。

清代学者严复沿用此法创译了"乌托邦(Utopia)"。Utopia 本来是英国空想社会主义者莫尔(Thomas More)所著书名,作者在书里描写了他所想象的没有阶级的幸福社会,并把这种社会叫作"乌托邦",意即没有的地方,后来泛指不能实现的愿望、计划等。"乌"既有音译的因素,又有意译的成分,"乌"在汉语中有"无"义,如"化为乌有""子虚乌有"等。严复用"乌托邦"三字来译写 Utopia,寓意就是"把希望寄托在没有的地方"。如:

> 乌托邦者,犹言无是国也。仅为涉想所存而已,然使后世果其有之,其致之也,将非由任天行之自然,而由尽力于人治,则断然

---

① 这段话是《论语·为政》"多闻阙疑"和《论语·述而》"三人行必有我师焉,择其善者而从之"两语的拼合。参见《新语探源——中西日文化互动与近代汉字术语生成》,中华书局 2004 年版,第 258 页。

可识者也。[（清）严复《天演论》卷上]

"乌托邦"一经创译就沿用至今，在现代汉语中指"理想中最美好的国家"，也指"空想主义、不能实现的愿望"。如：

倘若希望有个现成的理想的环境，那是只有到乌托邦去。（邹韬奋《苦闷与认识》）

"乌托邦（Utopia）"的译介是谐音音译外来词的一个典型例子。

用谐音音译法转写的外来词我们称为"谐译词"。谐译词可细分为两类，一类是一般的谐音音译词，这些词的谐音取字所表示的意义与原词所指的事物，在汉语使用者的思想里取得了合理的联想。人们沿着这些表音性汉字的脉络，可以大致揣测出原词的含义，如：嬉皮士（hippies）、黑客（hacker）、香波（shampoo）等等。另一类是带有滑稽逗趣意味的谐音音译词，我们称为"谐趣词"。这类词所代表的概念或事物通常在汉语里还有其他的表现形式，它们入籍汉语的主要原因是其谐音带来了一种意想不到的谐趣效果，如：瘟酒吧（Win98）、烘焙鸡（homepage）、粉丝（fans）等等。

有一些英源外来词是由谐音音译和其他译介方式共同转写而来的，常见的有三种：

1. 谐音音译+纯音译，如：

talk show-脱口秀　minibus-迷你巴士

2. 谐音音译+义标，如：

chiffon-雪纺绸　bowling-保龄球

3. 谐音音译+意译，如：

neon lamp-霓虹灯　carpetbag-急必袋

对于纯音译词来说，其各构成成分都是音节，不能承担反映所指对象特征的任务，也就不存在内部语义形式。但是谐译词不同，它被人们附会了一个虚拟的内部语义形式。所谓虚拟，是说这种内部语义形式并非原词所有，而是进入汉语后人们在语音层面框定的范围内，有意拼凑出来的，目的是为了使人们通过联想去感受或理解词义。这一内部语义形式并不是原词所有的，而是汉语使用者强加于原词的，基本上都掺和了汉语使用者对所指事物的认识、评价和审美情趣。如："敌百虫（dipterex）"指一种有机磷杀虫剂，其英语原词的内部语义形式为：di（双）+pterex（翅膀），汉语在以"敌百虫"谐音音译它之后形成了一个新的内部语义形式：可敌百虫。

这种内部语义形式的形成是和人们在利用谐音音译转写英语词时所采用的方法密不可分的。其方法如下：

1. 用读音相同或相近、意义相近或相关的现代汉语词直接谐译英语词，形成一组同音同形词。如：

〔托福〕源于英语 Test of English as a Foreign Language (TOEFL)，意为美国"对非英语国家留学生的英语考试"。

TOEFL假借"托福"一词的音和形进入汉语的词汇系统，为汉语增添了一组同音同形词。同汉语里固有的同音同形词相比，谐译词和它假借的汉语固有词之间在词义上有相关的联系，或者说两者之间能够建立起一种联想，而汉语里固有的同音同形词在现时是看不出有任何联系的。TOEFL用"托福"来转写就有"托他人之福"之意。这种方式要求分属两种不同语言的词语既要读音相同或相近，又要词义相近或相关，因而这类词的借入具有很大的偶合性。再如：

〔必应〕源于 Bing。微软公司于2009年5月29日推出的中文搜索引擎。必应，英语 Bing 的音译，也包含"有求必应"的意思。

常见的还有奔腾（Pentium）、奔驰（Benz）、晒（share）、酷（cool）、秀（show）等等。

有趣的是，这种直接从现代汉语词汇中找出现成的词语来谐译对应着的英语词的方法在粤方言中是比较常见的①：

〔肥佬〕源于英语 fail，意为"失败、不及格、通不过"。"肥佬"在粤方言中的意思为"胖子"。"肥佬（胖子）"大多欠灵活，行动较迟缓，因而用来谐译"失败、通不过"。

〔叉烧〕源于英语 chance，专指排球、网球、羽毛球、乒乓球等球类比赛中的"探头球"，亦即英文的"chance ball"。"叉烧"原指用猪里脊烤制而成的一种肉食品，是广东人非常喜爱的传统食品。"叉烧"既好吃又容易吃，所以用来谐译"机会球"。

〔茶煲〕源于英语 trouble，意为"麻烦、烦人"。在粤方言中，"茶煲"指"药罐子"。与"药罐子"为伍当然麻烦，所以用"茶煲"来谐译。

正是由于粤方言中谐译外来词的例子比较多，因此也有一些进入了普通话词汇中，如：

〔乌龙球〕源于英语 own goal，喻指自进本方球门的球，也喻指弄错弄混淆。"乌龙"说法则来自粤方言中的一个传说：久旱不雨时人们祈雨却没有招来吐雨的青龙而是招来了毁灭的乌龙。球迷借此比喻足球比赛中被踢入自家大门的球。

〔泊车〕源于英语 park。汉语中原有的"泊"有两义：本义为"船靠岸"，引申义为"停留"。粤方言用"泊车"译 park（停车），不仅意义很吻合，而且粤方言里"泊"的读音也合于英语原词的语音。

在用这种方法来谐译英语词时，词义的相近或相关是很重要的一个因素，如果只是语音上的相近而无词义的相关，通常情况下汉语系统是

---

① 参见谭海生《对译借词——粤方言外来语中的一种特殊借词》，《广东教育学院学报》1995 年第 1 期。

倾向于排斥的。在英源外来词引进之初，有些英语词就是借用了汉语里音近而意义无关的词语来转写的，如：米粒（minute）、道德（doctor）、大臣（dozen）等。这些音译词都曾借用汉语里现成的词语来转写，但由于意义相去甚远，两者之间难以建立起联想，因而在使用中逐渐被淘汰，或者转化为意译词，或者被新的音译形式所取代，在现在的英源外来词系统中已经看不见它们的踪影了。

2. 在语音层面框定的范围内，选用古代汉语里的词语来转写英语词。如：

〔幽默〕在古代汉语里其意为"寂静无声"，《楚辞·九章·怀沙》中有"眴兮杳杳，孔静幽默"之句。现在用它来转写英语词 humor。

〔浪漫〕在古代汉语里其意为"纵情，任意"，宋苏轼《与孟震同游常州僧舍》之一："年来转觉此生浮，又作三吴浪漫游。"现在用它来转写英语词 romance。

〔绷带〕在古代汉语本是"小儿褓衣"之义。北宋孙光宪《北梦琐言》卷八："《诗》云：'载衣之裼'裼即小儿褓衣，乃绷带也。"现在用它来转写英语词 bandage，较为巧妙地运用了"绷"在汉语中的"张紧、拉紧"之义。

〔苦力〕在古代汉语指"竭尽心力"之义。南朝梁江淹《自序传》："人生当适性为乐，安能精意苦力，求身后之名哉！"南宋叶适《法度总论三·铨选》："学士大夫，勤身苦力，诵说孔孟，传道先王，未尝不知所谓治道者非若今日之法度也。"现在用它来转写英语词 coolie。

选用古代汉语里已有的组合来转写英语词，两种含义分别存在于不同的系统之中，这样既可以避免引起歧义，又可以"变废为宝"，一举两得。

3. 在语音层面框定的范围内，通过选择汉语材料重新加以组合的方式来谐译英语词。可分为两种情况：

（1）组合成全聚性谐译词。所谓全聚性是指词语的各结构项之间衔接得较为自然，内部语义形式所表达的意义较为流畅。如：

〔必胜客〕源于 Pizza Hut，比萨饼店的名称。据说有一家 Pizza Hut 与世界驰名的澳门葡京赌场同在一座建筑物内，店主抓住赌客进赌场渴望赢钱的心理，特意把 Pizza Hut 谐译为"必胜客"，以吸引赌客们就餐。

〔乐活〕源于 LOHAS，是 Lifestyles of Health and Sustainability 的缩写。这个词最早出现在美国社会学家雷·保罗（Paul Ray）1998 年的著作《文化创造：5000 万人如何改变世界》（*The Cultural Creatives: How 50 Million People are Changing the world*）中，指健康和可持续性的生活方式。追求健康和可持续性生活方式的人被称为"乐活族"。

〔菜鸟〕源于 trainee，指电脑或网络水平低或操作不熟练的人。谐译为"菜鸟"，源自台湾闽南语，与"老鸟"（有经验的人）相对。在闽南语口语中，"菜鸟仔"是指刚学飞行的小鸟，会飞得跌跌撞撞，甚至会掉到地上。"菜"是"差"或"逊"的意思，常有"你很菜""水平太菜"的说法。

其他如：可口可乐（coca-cola）、仙客来（cyclamen）、的确良（dacron）等等。这种全聚性谐译词中的汉字之间的组合，碰巧与汉语词语中汉字的组合形式相符，但它们在造词时音义联系的过程与汉语固有词语在造词时的音义联系过程是正好相反的。

（2）组合成半聚性谐译词。所谓半聚性是指词语的各结构项之间衔接得不够自然，虽然整个词语表达了一个完整的意思，但是各结构项之间留有空白需要靠联想去填充。如：

〔百老汇〕源于 Broadway，本义为"宽街"，是美国纽约的一条远近闻名的繁华街道，街上影剧院、夜总会林立，后来渐渐成为美国戏院业、纽约娱乐业、纽约夜生活的代称。谐译为"百老汇"，意在诱导人们联想到"众多老资格演员汇集处"。

〔业特士〕源于 YETTIES，指靠技术创业的青年，是从 young

entrepreneurial tech-based 的缩写"YET"演变而来，原意直译为"靠技术创业的青年"，或译为"技术创业青年"。"业特士"实际是指年龄在20—30岁之间的青年人，他们做事情讲求时效和速度，抛弃了烦琐程序说干就干。谐译为"业特士"，意在使人们联想到"具备专业技术的特别人士"。

其他如：引得（index）、好莱坞（hollywood）、引擎（engine）等。

上述三种转写谐译词的方法，或利用汉语里现成的语言单位，或选择汉语材料重新组合，都是经心理选择后有意创造的产物，使谐译词获得了一个新的内部语义形式，这是谐译词区别于其他外来词的一个显著特点。因此，与纯音译词相比，谐译词的汉化程度较高，表意性也较强。

谐译词中还有一种特殊的"谐趣词"，带有滑稽逗趣的意味。这种词在译介时有很大的随意性，可根据个人好恶的不同，有不同的形式，如Win95可谐译为"温酒舞"，表达了Win95刚问世时，计算机迷们欣喜之情；也可谐译为"瘟酒屋"，表达了他们对这种操作系统不稳定的不满之情。这些词大多只停留在一定的言语社团之内，尚未进入全民语言的规范系统之内。有一些曾经流行一时，但随着时间的推移，其新奇独特的效应逐渐淡化，慢慢被汉语的词汇系统所淘汰。如：

〔黑漆板凳〕丈夫，源于husband。这个英语词源自古斯堪的纳维亚语husbandi；hus是"家"的意思，bondi意为"世袭地保有者"，其内部语义形式是"家庭祖传财产的保有者"，被汉语谐译为"黑漆板凳"。

这个谐趣词曾经在20世纪三四十年代非常流行，如：

近来，咱们说话，嘴上常挂着些奇奇怪怪的名称，比如丈夫叫<u>黑漆板凳</u>，女人叫花瓶，这都很别致有趣，一只花瓶摆在一条板凳上便成为夫妇。（董宇《乱点鸳鸯谱》1934.10.01）

但这个词在现在的词汇系统中已经销声匿迹。类似的谐趣词如表2-1所示：

表2-1　　　　　　　　　　谐趣词词例

英语	谐趣译名	正式译名
Esperanto	爱斯不难读	世界语
gentleman	尖头鳗	绅士
Olympia	我能比呀	奥林匹亚
atom bombs	挨他妈一棒子	原子弹
shopping	血拼；瞎拼	购物
fans	粉丝	爱好者；崇拜者
homepage	烘焙鸡	主页
GRE	鸡阿姨	美国研究生入学考试
.com	稻糠亩	.com 域名，国际广泛流行的通用域名格式
NASDAQ	那死大个儿	纳斯达克
not at all	闹太套	没什么；别客气
university	由你玩四年	大学
model	麻豆	模特
I love you	爱老虎油；爱辣夫	我爱你，多见于网络语言和校园语言
party	爬梯	聚会
Town House	汤耗子	乡村别墅
microblog	围脖	微博
E-mail	伊妹儿	电子邮件
magazine	卖个性	杂志
ladies	累得斯	女士们
Robert's Rules of Order	萝卜白菜规则①	罗伯特议事规则
iPhone	爱疯族	拥有苹果 iPhone 手机的人
primer	泼赖妈	初级教材

---

① 萝卜白菜规则（Robert's Rules of Order）：对"罗伯特议事规则"的一种非正规的谐趣译称。罗伯特议事规则（Robert's Rules of Order），由亨利·马丁·罗伯特撰写，是专门讲主持会议的主席的规则，针对会议秘书的规则，大量有关普通与会者的规则，针对不同意见的提出和表达的规则，有关辩论的规则，不同情况下的表决规则等。这是美国最广受承认的议事规范，被广泛地运用于政府、企业、非政府组织的议事活动之中。"罗伯特议事规则"蕴含的理念是法治、民主、权利保护、权力制衡、程序正当、自由与制约、效率与公平等。

在一些文学作品中，有时也会采用这种谐趣译法，将本有汉语对应词的外来语进行曲解，追求异样的声觉效果，增加趣味，为自己的小说服务。如老舍的《大发议论》："以国历新年说吧。过这个年得带洋味，因为它是洋钦天监给规定的。在这个新年，见面不应说'多多发财'，而须说'害怕扭一耳'（Happy New Year）。"张天翼在他的《鬼土日记》中把 Allan Poe（爱伦·坡）译作"短冷坡"，将 romance（浪漫）译为"揉蛮死"，把 Baudelaire（波德莱尔）译成"不得癫儿"。这些谐趣词常常为了个人表现的需要而曲解原意，有时甚至会使读者产生错误的联想，一般来说都难以在汉语里植根。但值得注意的是，也有一些谐趣词，由于构词成分已经或正在语素化，可能会逐渐转化为一般的谐音音译词，从而扎根于汉语词汇之中。如：将 fans 音译为"粉丝"，与日常食品"粉丝"同形，起初本是一个随意而作的谐趣词，随着音译成分"粉"的语素化，衍生出一大批新词语，从而获得了根植于汉语词汇系统之中的资格。

另外，"血拼（shopping）"一词也正处在类似的演变之中。

〔血拼〕源于 shopping，指疯狂购物。"血拼"表示从口袋里大把大把地掏出"血汗钱"，在经济上"大出血"。

借由"疯狂购物"之意，"血拼"还衍生出了一些新颖有趣的新词语。如"大漠血拼"，"漠"实为 mall（商店区，商业大街），"大漠血拼"将人们在商店里大肆抢购的形象描绘了出来，非常传神，饶富意趣。随之产生的还有"陪拼族"，指陪伴女士疯狂购物的人。

随着年底血拼狂潮的来临，沪上的"陪拼族"也日渐扩大，他们大多由女性的家属及男友组成。（《新闻晚报》2006 年 12 月 19 日）

可见，"血拼"的"拼"也有语素化的倾向。但最终能否转化为一般的谐音音译词，获得真正外来词的资格，还有待于我们的进一步观察。

总而言之，谐音音译的方法借用了原词语与汉语的某些相似音节，尽可能选取与原词语意义上有联系的字，充分利用汉字所具有的表意功能和心理暗示作用，外引内联，附会出一种新的内部形式，或接近或曲近外来词的含义，是一种比较符合中国人的民族心态和汉语文字理据性特点的方法。

(三) 形声化音译

形声化音译是指在仿音的同时，借用已有的或另创新的形声字来译介外来词。也就是说，音译的同时，在相应的文字符号的选用上加以控制，使音译词的文字符号在读音上复制外语词的同时，字形上也能与词义发生一定的关联。这种"意化"手段是利用了汉字形声字所具有的声符表音、义符表意的构字特征。

上古时期，对波斯语 budawa（葡萄）这个外来物种的命名，就采用了这种方法。在中国的史书中，最早提到 budawa（葡萄）一词的是《史记》，词形写作"蒲陶"。①自汉代至宋代的诸多文献中，还有"蒲桃""蒲萄""葡桃"等词形，后经过演化，加上了相应的形旁，定形为"葡萄"，充分利用了形声字音译外来词时的形旁定向作用。

及至中古，佛经翻译时期，仍然沿用了这种通过增加或改变汉字偏旁的方式完成音译的方法，如魔（Māra）、塔（stūpa）、僧（Sangha）、袈裟（Kasâya）、茉莉（Mallika）等等。不过，佛经翻译中的造字，有的并非一开始就为引入新概念而专门造字，而是经历了一个演变过程，例如 Māra 的早期译名是"磨罗"，后略作"磨"，南朝梁武帝改"石"从"鬼"而成"魔"。宋法云《翻译名义集》卷二《四魔篇》引《摄辅行》云："古译经论魔字从石，自梁武来谓'魔'能恼人，字宜从鬼。"②其实这是一个译名逐步汉化的过程，可见佛经翻译时期多少还缺乏一种自觉造字创名的意识。

到了明清时期，也有一些偶发的改造字。对于西洋的国名、事物名称等，一些人习惯在用已有的汉字音译的同时加上"口"字旁表示，如"英吉利"写作"嘆咭唎"，以此来标示外来事物，凸显其异质文化

---

① 温建辉：《"葡萄"名称的来源考释》，《中国酿造》2013年第9期。
② 梁晓虹：《佛教词语的构造与汉语词汇的发展》，北京语言学院出版社1994年版，第21页。

色彩。直到 19 世纪 60 年代德国传教士罗存德在翻译化学书籍时,才在其编纂的《英华字典》中有意识地提出了造字创名的方法,即用合成造字为化学元素命名。他是这样主张的[①]:

It now remains for us to explain the principle on which we have formed some of the words used in chemistry. The Chinese character for element is 行. All words combined with this radical are placed between the right and left division of the figure of the character. Acting upon this principle we had no difficulty in exhibiting in the simplest form the names of most of our elements. The following examples will illustrate this principle:

Put 水, water, in the center of 行, the element, and you have 衙, hydrogen;

炭, coal, do.[②] do. 行, do.　　do. 衙, carbon;
光, light, do. do. 行, do.　　do. 衙, phosphorus;
绿, coal, do. do. 行, do.　　do. 衙, chlorine

This simple mode of expressing our symbols may be carried out by professional men to any extent, and students of chemistry will comprehend our western sciences more readily than by the paraphrases now and then met with in books. (W. Lobscheid, 1869)

罗存德认为中国人用汉字"行"来表示元素,因此主张采用在"行"字中间夹嵌汉字的方法为元素命名。罗氏在这里举了"氢、碳、磷、氯"的例子。对于夹在"行"之间的汉字的选用标准,罗氏并未作出说明。从其所举的例子看,有的字表示了该元素的化学性质,如用"水"来代表"氢","氢"的拉丁语为"hydrogenium",意为"生成水的物质",指氢燃烧后生成水的特性。有的字取自该元素的外部形态特征,如用"光"来代表"磷",是指"磷"在黑暗中闪闪发光的形态特性,"磷"的拉丁语为"Phosphorum",意为"冷光";用"绿"来代表"氯",是指氯气在常温常压下呈黄绿色,"氯"被命名为"Chlorine",希腊文原意是"绿色"。罗存德的造字创名法完全排除了音的因素,把

---

① 参见沈国威《近代英华词典的术语创造》,载邹嘉彦、游汝杰主编《语言接触论集》,上海教育出版社 2004 年版,第 235—257 页。

② do. 为 ditto 的缩写,意为"同上"。

意符的地位提到了不适当的高度。①"行"除了表示化学元素外，不再具备其他的区别性功能。所以，不得不用另外的字表示该元素的性质，如"衒气""衒金"等。

罗存德是较早明确提出造字创名法的人。虽然他这种夹嵌汉字的造字办法并没有通行开来，但是这种自觉造字创名的意识对其后傅兰雅的形声化音译法提供了可循的思路。1871年傅兰雅、徐寿翻译的《化学鉴原》就采用了"以平常字外加偏旁而为新名"的造字创名法，即把化学元素的英文名称第一音节译为同音的汉字，并根据化学元素的性质，用"金""石""气"做偏旁，分别表示金属元素、非金属元素和气体元素。朱自清进一步指出这种方法属于音译的一种，他是这样说的：

> 近来只有译化学书的人，在他译原质名字的时候，才参用造新字的第二个办法——是拿和原名重音同音的中国字，加上一个同它性质相近的偏旁。例如氩（Argon），钙（Calcium），矽（Silicon）等。皆于造新义的办法，确也有用的，但是他们用时，另外又附上一个条件，就是所取冷僻的中国字，须要同原名同音，这已到了音译的范围，不是造译了。②

相比罗存德的造字法，这种形声化音译法使义符具备了更具体的表意功能，形旁表意，声旁表音，较好地承载了外来概念的语义和语音。

形声化音译的用字大致有以下三种情况：

一是利用现成的汉字来记音，有时也借用闲置不用的古字。如：

〔玃狓〕源于 okapi，非洲中部产的一种动物。其中除了"玃"是新造的字以外，"狓"和"狓"都是古字。

〔安瓿〕源于 ampoule，一种可熔封的硬质玻璃小容器，用以盛

---

① 参见沈国威《近代英华词典的术语创造》，载邹嘉彦、游汝杰主编《语言接触论集》，上海教育出版社2004年版，第248页。
② 朱自清：《译名》（1919），载中国翻译工作者协会《翻译通讯》编辑部编《翻译研究论文集（1894—1948）》，外语教学与研究出版社1984年版，第44—45页。

装药剂或试剂等。其中"瓿"是一个古字,指的是我国古代的一种不封口的器皿。

二是改造现成的汉字来记音。如"咖啡(coffee)"一词在清代初进入汉语时曾有"加非""架非"等词形。

　　夜阑,同赴大餐房啜加非茶,并陈设果食,随意取啖。宾散已交子刻矣。[(清)崔国因《出使美日秘国日记》卷4]
　　土产架非、葡萄酒、五谷、橄榄油、药材、树油。[(清)魏源《海国图志》卷33]

后改造"加非"的词形,加偏旁"口",表示跟"食物、饮料"等有关,亦表示其外来身份。

三是另造新字来记音,如"铥(thulium)""钙(Calcium)",等等。

形声化音译利用汉字形旁表意的特点,力图使外来词记音的同时在字形上也能融入汉语,字形的定向作用使人们在直接接触的视觉符号中了解该词所表示的大致意义方向,相对于英语原词的内部形式而言,这个义符是羡余的,这是人们在音译外来词时努力向汉语认知方式或构词方式靠拢的一种表现。更为有趣的是,人们在形声化音译的同时,还会利用"谐音",为一些形声化音译词附会出新的内部语义形式,使本作为记音符号的汉字,进一步"意化",与词义发生某种形式的关联或联想。

明代李时珍在《本草纲目·果五·葡萄》中说到:"葡萄,汉书作蒲桃,可造酒,人酺饮之,则酶然而醉,故有是名。""酺"是聚饮之意,"酶"是大醉之态。按李时珍的说法,之所以叫葡萄,是因为这种水果酿的酒能使人饮后酶然而醉,故取"酺"和"酶"的谐音而得名。后民俗学家杨荫深在研究了《史记·大宛列传》和《本草纲目》后认为,"此蒲陶注家均无解释其命名之意,大约当是译音",李时珍的解释"恐出想象之辞"。①

---

① 杨荫深:《细说万物由来》,九州出版社2005年版,第471页。

源自印度尼西亚语 durian 的"榴梿",原义为"有刺的",形声化音译为"榴梿",其名称来源还有一个传说:

> 热带水果榴梿,有着"来自地狱的气味和来自天堂的味道",据说是当年三宝太监郑和率船队下西洋,在南洋群岛发现的。因其口味鲜美,令在海上漂流已久的郑和一行乐不思蜀,流连忘返,因此,郑和为其取名为"留连"。后来植物学家取其谐音,改为榴梿。①

传说是否为真,还有待考据,但因声求义,循音附义,是人们音译外来词的惯有认知方式。

"槟榔"本是中国从南洋贸易中进口的一种植物,是对马来语 pinang 一词的直接借用。英国汉学家瓦特斯(T. T. Watters)在《汉语散论》(*Essays on the Chinese Language*)中认为,在习惯食用槟榔的中国南方地区,人们常以此物为招待客人的小食。汉语中选择以"槟榔"音译 pinang,既是音译,又在字形上表现出"款待宾客"之意。②以"木"旁指示了该物品是一种植物的同时,又赋予了该音译词一个新的内部语义形式,虽然与原词所指称的意义并不相关,只是一种文化联想意义,但仍是汉语汉字的认知习惯使然。

无独有偶,同样是来自热带地区的"芒果",本是英语 mango 的形声化音译,曾有"蛮果、杧果、檬果、樠果、蚊胶"等词形,后定形为"芒果",有人还为其附会了一个内部形式,即"形似麦芒的水果",当然这种内部形式的赋予只是一种心理联想,并无理据可考。循着"葡萄(budawa)—榴梿(durian)—槟榔(pinang)—芒果(mango)"这样一条线索,我们发现,人们在译介外来词时,总是乐此不疲地循音附义,努力"意化"音译外来词。

综之,形声化音译法利用汉字的义符突出事物类属方面的理据色彩,使音译外来词具有了内部形式化的倾向,人们或凭借这一内部形式

---

① 参见杨锡彭《汉语外来词研究》,上海人民出版社 2007 年版,第 60 页。
② 江莉:《十九世纪下半叶来华西方人的汉语研究——以〈中国评论为中心〉》,博士学位论文,北京外国语大学,2015 年。

对事物作出类的判断，或通过进一步的"谐音"，在作出类的判断的同时，引发新的联想意义，以便于理解、记忆和称说。

（四）音译添意

音译添意的方式是指先音译外来词，在此基础上根据其意义，附加一个表示该词性质类别的汉语语素作为意义标记，即义标，使其词形醒目，义类显豁，以符合汉族人凡事求类的认知习惯。

中古佛教输入时期，亦采用此法引入了不少外来词语，如梵语中指称佛教寺院的 Saṁghāgārāma，纯音译形式应为"僧伽蓝摩"，后简化为"伽蓝"，并在后面附加了一个汉语语素，作"伽蓝寺"。类似的还有"菩提树（Bodhi）"等。

音译添意法是将外语词音译借入汉语后，又按照汉语偏正构词的模式，在其后加上一个表明词的意义类属的义标。这些义标大部分是表示义类的，处于词末受修饰的中心地位，称为"类标"。少数义标在词首，处于修饰地位，称为"饰标"。还有少数义标属于词缀性质，称为"缀标"。另外，动词类的外来词虽然比较少，也会出现一些义标。这些义标基本都是处于宾语位置，称之为"补标"。[①] 因此，音译添意词根据义标的位置可分为以下几种类型：

一是"音译+类标"型，如：

"爵士乐"指"20世纪初产生于美国的一种舞曲音乐"，"爵士"是 jazz 的音译，"乐"表示其音乐类属，是"类标"。

"贝雷帽"指"一种无檐的扁圆帽"，"贝雷"源自 beret 的音译，"帽"是"类标"。

"商籁体"指"欧洲一种格律严谨的抒情诗体"，"商籁"是 sonnet 的音译，"体"表示其类属于某一文体，是"类标"。

其他同类的如：芭蕾舞（ballet）、巴松管（bassoon）、保龄球（bowling）、大丽花（dahlia）、佛提树（fustic）、几维鸟（kiwi）、来复枪（rifle）、香槟酒（champagne）、塔兰台拉舞（tarantella）等等。

所添加的义标不仅有指明类别与属性的作用，同时在有些词形较短的词语里，也起到了扩充音节的作用。如：

---

① 史有为：《汉语外来词》，商务印书馆2016年版，第144页。

barge-驳船　　car-卡车　　　Ra-拉神
card-卡片　　beer-啤酒

二是"饰标+音译"型，如：
"车胎"译自 tire，"车"是饰标。
"酒吧"译自 bar，"酒"为饰标。
"蛋挞"指"和有鸡蛋的西式果馅儿饼"，译自 tart，"蛋"为饰标。
三是"缀标+音译"型，如：
"阿蛇"其意为"先生"，香港用来称呼警察，"蛇"借自英语 sir，"阿"来自汉语前缀，是缀标。
"阿飞"指"打扮怪异、举止轻狂的青少年"，从上海洋泾浜英语演变而来。"飞"是英语 figure 的音译缩写，"阿"是缀标。
四是"音译+补标"型，如：
"宕机/当机"：（计算机）停机，电脑有故障，突然不工作了。"宕/当"源自英语 down，"机"为补标。
"泊车"：停放（机动车）。"泊"源自英语 park，"车"为补标。[①]
相对于英语原词的内部形式而言，音译添意词的义标是羡余的。在结构上，"音译+类标"型词语，其音译部分为修饰性语素，羡余部分为表义的中心语素，形成了一种偏正结构合成词，整个词义的语义重心在中心语素上。"饰标+音译"型和"缀标+音译"型词语，其羡余部分为表义的修饰性语素，音译部分为中心语素，通过所补充的羡余部分来点明该词的类属或性质。这三种类型的词语都形成了一种偏正结构合成词，而"音译+补标"型则形成的是动宾式词语，这比较接近汉语的构词方式，也是音译词努力追求"意化"的结果。

（五）音意半译

音意半译指外语中的一个语言单位一分为二，一半音译，一半意译，其中音译部分使对应的原词语内部形式随着语音转写而消失，而意译部分则截取原词语的内部形式，使原词语的内部形式得以部分保留，残存于汉语之中。音译半意词根据音译、意译的位置不同可分为以下两

---

① 史有为：《汉语外来词》，商务印书馆 2016 年版，第 144 页。

种类型：

一是"前音译后意译"，如：

"呼拉圈"是 hula hoop 的半音译半意译，指在跳夏威夷草裙舞摇摆臀部时，绕身旋转的一种轻圈。

"浪漫主义"是 romanticism 的半音译半意译，指文学艺术的一种创作方法，特点是运用丰富的想象和夸张的手法塑造人物形象，反映现实生活。"主义"是对英语后缀-ism 意译而来的。

"爵士舞"是 jazz dance 的半音译半意译，指一种由美国黑人创造的舞蹈，用爵士乐伴奏。

同类的还有：道林纸（Dowling paper）、基因型（Genotype）、摩托艇（motorboat）、摩托车（motorcycle）、米老鼠（Mickey Mouse）、拓扑学（Topology）、登革热（dengue fever）、色拉油（salad oil）、沙文主义（chauvinism）、氟石（fluorite）等等。

二是"前意译后音译"，如：

"脸基尼"是 face kini 的半意译半音译，指一种只露出眼睛、鼻子和嘴，游泳时用来防晒、防海蜇的头套。

"二噁英"是 dioxin 的半意译半音译，指一种无色无味、毒性严重的脂溶性物质，di-是英语中的前缀，意译为"两个，双"，-oxin 则采用了音译的方式。

"冰激凌"是 ice cream 的半意译半音译，ice 意译为"冰"，cream 采用了音译的方式，其音译形式还有"淇淋、结涟、忌念、忌廉"等。"忌念、忌廉"在方言中还可以独用，意义为"奶油"。如粤语中的"忌廉威化饼"就是"奶油薄脆饼"的意思。

同类的还有：空中巴士（airbus）、苹果派（apple pie）、新西兰（New Zealand）、奶昔（milkshake）、千瓦（kilowatt）等等。

音意半译词的意译成分来自两方面：一是英语复合词中的一部分，如 type、dance、paper、face、ice 等等；二是英语词的前缀或后缀，如 di-、-ite、-ism、-ogy。这都是原词语残存的内部形式，意译后往往起着义标的作用。其中，"前音译后意译"词语中的意译部分起着"类标"的作用，一般用于表事物的类属，而"前意译后音译"词语中的意译部分则具有"饰标"的功能，一般用于表事物的性质，译介的结果是使得它们具有汉语偏正式合成词的结构，这也切合汉民族的普遍认知心理。

总而言之，采用音译的这五种方式译介的外来词语，其构词理据分别表现为内部形式的消失、附会、羡余或残存。可以看出，汉民族在采用音译法译介外来词时，既要满足人们快速引进、接受新事物的需求，又要符合汉语见字知义的文字理据性的心理，于是就有了不同译介方式的选择与演变。

二　仿译

仿译是指保留外语原词语的内部形式不变，采用汉语材料逐一翻译原词语的语素，不但把原词语的意义，而且把它的内部构成形式也移植过来。仿译法从外语借的既不是语音，也不是字形，而是构成成分的语义结构和语法结构。虽然保留了外语词原有的意义结构形式，但是由于是用汉语逐"字"直译而来，因而翻译的痕迹并不明显。

仿译法在很多语言的相互借用中都是普遍存在的。英语 almighty（全能的）一词就是从拉丁语 omnipotens 仿译而来的。拉丁语语素 omni 相当于英语语素 all，potens 相当于 mighty。法语 gratte-ciel 仿译自英语 skyscraper（摩天大楼），英语 superman 译自德语 Übermensch，汉语仿译为"超人"。英语 black humour 仿译自法语的 humour noir，汉语又仿译英语而有"黑色幽默"一词。

早在中古时期，佛经翻译时代，仿译就大量地运用于梵语词的译介中。我们现在耳熟能详并已进入基本词汇的"过去""现在""未来"都是自梵语仿译而来的，据考证，"过去""现在""未来"分别仿译自梵语 atīta、pratyutpanna、anāgata，这三个梵语词的内部形式原本都是表示空间范畴的动词，转来表示时间范畴的名词。在汉译佛典中，我们常常看到"随~"的说法，如"随行""随顺""随喜""随转"等词语，都是自带着前缀 anu- 的梵语词仿译而来。梵语中，anu- 放在动词、名词前，可以表示"伴随"之意。"如+名词"也是佛经中常见的一个词语模，如："如理""如法""如应""如数""如次""如力""如言""如声""如见""如旧""如本"等等，也都是直接对译梵语 yathā 加中性单数名词构成的副词性复合词而来的，并成为汉语中一种能产的词法模式，现代汉语中常见的"如实、如愿、如期、如约"等词语均脱胎于此。佛经中著名的短语"如是我闻"也是仿译自梵语 S. evam mayā srutam/evam mayā srutādibhyah，直译为英语 Like this was heard by me，用来作为大部分佛经的开场白，表示"以下的内容是听来而不是编造的"。①可见，仿译法不考虑词音的对应，只考虑词义的对应，原词语往往有两个以上的构成成分，译介的时候就按照这些构成成分逐个翻译，然后拼凑成词或短语。

近现代以来，国门洞开，西学东渐。随着西方哲学、社会科学、自然科学等领域的先进知识引进到中国，仿译法也大量地用于英源外来词的译介中。《明清汉语外来词史研究》中列举的仿译词有：铁路（railway）、机关枪（machine gun）、白宫（White House）、黑板（blackboard）、竞走（race walking）等。《现代汉语词汇的形成——19世纪汉语外来词研究》中列举了19世纪文献中的新词新语，其中仿译词有：电线（electric line）、动产（movable property）、公法（public law）、公园（public park）、蓝皮书（blue book）、轮船（wheel boat）、日报（daily newspaper）、中学（middle school）等。《近现代汉语新词词源词典》中收录了19世纪初到20世纪中期传媒中所出现的新词，其中仿译词有：教室（classroom）、篮球（basketball）、闭会（close a meeting）、参政（participate in politics）、动产（movable property）、公安（public security）、足球（football）等。这些仿译词产生的原因，正如罗常培所指出的："当许多中国旧来没有的观念初从国外借来时，翻译的人不能把他们和旧观念印证，只好把原来的语词逐字直译下来……"②

改革开放以后，《当代汉语新词词典》《100年汉语新词新语大词典（1912—2011）·下卷》以及《（2006—2015）汉语新词语》等词典中也收录了不少仿译词，如：白领（white collar）、草根（grass root）、秒杀（seckill）、下载（download）、微博（micro blog）、微波（microwave）、白色污染（white pollution）、唱片骑士（DJ/disc jockey）、断背（broke back）、高峰会议（summit conference）、灌水（add water）、硅谷

---

① 朱庆之：《佛经翻译中的仿译及其对汉语词汇的影响》，载浙江大学汉语史研究中心编《中古近代汉语研究》（第1辑），上海教育出版社2000年版，第247—262页。

② 罗常培：《语言与文化》，语文出版社1989年版，第29页。

(Silicon Valley)、宽带（broadband）、蓝牙技术（blue tooth technology）、聊天室（chat room）、路演（road show）、绿卡（green card）、气球贷（balloon loan）、情商（emotional quotient）、软件（software）、硬件（hardware）、头脑风暴（brain storm）、游戏规则（game rules）、域名（domain name）、重金属音乐（heavy metal music）、主页（homepage）、桌游（board game）、冷战（cold war）、快餐（fast food）、代沟（generation gap）、超市（supermarket）、微软（microsoft）、旗舰店（flagship store）、热钱（hot money）、水门事件（Watergate case）、象牙塔（Ivory tower）等等。

大部分仿译词都是按照外语原词构成要素的内涵逐一对等翻译，其组成成分的排列顺序和组合方式与外来词汇基本相同。但也有一些仿译词在对译时，受到汉民族固有的构词心理和文化因素的影响，作了一些调整。这种调整包括以下方式：

1. 构成成分的次序按照汉语的方式作了调整。如：

〔猎头〕源于 head hunting，是一种欧美十分流行的人才招聘方式，一些公司为满足客户所需，帮助猎取在人才市场得不到的高级人才。

〔洗钱〕源于 money laundering，指有组织的犯罪集团用走私、贩毒、抢劫等非法手段掠取的巨额钱财，经过一系列复杂的操作过程，使赃款成为犯罪集团的"合法收入"，这一对赃物的处理过程称为"洗钱"。

〔洗绿〕源于 greenwash，指奢侈品制造者（如皮草商）为了获得利润，消除对其破坏环境生态的道德指控而鼓吹环保的行为。

〔洗脑〕源于 brainwash，指利用外部影响力，向别人灌输异于一般价值观的特殊思想，以符合操纵者的意愿。

〔观光〕源于 sightseeing，参观外国或外地的景物、建设等。

〔咬音〕源于 sound bite，指访谈录等播放时的引言片段、原话片段。

〔穷劳〕源于 working poor，指不停劳动却贫穷。有"穷劳族"的说法。

〔博士后〕源于 postdoctoral，是指在获得博士学位后，在高等院校或研究机构从事科学研究的工作职务。

汉语和英语中的复合词的内部结构都存在句法结构上的平行，英语复合词的构成中不仅有语义的参与，还有形态、语音的参与。英语的宾动式复合词结构形式，包括"名词+动词"结构和"名词+动词+ing"结构，不符合汉语的构词心理，因此在对译时都调整为动宾式结构。working poor 中的 poor 在英语里可做名词，意为"贫穷的人"，但在汉语里"穷"没有名词的用法，对译时比照"穷游""穷对付""穷忙""过劳""偏劳"等词语，调整为"穷劳"，并添加类标"族"来指这一类人。Postdoctoral 在英语中是复合形容词，进入汉语后变成了一个复合名词。对于"博士后"的翻译，有人曾提出质疑，认为应该译成"后博士"或"高级博士"。[①]"博士后"在国外原本是一种临时安置待业博士的制度，并不存在比"博士"更高级、更优秀的意味，同时，博士后原则上只招收应届毕业并已获得学位的博士生，有时间上的先后关系，调整次序对译成"博士后"更符合汉语的认知基础与认知顺序。

2. 添加表类属的义标使意义更加显豁。如：

〔土食族〕源于 locavore，指热衷于食用本地出产食物的人。Locavore 是由 local 和 vore 合成，local 表示"当地的"，vore 表示"食"，合起来指热衷于食用本地出产食物的人。

〔鸡尾酒〕源于 cocktail，一种混合饮品，由两种或两种以上的酒或饮料、果汁、汽水混合而成，有一定的营养价值和欣赏价值。

〔摇滚乐〕源于 Rock'N'Roll'，兴起于 20 世纪 50 年代中期的音乐，主要受到节奏布鲁斯、乡村音乐和叮砰巷音乐的影响发展而来。

〔路怒症〕源于 road rage，指在交通拥堵状态下，因驾驶汽车时产生愤怒情绪而引起的症状。

---

① 张巨龄：《"博士后"一词该不该改？——兼谈汉语新词产生与确立条件》，《语文新圃》2005 年第 11 期。

这些词语在仿译时，字面意义不能完全、准确传达原词语所代表的概念和内涵，引进时受汉语属种构式、偏正构式的影响，添加了表类义的成分，以使原词语整体意义更加显化。

仿译作为外来词的译介手段，其优势主要表现在以下几方面：

1. 具有可分析性，符合汉语的认知习惯。与音译词相比，仿译词的内部结构具有可分析性，大部分仿译词的构词理据可以从字面意义的加合、引申而大致推得，有相对较强的直接表意功能。

仿译词将原词语的内部形式移植到汉语中，以其简短和精练的形式承载着与原词语基本相同的信息量，不仅符合人们的认知特点，还顺应了语言的经济原则。这种移植是以人类思维的共通性为基础的。根据认知语言学的体验哲学，人类有着基本相同的生存需要、生活模式和思想感情，人类所熟悉和经历的事物大体相同，认知机制也表现出极大的相似性，因而用来表达人们思想和体验的词汇的认知方式总体上相差无几。这就解释了不同语言存在着大量的对等、对应或相似的成分，这为仿译词移植原词语的内部形式提供了条件。

以"白领（white collar）"一词的译介为例，汉语中以服饰转喻指人的现象古已有之，如"巾帼""布衣""青衣""纨绔""荆钗""裙钗""粉黛""红装""青衿""缙绅""领袖""便衣"等。英语中也有用服饰指人的词语，如用 hardhat 喻指建筑工人，因建筑工人所戴的帽子外形坚硬；用 redcoat 喻指英国兵，因其所穿红制服而得名；用 redcap 喻指搬运工，因机场、车站的搬运工都戴一顶红帽子而得名。这种共通性使得"白领"一词一经引入，立刻获得了汉民族文化的认同，不仅衍生出了"白领犯罪""白领奴隶""白领农民""白领餐""橡皮白领""低薪白"等词语，还类推出"开领""绿领""紫领""无领""橙领""黑领""格子领"等词语。同样引入的还有"蓝领（blue collar）、"金领（gold collar）""粉领（pink collar）""灰领（gray collar）"等，可以说"~领"一族的仿译词在汉语中相当活跃。

英语里有 grass root 的说法，泛指基层的、群众的。汉语里的"草根"一词本义只是指草的根部。和"树根""菜根"一样，是词的自由组合，是否具有复合词的地位还有争议。但是 grass root 借着"草根"的词形进入汉语后，获得了人们的普遍认可并迅速流行起来，用来指

"与政府或决策相对的势力",或是指"与主流的或者说是精英的文化、阶层相对应的弱势阶层的活动力量"。这种认可是基于以隐喻构建新词语的共通性。认知语言学研究表明,转喻和隐喻是人类认知的基本方式,在语言运用中相当普遍。"草根"一词不仅具有内部结构的可分析性,而且以人们熟知的自然界事物隐喻人类社会中的某类人或某个阶层,也符合汉语的构词习惯和认知心理。"草根"有两个特点:(1)顽强的生命力,"野火烧不尽,春风吹又生";(2)广泛遍布于每一个角落,"草根化"就是平民化、大众化。其衍生用法如"草根阶层""草根作品""草根运动""草根 MBA""草根博客""草根网民""草根管理"等,也是基于这种认知方式的相似性。

2. 具有可还原性,便于学术和文化交流。仿译词采用"字面对等"的直译法,使得人们能够通过字面追溯或回译到原词语,尤其是对于术语而言,保证了其科学性和准确性,便于国际的文化和学术交流。

计算机领域里的仿译词,如"主页(homepage)""软件(software)""硬件(hardware)""下载(download)""平台(platform)""桌面(desktop)""在线(on-line)""离线(off-line)""电子邮件(e-mail)""控制面板(control panel)""软盘(floppy disk)""热键(hot key)""墙纸(wall paper)""对话框(dialog box)"等;语言学领域里的仿译词,如"跨文化(cross-cultural)""数据库(database)""深层结构(deep structure)""解码(decoding)""关键词(keyword)""词汇层(lexical level)""借词(loanword)"等,都搬用了原词的构词成分,保证了语义的同一性,便于追溯原文。

3. 具有新颖性,满足人们追新求异的语用心理。词语的内部形式具有民族性,负载着独特的文化信息,不同语言具有同样语义的词语常常有不同的内部形式,反之,相同的内部形式也有可能表达不同的语义,仿译词将原词语的内部形式复制过来,就不可避免地带有一定的异己色彩,新颖性正源于此。

这种文化信息可以是历史事件、典故或传说。如:

〔炉边谈话〕源于 fireside chats,是美国总统罗斯福利用大众传播手段进行政治性公关活动的事例之一。20 世纪 30 年代,美国经济处于大萧条时期，为了求得美国人民对政府的支持，缓解萧条，美国总统富兰克林·罗斯福利用炉边谈话节目通过收音机向美国人民进行宣传。

后来人们仿"炉边谈话"造出"管边谈话"一词，用来指美国总统奥巴马上任前有意将周六例行广播演说制作成视频，并借助 YouTube 视频网站播出的事件。Tube 原是"水管"的意思，但在早期真空管电视时代，Tube 也被称作"真空管电视机"，后来引申为"电视机"的意思。"管边谈话"一词后被收录到《2008汉语新词语》中。

〔蓝牙〕源于 blue tooth，一种近距离的无线传输应用技术。"蓝牙"是丹麦国王 Viking（940—981）的绰号，他统一了丹麦和挪威，因为他爱吃蓝莓，牙齿被染蓝，因此而得一"蓝牙"的绰号。将这种技术命名为"蓝牙"，意指将把通讯协议统一为全球标准，在计算机行业和通信行业均得到普遍认可。

"蓝牙"还衍生出"蓝牙耳机""蓝牙音箱""蓝牙驱动"等词语。类似的还有"跳蚤市场（flea market）""黑马（black horse）""断背（broke back）"等，都有其独特的文化内涵。

这种文化信息也可以是语言中特有的隐喻或转喻。虽然人们的认知机制具有相似性，转喻和隐喻是人类认知的基本方式，但是不同的民族在喻体的选择上却不完全对应，表现形式上也不完全对称，表现出自己独有的个性特征。如：

〔沙发土豆〕源于 couch potato，指那些经常长时间坐在沙发上看电视的人。这种人坐在沙发上像土豆一样一动不动，还经常吃炸土豆片，时间一长，人就像土豆一样滚圆滚圆的。这是1976年美国加利福尼亚一位艺术家罗伯特·阿姆斯特朗根据朋友的创造最早使用起来的，几年后，他还把它注册为商标。

"沙发土豆"这个比喻生动形象，俏皮幽默，给人耳目一新之感，很快得到了广泛运用,不仅如此,人们还类推出了"鼠标土豆",用来指"坐在电脑前一动不动的人"。

〔玻璃天花板〕源于 glass ceiling,指视若无形而实际存在的对妇女、少数族裔成员晋升时设置的极限。

这个仿译词曾遭到一些学者的质疑,认为应意译为"无形的墙"[①],但是由于比喻新颖形象,并负载着美国独特的文化意象,很快就被汉语世界所接纳。

类似的词语还有"代沟(generation gap)""瓶颈(bottleneck)""灌水(add water)""象牙塔(Ivory tower)"等,都在一定程度上反映了民族独特的观察客观世界的角度和思维方式,带有一定的异域色彩。

三 形译

外来词的译介除了"借音"之外,还可以"借形",即通过搬用文字书写形式的方式来翻译外来词语,这种译介方式被称之为"形译"。通过"形译"的方式借入的外来词语,被称为"形译词"。传统意义上的"形译词"指的是"连形带义"从日语中搬到汉语中来的词语,如"破产(hasan)、干部(kanbu)、现实(genjitsu)、手续(tetsuzuki)"等等。张永言把外来词按照借用的方式分为"借词、仿译词、形译词",其中的"形译词"指的就是汉语借用日语词时的这种特殊现象。[②]不过,日源汉字词不在我们的讨论范围。我们这里讨论的是直接以字母的形式进入汉语的英源外来词,因为这种译介方式从形体看是对字母形体的借用,所以有学者将这种现象也称之为"译形"或"形译"。李行健认为:"所谓译形的形式,即直接把外语的缩写式接受过来,如'BP机''卡拉OK''CT''B超'等词语。"[③]李宇明也指出:"形译是将源

[①] 陈忠诚:《初论〈英汉大词典补编〉的译名》,《四川外语学院学报》2001年第1期。
[②] 张永言:《词汇学简论》,华中工学院出版社1982年版,第95—96页。
[③] 李行健:《词义演变漫议》,载《词汇学新研究——首届全国现代汉语词汇学术讨论会选集》,语文出版社1995年版,第135页。

术语的书写形式照搬进本族语……近些年，形译西方语言特别是英语的现象多了起来，例如：ASCII、CAD、CD、CPU、CT、DNA、DOS、DVD、E-mail、E-book、ISO、MTV、SOS、UFO、VCD、WTO 等。"[①]为了区别于传统意义上的"形译词"，我们将通过"形译"的方式译介的英源外来词称为"英源字母词"。

早期的形译法大致可以追溯到"卍"字的借入，"卍"是从古代印度借来的符号，梵文为 Srivatsa，意思是"吉祥海云"。最初是中东表示阳刚、繁衍、初始、护佑之象，左右可随意旋转。进入南亚后成为佛教符号，象征太阳与火、神圣与吉祥。鸠摩罗什、玄奘将其译为"德"字，在《十地经纶》中北魏菩提流支将其译为"万"字，后来武则天长寿二年（693 年），定此字读作"万"，意为"吉祥万德之集"[②]，成为古代一种符咒、护符或是宗教标志。清代圆明园四十景之一的"万方安和"的"万"字就源于此字的谐音。《清高宗御制诗初集卷二十二·圆明园四十景之万方安和》（乾隆九年）序曰："水心架构，形作卍字。略约相通。遥望彼岸，奇花缬若绮绣。每高秋月夜，沆瀁澄空，圆灵在镜，此百尺地，宁非佛胸涌出宝光耶？"[③]《红楼梦》中贾府亦有一小丫鬟名为"卍儿"。但是在形译法萌芽的初期，由于书写符号的迥异以及认知心理等因素的影响，这种方式借入的字符或词语数量还比较少。形译法真正意义上的形成和发展是在近、现代汉语当中。

据现有的资料看，及至 19 世纪下半叶，通过形译法引进的英源字母词才开始出现。1868 年江南制造总局《格物入门》一书出版，该书第六卷的《化学入门》中系统介绍了元素符号表示法。书中提到当时元素有 62 种，并介绍了常用的 42 种元素，其中，25 种化学元素给出了中文名字，其他 17 种元素没有命名，分别是 Co、Ni、Bi、Sb、F、Ba、Pa、Te、L、Sr、R、W、Se、Mg、Ir、Cr、Br，这些未命名的元素只能用英文字母来读记，可视为目前所知的汉语最早出现的英源字母词雏形。

---

① 李宇明：《术语论》，载刘青主编《中国术语学研究与探索》，商务印书馆 2010 年版，第 51 页。

② 史有为：《汉语外来词》，商务印书馆 2016 年版，第 146 页。

③ 参见端木泓《圆明园新证——万安方和考》，《故宫博物院刊》2008 年第 2 期。

据考证,"X 线"是目前所见的最早出现的使用频率较高的英源字母词。1898 年出版的《光学揭要》(第二版)一书最后的"光学附"部分,专门介绍了 X 射线的基本情况,这是 1895 年底德国科学家伦琴(Röntgen)发现 X 射线后,国内第一篇系统介绍 X 射线的文章,该文将 X 射线译为"然根光",并出现了"X 线"一词,这是目前已知的国内首见的"X 线"用例。1899 年 10 月 5 日澳门《知新报》出现了"X 光"的字样。① 随后 1903 年出版的汉语词典《新尔雅》收录了当时的新名词"X 光线"。

晚清时期的英源字母词,除了有化学领域的元素符号(1868 年)、光学领域的 X 线(1898 年),还有光学领域的 D 线(1897 年)、音乐领域的 C 调(1900)。② 到民国时期,已陆续出现一些英源字母词,人们日常常用的字母词主要集中于政治、医学、文学等领域,如 C.P.(中国共产党,the Communist Party 的缩写)、C 的敬礼(共产主义,Communist 的首字母)、YC 团(中国青年共产党,Young Communist 的缩写,也作 CY)、维他命 A、O 型(血)等等。在文学领域,鲁迅常在其作品中运用字母词,如:

　　二月二日晴,得 A 来信;B 来。三月三日雨,收 C 校薪水 X 元,复 D 信。(《马上日记·豫序》)
　　大概是来寻求新的生命的罢,曾经写了一封长信给 K 委员,说明自己的过去和将来的志望。(《在钟楼上》)

鲁迅还将英文原词引进了自己的作品里,如:

　　现在要 Brehm 的讲动物生活,Fabre 的讲昆虫故事似的有趣……(《华盖集·通讯二》)。

---

① 张铁文:《词源研究与术语规范——X 射线词族的词源研究》,《术语标准化与信息技术》2005 年第 1 期。
② 张铁文:《〈现汉〉"西文字母开头的词语"部分的修订》,《语言文字应用》2006 年第 4 期。

鲁迅创作时引入这些与汉字系统和汉语构词系统格格不入的英源字母词，有其特殊的历史背景，同时也给读者带来了耳目一新的阅读冲击，形成了他作品独特的语言风格。

这段时期是中文与英文的接触之初，也是英源字母词进入汉语言的真正形成时期，虽然受了西学东渐的影响，也有文学作家的推波助澜，但是字母既无汉字内在的音和形，又无汉字表意的本质，字母词在音、形、义等语言构成要素方面与汉字词相去甚远，因此并未在这一时期得以大力发展。有些时候，即使用字母表示更简洁，人们仍会选择用音译的汉字来转写，如：

《国画爱皮西》一册，近人朱应鹏撰。……世界书局于各科皆有"爱皮西"，谓之《爱皮西》丛书。此其一种也。凡分三十章，叙述历代画派、画家、画论，征引尚得要领，叙次亦尚简明，既为初学者说法，固不嫌其浅略也。（余绍宋《书画书录解题》，1931年）

领衔公使代表外交团，宣读颂词，满口是爱皮西提，经翻译员译作华文，方可作为本书的词料。（蔡东藩《民国演义》，1929年）

"爱皮西"即 ABC 的音译转写，意为"初步，入门"，是当时较为流行的一个音译词，上海还有"爱皮西糖果厂""爱皮西纱罩厂""爱皮西香烟"等。"爱皮西提"是 ABCD 的音译，也作"爱皮西地""爱皮西底""爱皮西弟"等。

也就是说，英文字母或符号直接作为一个词汇单位或者汉语的构词成分，并用原形书写，在这一时期并未得到广泛的认同和接受。即使是"X 线"在 1898 年首次出现后，也并未就此定型，其后仍有"爱克司光""爱克司射光""爱克斯光线""爱克司光线""爱克斯光""厄克斯射线""爱克斯射线"等音译形式，甚至试图用"乂""义"等字来仿字母"X"的形，出现了"乂光""义光"等译名。①

---

① 张铁文：《词源研究与术语规范——X 射线词族的词源研究》，《术语标准化与信息技术》2005 年第 1 期。

与此同时，用形译法引进的另一类词语——日语汉字词却大行其道。据统计，刘正埮等（1984）收录了890个日语汉字词。①虽然马西尼经考证后认为这其中的一些词语并非源自日语②，而是汉语自创的词语或西洋传教士在翻译中为汉语创造的意译词，但是日语汉字词在这一时期层出不穷却是个不争的事实。梁启超（1873—1929）曾对郑藻常的诗作《奉题星洲寓公风月琴尊图》赞赏不已，其诗云：

太息神州不陆浮，浪从星海狎盟鸥。
共和风月推君主，代表琴尊唱自由。
物我平权皆偶国，天人团体一孤舟。
此身归纳知何处，出世无机与化游。③

梁氏特别点出该诗：

全首皆用日本译西书之语句，如共和、代表、自由、平权、团体、归纳、无机诸语，皆是也。④

日语汉字词在当时的盛行由此可见一斑。

英源字母词与日源汉字词都是通过借形的方式引入汉语的，但是在这一时期，前者是萌芽肇始期，后者却一经引入，便迅速扩散，成为"百姓日用而不知"的词语，究其原因是这两种借形方式的背后所隐藏的影响因素不一样。日语汉字词的吸收是受到了人们认知时的相似原则的影响。日本人用汉字转写了大量的外来词，其书写形式与汉语中固有的词形相似。这种相似性容易获得汉族人的认同，因而日语汉字词能够大量地进入汉语中来。从其他语言外来词的借用情况看，这种借形的译

---

① 杨锡彭：《汉语外来词研究》，上海人民出版社2007年版，第149页。
② ［意］马西尼：《现代汉语词汇的形成——十九世纪汉语外来词研究》，黄河清译，汉语大词典出版社1997年版，第98—103页。
③ 参见冯天瑜《新语探源——中西日文化互动与近代汉字术语生成》，中华书局2004年版，第3页。
④ 同上。

介方式在相同或相近的文字体系的语言间是比较常见的，如英语中有不少来源于法语的外来词。不仅是英语和法语，德语、意大利语、西班牙语、葡萄牙语、马来语等使用拉丁字母的语言之间，视觉形式的相同性使得借形成为很常用的词语译介方式。而对汉语来说，形译英文的字母词却突破了这个借形的常规条件：相同或相近的文字系统，不符合通过"形"把意义理据表现出来的汉语构词方式，因此在这一时期英源字母词的发展十分受限。

及至改革开放以后，英源外来词才不断地进入汉语的词汇当中来，呈异军突起之势，显得格外引人注目。1996年7月，《现汉》修订本1996年版收录了39个"西文字母开头的词语"（字母词），以后每次修订均略有增加，2012年7月出版的第6版增加到239个。

从结构形式来看，英源字母词主要有以下几种类型：

1. 纯字母词，主要是以英语缩略词的形式出现，表现为字母的线性排列。如：

　　IP（Internet Protocol）：网际协议
　　CT（Computerized tomography）：电子计算机x射线断层扫描或扫描器
　　CEO（Chief Executive Officer）：首席执行官
　　MBA（Master of Business Administration）：工商管理硕士
　　GRE（Graduate Record Examination）：美国研究生入学标准考试
　　DIY（Do It Yourself）：自己动手做

还有一部分外语词语原形，具有整体的引申意义，单个字母无具体意义，如：

　　Hot：英语"炎热的""灼热的"意思。后用来表示"火辣的""激动的""急躁的"意思。
　　ABC：指某一方面的基础知识、入门常识或浅显的道理。
　　High：形容情绪兴奋、高昂等。

In：时尚

2. 英语字母与汉字结合构词，如：

IT 界：电子信息领域
B 超：B 型超声波扫描
Hold 住：把握住；控制住；从容应对（困境）
T 恤衫：一种短袖套头上衣，因略呈 T 形而得名
POS 机：销售点终端机

3. 英语字母与阿拉伯数字结合构词，如：

MP3：一种流行的音频文件压缩形式
3G：第三代移动通信系统

4. 汉字、英语字母与阿拉伯数字结合构词，如：

B-52 轰炸机：美国波音公司研制的亚音速远程战略轰炸机，用于核攻击和常规轰炸任务。

3D 电影：三维电影，立体电影

对于汉语来说，英语字母是表音文字，汉字是表意文字，两者没有任何相似性，英源字母词为什么却在这一时期快速突破了文字书写系统之间的界限，使得大量借形的来源不再局限于同一文字书写系统内部，并且得以发展壮大呢？据此我们作出了如下的分析。

从语言内部因素来看，英源字母词具有以下一些优势：

1. 凸显性。英源字母词是将"曲线文字书写系统当中的词语直接借入以汉字为代表的直线文字书写系统中来"[①]，这和用传统模式衍生出来的汉语词比较起来显得非常另类。这种"另类"具有两面性，一

---

① 罗聿言：《试论现代汉语"新借形词"》，《语言文字应用》2000 年第 4 期。

方面这种异文化的书写方式对其接受度和稳定性来说是一个挑战，另一方面，处于汉字背景下的字母词由于文字符号和发音系统所造成的背景差异，使受众在阅读或倾听的过程中，容易将其视为视觉或听觉的焦点，显得不落俗套，明快醒目。这在一定程度上满足了人们追求新奇、陌生化的表达方式的语用心理。正是因为这种凸显性能够激发受众的兴趣，引起他们对内容的关注，从而产生进一步了解的欲望，英源字母词在广告中得以大量运用，如："激情购物，high 翻天"，"三星移动硬盘，DIY 终结者"等等。

2. 简约性。现代生活节奏较快，人们都力求用尽可能简短的语言表达尽可能多的信息，英源字母词的大量出现正好适应了这种需求。字母化表达书写简洁，用较少的文字符号表达了丰富的语义内容，节约了语言资源，符合省时、省力的效率原则。同时，有些字母词找不到合适的意译词或音译词，如把 CT 译成"电子计算机断层扫描"，把 BASIC 译作"初学通用符号指令代码"，把 CPU 译成"计算机中央处理器"，把 DVD 译成"数字式激光视盘"，不仅译名冗长，而且称说也不方便。简洁直观，表意准确，可以说是英源字母词的一大优势。

3. 国际性。我们现在处于信息时代，从 20 世纪 90 年代开始信息高速公路通向世界各地，信息技术不仅更新了社会联系和交往的观念与方式，而且突破了人们交流的时空限制，国与国之间、地区与地区之间交流日益频繁，人们需要有一些全球通用的信息交际符号。英源字母词具有国际化的特点，正适应了这一客观需要。世界上很多国家都在使用字母词，非西文字母文字体系的日文、韩文也在使用，如 ATM（自动取款机/自动柜员机）、DNA（脱氧核糖核酸）、FAX（传真，传真件）、SOS（国际通用紧急呼救信号）、WC（厕所）等等，这些字母词在世界各个语言中都在使用，可以不经翻译而被各民族的人共同理解并接受，因此了解和掌握这些词语将有助于跨文化交流的高效进行。

从语言外部因素来看，英源字母词的盛行源于以下两个方面的原因：

1. 改革开放以来，英语对人们的生活和工作有着极大的吸引力，而且在某种程度上已成了不可缺少的东西，它毫无疑问是中国目前使用最为广泛的一种外国语言。随着英语的普及，人们的英语水平越来越高,对英语的态度也更加积极,这是英源字母词得以盛行的催化剂。

2. 这一现象与现今时代传媒的高度发达有着密切的联系。袁斌业曾运用德国传播学者伊丽沙白·诺埃尔—纽曼的传播效果论对社会上流行的"死译"进行了解释。①这一理论同样可以用来解释英源字母词的大量借入。伊丽沙白·诺埃尔—纽曼认为,大众传播有三个特性:累计性、普遍性与和谐性。这三者能够对舆论产生强有力的效果。累计性是指大众传播因不断传递重复信息而产生累计的效果;普遍性是指大众传播因面向社会大众而必然会产生广泛的影响;和谐性是关于某一事件或问题所造成的统一的印象,而这往往是由不同报纸、电视台等共同作用而形成的。这种和谐的效力足以克服受众的选择性接触,因为人们不能选择任何其他信息,而且它足以造成这种印象,让大多数人按照大众传播所表达的那样去认识事物。

英源字母词作为一种新的事物,被某一大众媒体反复传播,就会在受众中产生累计性,从而促进其语义和文字的快速定型,而如果其他传媒也随之对其进行传播,进而就会形成和谐性,如果大多数受众接受各媒体所传播的这个新事物时,就意味着这一新事物已被普遍地接受。不可否认,当今发达的传媒和网络系统是英源字母词得以大量进入汉语的一个重要的外部条件。

英源字母词的引进打破了汉语以往形成的译介外来词的传统方式,使人们在译介方式的选择上表现出相反的倾向。以往人们只倾向于接受汉化程度较高的译介方式,而现在人们也倾向于接受这种汉化程度较低的译介方式,这使得汉语系统的语言符号不再局限于汉字这种表意文字。

当然,并不是所有的英源字母词都具有在社会上通用的能力。有些字母词由于使用频率较高,在构成形式、语义上发生了变异,并具备了活用的能力,因而成功地融入了汉语的词汇系统当中。如:

〔DIY〕英语 Do It Youself 的缩写形式,意为"自己动手"。据

---

① 袁斌业:《试论当代大众传媒对翻译的影响》,《广西师范大学学报》(哲学社会科学版) 2002 年第 4 期。

源这是一个商标词，最初出现在一种美国产的小工具上。由于它确切地表达了美国人的自我奋斗精神，因而风靡全球。

这个词在进入汉语中后，语法功能比较活跃。

例（1）：网上教你 DIY 家具的必要技巧。（《北京晚报》2000年2月7日）

例（2）：通过这种 DIY 的生活方式同时使他们能够找到"快乐起来的理由"。（《北京晚报》2000年2月7日）

例（3）：随着大恒、联想等相继推出 DIY 电脑，DIY 成了中关村里一道风景。（《北京晚报》1999年7月26日）

在例（1）中该词充当的是谓语动词，例（2）中充当的是修饰性成分，例（3）中 DIY 既修饰名词性中心语，又充当名词性中心语，其语法功能呈现出多样化的趋势。同时，国人还仿造英语造词法创造出来一个新词"DIYer"，表示自己动手做的人。

例（4）：以我的体会，DIYer 们的行为，或许始于省钱，但其终点却是对 PC 本性的大发现，从而超越了省钱的原始动机，产生一种为 DIY 而 DIY 的痴迷，而接近于艺术的境界。（《北京晚报》2000年2月3日）

再如：

〔.com〕Company 的缩写，常常出现在公司网址上，遂成为网络时代的象征。

这个词进入汉语后，词义比较丰富，可以借指"网络"或"网络公司"。

例（5）：从清晨到子夜，平均一小时试两次，每一次都心头狂跳充满期待，失望之后就气急败坏。我听说在英国，他们管这叫"电脑狂暴"，说是.com 故障而致的沮丧和焦躁，无名火起殃及池鱼，向同事和其他不相关的人转嫁不满。（《北京晚报》2000 年 8 月 8 日）

例（6）：虽然 Internet 的路还很长，但很多.com 还是跑得很快，"快鱼吃慢鱼"，再加上"互联网只有第一，没有第二"的咒语，虽然都知道这是长跑，但谁都拿出百米赛跑的劲头，结果呢？不用说，先跑得最快的，往往是最早趴下的。先前的英雄最终成了狗熊。但激情也好，无能也好，只是中国.com 的过去和现在，而不是中国.com 的未来。（《北京晚报》2000 年 10 月 16 日）

例（5）指的是"网络"，例（6）指的是"网络公司"。这些字母词负载着较多的语义信息，又具有活用的能力，因而得到了大众的支持，具有较强的生命力。

但是，有些词却只停留在专业层面，如 PCA（Patient Controlled Analgesia 病人自控性镇痛术）、SMTP（Simple Message Transfer Protocol 简单邮件传输协议）等等。

综上所述，借形这种译介形式超越了文字体制类型的限制，演变成为汉语吸收英源外来词的另一种补充方式。对于通过这种方式引进的字母词，我们也要充分认识到其进驻到汉语里的可能性和现实性。

第二节　译介方式的演变

不同的译介方式反映了汉语在吸收外语词作为我们的词汇成员的时候，所遇到的矛盾的复杂性，同时也反映了汉语的丰富性和灵活性，因而才有可能采用各种方式和手段来解决这些矛盾。

英源外来词进入汉语之后，其词形并不总是统一的、稳定的，经过人们一段时间的选择或改造后，才慢慢统一起来。而在这个过程中，译介方式的不同是导致词形不同的一个主要原因。我们拟从英源外来词词形演变的角度出发，考察不同译介方式之间的演变规律。需要说明的是，虽然意译不是英源外来词的译介方式，但是汉语中有这样一种现象：不少音译词转化成了意译词，失去了作为外来词的资格，为了保证研究的完整性，在本节中我们对意译这样一种翻译方式也有所涉及。

一 纯音译向意译的演变

语言有其自身的发展规律，有自己的融合或拒斥机制。在汉语这样一种音节表现强烈、以单音语素为基础的语言中，有相当一部分纯音译词在历时的演变中被意译的词语所取代。据我们对《汉语外来词词典》的统计，在其所收录的1784个英源纯音译词中，共有483个词演变成了意译词。这些纯音译词基本上都是"五四"前后引进的。我们对这些词作了一番分析，试图找到其发生演变的原因，并由此来考察纯音译这种译介方式向意译过渡的规律。

（一）演变的过程

从纯音译词演变为意译词的过程不是一蹴而就的，而是一个复杂的、渐变的过程，经过了较长时间的竞争与汰选，一般都会有一个临时过渡性的交叉并存现象。以cement（水泥）一词为例，其演变的过程如表2-2所示：

表2-2　　　　　cement（水泥）一词译介方式的演变

时间	名称	例证	出处
1882年	赛门敦石灰	十点钟往观赛门敦石灰厂，所造赛门敦石灰，每桶价七八马克，每日可成八百桶。	徐建寅《欧游杂录》
1882年	赛门敦	烧赛门敦法：在山中底层，另挖出松石一种，内含铝二养三，矽养三较多，亦用前法烧之。	徐建寅《欧游杂录》
1884年	水泥	大冶并铁而名者水泥，其他名材、竹杆、器械之饶，不可胜记。	《郑观应集》
1887年	赛门得土	桥长二千七百五十尺，宽五十尺，桥有十一洞，其柱以铁管为之，筒径八尺又四寸之二，管厚一寸又四分寸之三，内实以赛门得土。	王咏霓《归国日记》
1888年	塞门土	又，皇宫一带大街，男女拥挤，因有托盘出售国王像者，或整身，或半身，造以塞门土，如北京之灰木，价则二三马克不等。	张德彝《五述奇》
1889年	崔门土	制三和土法：用石灰一分，波查腊恒土或崔门土二分，碎石二分，石宜净不杂他质，加麻杆少许，以机轴共研极细末，和水合成，水勿过多，恐不坚韧也。	洪勋《游历葡萄牙闻见录》

续表

时间	名称	例证	出处
1891年	火泥西门土	织布厂内所应用之铁、水溜玻璃、通气筒、火砖、火泥西门土、热气管、引电机等件，共需英金三千二百六十五磅。	薛福成《出使英法义比四国日记》
1894年	四门町	英之巴得兰镇有以生土淘洗入窑，烘炼成巨块，配以石灰等物，用磨床研筛至细粉，名塞门德（亦曰四门町）。	沈敦和《英吉利国志略》
1897年	西门土	其水约深二尺五寸，广二三丈，行于隧基之上。基以西门土为之。两旁挂以石柱（望之若石，实亦西门土为之）。	薛福成《出使日记续刻》卷十
1898年	塞门德土	水泥（西人名塞门德土，华名红毛泥）、火砖（以中国观音土和砖屑绍成之）、火柴、火油、洋毡、洋纸、洋蜡、洋糖、洋碱、洋钉，质贱用多而易造者也。	陈山榜《张之洞劝学篇评注》
1898年	红毛泥	水泥（西人名塞门德土，华名红毛泥）、火砖（以中国观音土和砖屑绍成之）、火柴、火油、洋毡、洋纸、洋蜡、洋糖、洋碱、洋钉，质贱用多而易造者也。	陈山榜《张之洞劝学篇评注》
1905年	士敏土	接应上，云衢购定小火轮两艘，用木桶装载短枪，充作士敏土瞒报税关。	曾朴《孽海花》第二十四回
1917年	塞门德	塞门德，一作水门汀，水泥也，以仿西法所制，故一曰洋灰。	徐珂《清稗类钞》
1917年	水门汀	塞门德，一作水门汀，水泥也，以仿西法所制，故一曰洋灰。	徐珂《清稗类钞》
1917年	洋灰	建筑品制造者，为锯木、砖瓦、洋灰、刨木机器。	徐珂《清稗类钞》

  从表 2-2 可以看出，cement 一词进入汉语以后，其译介方式经过了多种演变，最后定型为现在的"水泥"。而将 cement 翻译成"水泥"一词早在 1884 年就出现了，但并非从一出现就得到了全民的认可，而是人们在长期的使用中逐渐固定下来的，中间出现了许多过渡形式，这些过渡形式并不仅限于纯音译词，也有音译添意词，如：崔门土、塞门土、士敏土，还有其他形式的意译词，如：红毛泥、洋灰。其中有些词形还一度取得了领先地位，苏联作家格拉特珂夫（1883—1958）的描写苏联经济复兴的长篇小说在 1930 年出版时被译为《士敏土》，现在通译《水泥》。孙中山在《三民主义·民权主义》中曾用"士敏土"一词：

要将来能够抵抗外国的压迫,就要打破各人的自由结成很坚固的团体,像把士敏土参加到散沙里头,结成一块坚固石头一样。

可见,cement 一词引入汉语后,一个概念多个词形并存的现象存在了较长时间。译名的变更反映了外来词和意译词在不同时代的竞争态势。正如万物都有一个从量变到质变的过程一样,"水泥"一词的出现并不意味着这些过渡形式就立刻从语言中销声匿迹了,而是在最终定型之前会有一个过渡性的交叉并存现象。这种过渡现象从表2-3中可以看得更清楚:

表2-3　　部分纯音译词演变为意译词的过渡现象考察简表

英语原词	纯音译形式	其他音译形式	其他意译形式	最终意译形式
parliament	巴厘满、巴里满、巴力门	巴厘满衙门、巴力门议院	公议会、公议堂、公议厅、公议院、公会所、公会、议院会、议政院、议政民院、议事厅、议事阁、议事院、议事公堂、议事公所、国政公会、政公会、政事堂、会堂	议会
congress	衮额里士	衮额里士衙门	—	国会
privy council	布来勿冈色尔	布来勿冈色尔衙门	—	枢密院
Catholicism	加特力	加特力教、加特力天主教、天主加特力教	公教、洋教、旧教	天主教
president	勃列西领、百里玺天德、伯理玺天德、伯里喜顿、伯理师天德、伯勒西敦、伯理玺、伯理喜顿	—	大统领、众统领、总领	总统
The White House	渭德好施、回得好司	—	白屋、白房	白宫
physics	费西加、非西加	—	格物学、格致学	物理
telephone	太立风、太来风、德律风、得力风、爹厘风	—	传声电器、传声器、电线传声器	电话

续表

英语原词	纯音译形式	其他音译形式	其他意译形式	最终意译形式
bank	版克	—	银店、银馆、银号、银铺、银肆、银局、银钱局、钱局	银行
the House of Commons	好斯曷甫恪门斯、豪骚考门斯、高门士	—	第二院、平民院、乡绅之会、乡绅房、右院、右议院、下会堂	下议院
the House of Lords	豪骚皮尔斯、律好司、劳尔德士	—	大理寺、第一院、贵族院、爵房、五爵之会、上院、上会堂、左院	上议院
zoological garden	琐卧拉治戈加登	—	野兽园、万兽园、万牲园、生灵苑、生灵苑、生灵苑、动物公园、动物场、生灵院、生灵囿、生物囿、生物院、生物园、牲灵园、万生院、万生园、万牲园、万种园、兽园、禽兽园、禽兽囿、蓄物园、放生院、养生院、畜兽场、动物院	动物园
professor	扑非色	—	官教习	教授
spectrum	斯必得伦	—	光带、日带、日光图、光图、光系、色系、色带、光带、分散带、采色带	光谱
inspiration	烟士披离纯、烟士比里纯、烟士披利纯	—	圣觉、感兴	灵感
piano	披阿娜、披雅娜、披亚诺、批阿娜	—	百音琴、八音琴、大琴、大洋琴、铁弦琴	钢琴
chlorophyll	格罗路非勒	—	绿叶素、叶绿体、叶绿质、叶绿	叶绿素
biology	拜欧劳介	—	活物学	生物学

续表

英语原词	纯音译形式	其他音译形式	其他意译形式	最终意译形式
zebra	芝不拉	—	斑驴、花兽、花驴、花马、花条马、福鹿	斑马
butter	不打、白脱	—	黄奶油	黄油
Senate	西业	—	尊会	参议院
giraffe	支列胡、吉拉斐、吉拉夫、知拉夫、及拉夫、支而拉夫	—	豹驼、兽马、长颈怪马	长颈鹿
station	司胎甚	—	车厂、车栈、站头、停车场	车站
captain	甲必丹、甲毕丹、加必丹未	—	舶长、船主	船长
university	由尼物司梯	—	书馆、太学、共学、总学、公学、公学堂、公学院、肄业院、文学院、大学院、大学馆、大书院、大书馆、大学堂、大学公堂、大公学院	大学
philosophy	非罗沙非、斐洛苏非、斐录所费亚	—	格学、庶物原理学、性理学、爱智、哲理学、理学、性学	哲学
minute	米粒	—	微厘	分钟
company	甘巴尼、公班牙、公班衙	—	公局、会社	公司
ethics	伊特斯	—	教化学	伦理学
museum	暮齐姆	—	博物局、博物场、博物院、博览院、博古院、集新院、集奇院	博物馆
stamp（s）	士单、斯单勃斯	—	鬼头、王面纸、信花、信票、印票、邮片、邮券、油印花纸、邮政票	邮票
ostrich	厄马、阿士体	—	鸵鸟	鸵鸟
kangaroo	更格卢	—	袋兽	袋鼠

续表

英语原词	纯音译形式	其他音译形式	其他意译形式	最终意译形式
violin	梵爱铃、梵华林、梵阿铃、梵亚令、梵亚林、梵哑铃、梵娴玲、凡华林、凡哑林、凡哑令、伐乌林、外奥林、怀娥铃、坏珴璘、摆耳铃	—	洋茄、西洋胡琴、洋琴、洋琴笛、胡笛、洋弦、胡琴、浮胡琴、音琴、提琴、小拉琴、四弦琴、四弦拉琴、四弦提琴、小四弦提琴、四弦琵琶	小提琴
doctor	刀克特尔、铎克端、铎德、道德、多看透、笃克罗	—	—	博士
insulin	因素林	—	岛精	胰岛素

资料来源：刘正埮、高名凯、麦永乾、史有为编：《汉语外来词词典》，上海辞书出版社1984年版；赵明：《明清汉语外来词史》，厦门大学出版社2016年版。

从表2-3可以看出，纯音译向意译的演化转变中，有的能很快转化为意译词，而更多的则是在不断的汰选和竞争中逐渐定型。在外来词引进之初，因为译者对所译的内容未能完全把握，或因为对这些新事物感到陌生，一时间难以在汉语中找到对等的词汇，纯音译方式以其突出的实效性成为译者选择的主要方式。但随着时间的推移，人们对这些词语所表达概念的了解不断加深，于是便逐渐摆脱了语音上的牵绊，利用本族语言材料来重新诠释外来词的内涵。这个重新诠释的过程，就如沈国威所言："……要求译者对原词融会贯通，然后在目的语中找出一个最大近似值。"[①]这些过渡形式就是在不断接近"最大近似值"的过程中所尝试的"近似值"，是一种自然选择的定型过程。

从纯音译词演变为意译词的过程呈现出系列化或系统化的特点。词汇的内部组成单位之间存在意义的相互关系，一些词语在意义上起着互相影响的作用，或互相对立、制约，或互相对比、映衬，从而形成了语义场。处于语义场中的某一个外来词发生了从音译到意译的转变，很有可能会引发处于同一语义场中的其他外来词产生连锁反应，完成从音译到意译的转变。如表2-4所示：

---

① 沈国威：《近代中日词汇交流研究：汉字新词的创制、容受与共享》，中华书局2010年版，第31页。

表 2-4　　部分音译词演变为意译词的系列化现象考察简表

英语原词	纯音译形式	意译形式
violin	梵哑铃	小提琴
viola	维哦拉	中提琴
cello	赛洛	大提琴
oboe	欧波	双簧管
clarinet	克拉立涅特	单簧管
English horn	英吉利豁恩	英国管
bassoon	巴松	大管
bagpipe	巴格柏普	风笛
flute	夫吕特	长笛
hornpipe	豁恩拍普	号笛
tuba	提优巴	大号
French horn	法兰西豁恩	法国号

这些西洋乐器都曾采用过音译的形式，但最终仍被意译词所取代。译者将弦乐器都译作"X 琴"的形式，将铜管乐器一律译为"X 号"的形式，将直吹木管乐器都译为"X 管"的形式，将横吹木管乐器都译为"X 笛"的形式，形成了一套较为成熟的译名体系，具有较为完整的系统性和良好的识别性。再如：ion 原来音译为"伊洪"，后意译为"离子"，与之相关的 anion（阿尼翁）、cation（加的翁）随之也意译为"阴离子"和"阳离子"。这种系统化还表现在当表事物的外来词语同一类中有一个已由音译过渡到意译后，其他就不再音译，而直接采用意译。如"德律风"演变为"电话"后，与电有关的外来事物，都套用了"电 X"这种意译方式，像"电铃、电影、电视、电线、电梯、电机"等，不再经历音译阶段。

（二）演变的方式

从纯音译词演变为意译词主要采取以下几种方式。

1. 承袭已有的本族词语，可细分为以下几类：

（1）把词语的形和义作为一个整体来承袭。

将汉语里固有词语的形和义作为一个整体来承袭的一个比较成功的例子是对于爵位的译介。爵位是君主国家给贵族加封的等级。中国经历了几千年的封建君主统治,爵位制度古已有之。《礼记·王制》中曾记载:"王者之制禄爵,公、侯、伯、子、男,凡五等。"无独有偶,英国的爵位制度也是五个等级。1902年,严复曾在《原富》中用音译的方式介绍了这一套贵族等级名称:独克——duke、马基——marquis、尔勒——earls、怀康——viscount、巴伦——baron,但这一译介方式并未流传开。19世纪末20世纪初,中国学者翻译了大量的西方特别是英国的文学作品,有些译者套用已有的词将其对应地翻译为公爵、侯爵、伯爵、子爵、男爵。这样处理,不但如实地反映了英国的爵位制度,而且也容易为中国人所接受。

但这种成功套用的情况比较少。因为这种移花接木式的词其优点在于便于中国人联想,缺点是有时难以正确表达外来事物的区别性特征,弄不好反而显得不伦不类,因此很多这种词难以传承下来,或重新被音译词取代,或被另创的意译词所取代。例如:guitar一词曾被意译为"六弦琴",但由于六弦琴种类较多,很难传达出guitar的特点,所以又重新沿用了纯音译词"吉他"。president一词起先被音译为"伯理玺天德",后来承袭了"皇帝"一词作为其意译的形式,但这种意译方式很难反映出"民主之国的统治者"和"不能世袭"的特点,所以后来被"总统"这个意译词所取代。类似的还有将violin(小提琴)意译为"胡笳""四弦琴",将harp(竖琴)意译为"箜篌",将the House of Lords(上议院)意译为"大理寺",将Utopia(乌托邦)意译为"华严界",等等。

(2)承袭已有的本族词语的形,实现了词义的更新。如:"水泥"一词原本指"泥浆",唐赵氏《杂言寄杜羔》中有:"临邛滞游地,肯愿浊水泥",后来用来转写cement,指"一种用石灰石、黏土等原材料经过多种工序制成的建筑材料"。

另外比较常见的是承袭古汉语里的词语。例如:"总统"一词原是一个古汉语词,意为"总揽、总管"。《汉书·百官公卿表上》曾记载:"太师、太傅、太保,是为三公,盖参天子,坐而议政,无不总统,故不一职为官。"后来作为president的意译形式,在现代汉语里实现了词义的更新。

doctor被借入汉语时曾音译为"铎德""笃克罗""多看透"等,

后来借"博士"的词形得以定型。"博士"在古代汉语里本为古代学官名，明代宋濂《送东阳马生序》："司业、博士为之师，未有问而不告，求而不得者也。"doctor 一词借"博士"的词形在汉语中保留了"学位的最高一级"的含义。

马西尼将这种词语称之为"语义新词"。他认为汉语新词产生的传统方法是将外来词的新意归并到现有的语言符号（由字组成的书写形式）中去，在这种情况下创造的新词是语义新词。①类似的还有 park（巴克→公园）、bank（版克→银行）、tutor（丢德→导师）、professor（扑非色→教授）、garden（加登→花园）等，都是借汉语中已有的词形，更新词义，实现了从音译向意译的转变。

2. 借用日本人创造的意译词或日本人改造了词义的古汉语词。日本人不仅利用汉语固有的语素组词意译了很多英语词，同时又把汉语中原有的词汇从汉语典籍中筛选出来，赋予其外来概念的所指，成功地意译了许多英语词，后来这些词辗转进入汉语中，取代了汉语中原有的音译词。

parliament 一词曾被音译为"巴力门"，后来被从日本直接借用过来的"议院"所替代。"议院"是日本人用汉语固有语素创造的，用以意译 parliament。

science 一词被日本学者西周意译为"科学"，并逐渐固定了下来。"科学"在汉语中原指"科举之学"。南宋陈亮《送叔祖主筠州高要簿序》记载："自科学之兴，世之为士者往往困于一日之程文，甚至于老死而或不遇。"后来这种意译形式被康有为引入汉语，用来指"反映自然、社会、思维等的客观规律的分科的知识体系"。康有为的《日本书目志》中就列举了《科学入门》《科学之原理》等书目。②虽然 science 曾在"五四"时期被音译为"赛因斯"，并十分流行，但最终还是被"科学"这个词代替了。

democracy 被日本意译为"民主"。"民主"一词也是中国古已有之。《尚书·多方》："天惟时求民主，乃大将显休命于成汤。"原义本

---

① ［意］马西尼：《现代汉语词汇的形成——十九世纪汉语外来词研究》，黄河清译，汉语大词典出版社 1997 年版，第 182 页。

② 赵明：《明清汉语外来词史》，厦门大学出版社 2016 年版，第 186 页。

是"民之主",即人民的主宰者。古代汉语中也指"官吏",西晋陈寿《三国志·吴志·锺离牧传》中有:"仆为民主,当以法率下。"日本借用其翻译 democracy,则已更新为"人民做主"之义。这种译法传入中国之后,取代了曾在"五四"时期风行一时的音译词"德谟克拉西"。值得注意的是,"民主"的原译"民之主"也曾经被用来意译 president 一词,张德彝在《三述奇》卷二中曾记载:"外以冈北达为帅,内以屠额许操兵,而民主执国政焉。"后来,"民主"辞去了 president 之职,不再一词双兼,只指 democracy 了。

类似的词语还有 philosophy(非罗沙非→哲学)、dictator(狄克推多→独裁者)、ethics(伊特斯→伦理学)、mayor(梅尔→市长)、nerve(涅伏→神经)等,其意译形式都源自日源汉字词。

3. 根据外来事物或观念的性质及特点,利用汉语里已有的元素另创新词。这种"用汉字的重新组合来创造的新词",马西尼称之为"组合新词",认为语义新词中只是在词义或功能方面有一种变化,而在组合新词中,新词的新意义和新功能全是创新的。[①]由于外来事物的特征可能在多个方面表现出来,比如形状、属性、用途、材料、颜色或者声音等,人们选用所指对象的哪一特征作为意译词的内部形式的构成结构项,往往会受到民族或语言社团的认识水平、思维方式、审美情趣、文化传统以及风俗习惯等的影响与制约。例如:cement 一词曾被意译为"洋灰"和"红毛泥",前者用"灰",着眼于事物使用前未加水的状态;后者用"泥",着眼于事物使用时加水后的状态。前者用"洋",说明事物来源于外国;后者用"红毛",也是说明事物来源于外国,"红毛"是以前中国人称呼外国人的俗称。因此,取代纯音译词的意译词由于取意的角度不同,可以有不同的译名,有时也会经历一个竞争、筛选和淘汰的过程。

(三) 演变的原因

"五四"前后引进的这些英源纯音译词为什么会演变成意译词?我们认为,这种演变既有语言自身的内部规律和原因,也有语言外部的影

---

① [意]马西尼:《现代汉语词汇的形成——十九世纪汉语外来词研究》,黄河清译,汉语大词典出版社 1997 年版,第 183 页。

响和制约。因为一方面，语言系统的开放性和动态性决定了语言的演变必然受到社会各方面因素的影响而发生变化；另一方面，语言系统的整体性和关联性以及自我调适性又决定了它必然会不断调整自身的系统，保持系统内部相对的平衡。所以，我们试着从语言内部和语言外部等方面去寻求解释。

1. 语言内部因素对纯音译词演变的影响

大部分演变成意译词的纯音译词是在"五四"运动前后引进的。这一时期的大语言环境是：现代汉语文学语言尚未最后形成，缺乏统一和明确的规范，面对着大量涌入的英源外来词，我们在书写形式上还没有形成一个合理的统一的原则。很多纯音译词不符合现代汉语词汇的特点，呈现出一种不稳定性，主要表现在以下几点：

（1）词无定形，以记音为主

由于我国各地方音差别很大，一些音译词随着译者的方音差异而有所不同。而且不同的译者在音译时，也可以自由地选用同音不同形的汉字。如：violin（小提琴）有"梵爱铃、梵华林、梵阿铃、梵亚令、梵亚林、梵哑铃、梵婀玲、凡华林、凡哑林、凡哑令、伐乌林、外奥林、怀娥铃、坏珴璘、摆耳铃"等十多种译法。这种书写形式的随意性反映了英源纯音译词在引进初期缺乏统一的规范，也是其不稳定性的表现之一。

（2）音节冗长

中古以前，汉语以单音节形式的词占优势。近代以来，双音节词日益增多。而到了现代，双音节词的数量大大超过了单音节词。单音节词加上双音节词占了全部词的绝大多数，但"五四"前后引进的纯音译词有相当一部分音节冗长，不符合汉语词的语音习惯，因而显得很不稳定，容易发生流变。我们对《汉语外来词词典》中的483个纯音译词的音节作了一番考察，如表2-5所示：

表2-5　《汉语外来词词典》纯音译词音节数目考察情况简表

八音节词的个数（%）	七音节词的个数（%）	六音节词的个数（%）	五音节词的个数（%）	四音节词的个数（%）	三音节词的个数（%）	双音节词的个数（%）	一音节词的个数（%）	总数（%）
2（0.4）	4（0.8）	11（2.3）	97（20）	140（29）	138（28.6）	89（18.5）	2（0.4）	483（100%）

从表 2-5 可以看出，四音节以上的词占了一半以上。

（3）转写用字不当

在采用音译时，汉字只是作为语音符号使用，原来负载的语义暂时脱落。但是，汉字本身是一种表意体系的文字，与其他文字相比，汉字的形具有很强的视觉效果和联想效果。汉民族的人们在看到汉字时，不但会注意这个汉字的音，而且更习惯于从字形揣测其中蕴含的意义。因此，在采用音译法时，应该慎选汉字，不能随心所欲地抓出一个语音相近的汉字就去模拟英语词的语音。然而，"五四"前后人们在引进英源外来词时却忽略了汉字可能带来的语义联想，在选用汉字时显得比较随意，这也从一个侧面反映了这一时期纯音译词的不稳定性。具体表现在以下几方面。

选用了一些冷僻生涩的字，给读者的阅读和纯音译词的流传带来了不便。如表 2-6 所示：

表 2-6　　　　　　　　部分纯音译词冷僻字使用词例

英语原词	纯音译形式	意译形式
condemn	康阗晤	判罪
attorney	阿埵尼	辩护人
ozone	阿巽	臭氧
gibbon	吉贲	长臂猿
sympathetic nerve	沁擘萨适涅伏	交感神经
sovereignty	萨威稜贴	主权
ale	贳勒	麦芽酒
lavender	刺贤垤尔	薰衣草
predicate	布理狄桀	断定，断言
nebula	涅菩刺斯	星云

选用了一些含有贬义或容易引起负面联想的字，如表 2-7 所示：

表 2-7　　　　　　　　部分纯音译词贬义字使用词例

英语原词	纯音译形式	意译形式
infidel	婴匪毒	不信宗教的人
inflation	印发热凶	通货膨胀

续表

英语原词	纯音译形式	意译形式
fallacy	发拉屎	谬论
violin	坏哦璘	小提琴
the House of Commons	豪骚考门斯	下议院
quasar	魁煞	类星体
royal	荷赖耶呀	皇族的一员
democracy	德谟克拉斯	民主
marquis	马诡色司	侯爵

用动词性、形容词性的语素用字来转写名词，其基本语义、功能在人们的理解中仍然发挥作用，容易引起有歧义的联想，如表2-8所示：

表2-8　　　　　　　　部分纯音译词歧义字使用词例

英语原词	纯音译形式	意译形式
ebonite	哀薄奈以脱	硬橡胶
vetiver	歪惕蔚	印须芒草
jute	忧底	黄麻
percept	悲尔什布脱	感觉、知觉
coherer	廊嘻辣	金属检波器
pastorale	派斯秃莱尔	田园曲
pitch	匹取	螺距
ceile	洗理	佃户
doctor	多看透	博士
chimpanzee	青明子	黑猩猩
butter	不打	黄油
cube	跷碧	立方

这些汉字的选择不符合汉族人的阅读和思维习惯，使这些纯音译词难以在汉语中扎根而最终导致它们的演变，演变的结果是有可能转化为意译词。

纯音译词在引进初期呈现出的这种不稳定性，使得它们在汉语中缺乏流传的基础，成为其演变成意译词的必要条件。

另外，从词所表达的内容看，这些演变为意译词的纯音译词大多为抽象词语。在《汉语外来词词典》中的483个英源纯音译词中，抽象词语有365个，占总数的76%。这可能是因为"抽象词没有具体的对象可以叫人从感官上接触到，若纯用音译，一般人是很难了解的，所以不得不通过分析，从意义上抓住原词的要点翻译过来，为别人理解含义开一个入口"[①]。尤其是表示情态、心理、行为等抽象语词，在本族语中比较容易找到相应的表达，而且用意译词来表情达意会比纯音译词更为自然、贴切，因此这些纯音译词大都演变成了意译词，如表2-9所示：

表2-9　　　　　　　演变为意译词的纯音译抽象词例

英语原词	纯音译形式	意译形式
apologia	阿保几亚	辩护；辩解
absolve	阿布梭尔福	赦免；宽恕
obversion	阿蒲物雄	（命题的）反换；换质
percept	悲尔什布脱	感觉；知觉
belief	比栗甫	信心；信念
perception	波塞布知阿	感觉；知觉
dissent	第生脱	持异议；标新立异
essence	额生思	精华；本质
existence	额悉思定斯	存在
object	鄂卜捷	物体；物品
freedom	伏利当	自由
fame	伏婴蒙	名声；声誉
concept	恭什布脱	概念
categorematic	加特勒马的	（逻辑用语）谓词的
consequence	康西昆士	后果；结果
liberty	里勃而特	自由
reputation	理标得显	名声；名誉
religion	鲁黎礼整	宗教
matter	马特尔	物质
mana	曼纳	魔力

---

① 周定一：《"音译词"和"意译词"的消长》，《中国语文》1962年第10期。

续表

英语原词	纯音译形式	意译形式
noumenon	纽美诺	本体；实在
paradoxical	帕拉多客思的	自相矛盾的
syncategorematic	沁加特歌勒马的	（逻辑用语）合谓的
substratum	萨布斯他丹	实体；本体
substance	萨布斯坦思	本质；实体
sovereignty	萨威稜贴	主权
sentimental	生的闷特	感伤的；多愁善感的
syllogism	司洛辑沁	三段论
trilemma	特利芮玛	三难推理
deduction	题达	演绎
tendency	听等塞	趋势
tetralemma	推脱纳芮玛	四重体推断式
honour	翁那尔	荣誉
hypothesis	希卜梯西	假说
inspiration	烟士披利纯	灵感
democracy	德谟克拉西	民主
idea	依提亚	思想
ideology	意德沃罗基	意识形态
inductive	因达克的夫	归纳的；归纳法的
induction	阴达	归纳法
intelligentsia	印贴利根追亚	知识阶层
entity	婴剔谛	实在；存在
justice	札思直斯	公平；公正

2. 语言外部因素对纯音译词演变的影响

（1）学者们的态度和主张对纯音译词演变的影响

"五四"前后引进的这些纯音译词逐渐演变成了意译词，而这一演变过程的完成时间大约是在新中国成立前后，即 20 世纪 50 年代左右。在这一历史时期中的社会背景因素对这一演变过程起到了促进作用。当时，有不少学者主张采用意译方式引进外来概念，同时语言学界又提倡语言的纯洁化，主张摒弃可要可不要的外来词，这些都对纯音译词的演变起到了促进作用。

学者们对于音译和意译问题的讨论由来已久。汉唐时期，在翻译佛经的时候，意译的形式就应运而生，人们采用意译的方式翻译了大量的佛经中的词语。但有些抽象词语，很难进行确切的意译。对于这类词语，玄奘等提出了"五不翻"原则。所谓的"不翻"，就是音译。玄奘等的主张对后世学者的研究产生了深刻的影响，尤其是在"五四"前后到新中国成立这段时间中关于外来事物或概念的音译和意译问题的讨论尤为热烈。具体说来，有两种代表性的观点，一种是极力主张音译，另一种是主张意译。

章士钊是极力主张音译的一位学者。他于1910年在《论翻译名义》一文中，阐述了自己的观点。[①]他认为：

第一，意译词无法精确表述原词的含义。他以"logic（逻辑）"一词为例，这个词当时或意译为"名学"，或意译为"论理学"和"辩学"。章氏认为，"名学"一词最多只能表示出亚里士多德或传统的逻辑观念，却不能用来指称培根以来的现代逻辑概念。而"辩学"和"论理学"这两个词均源于"推理"这一概念，所以也只能表达"提达（即演绎）逻辑"。

第二，意译最大的弊端在于：只是翻译原词的定义而不是名词本身。这种翻译方式的缺点在于当名词定义因提出新学说而有所转变甚至扬弃时，基于旧式定义所译的对等译名便不再适用，只能依靠再创新译词来解决。而不断翻新术语名词，则可能会阻碍科学的发展。

第三，有的术语在原文就是不大妥当或有异议的，再用意译，是不明智的。

对于章氏的论点，张礼轩于1912年在《民立报》上发表了《投函》一文表示了异议。张氏认为音译的方式应仅限于地名、人名和新发明的事物上，除此之外，仍以意译为佳。因为意译"因观念之联络，易于记忆"，"因字面之推求，便于了解"。[②]

同张礼轩一样，胡以鲁也主张对外来事物或概念应该尽可能意译。

---

① 参见陈福康《中国译学理论史稿》，上海外语教育出版社1992年版，第180—181页。
② 参见孙晓娅《如何为新词命名？——论民国初年的"翻译名义"之争》，《文艺研究》2015年第9期。

他在 1914 年发表的《论译名》一文中阐述了自己的观点。①胡氏从汉语本身的特点出发，论述了应以意译为主的原则，认为汉语"词富形简，分合自如，不若音标之累赘、假名之粗率"，所以适合意译。其次他还论述了音译的诸多缺点，指出："况音标文字中，取借用音语杂糅之，佶屈聱牙，则了解难；词品不易辗转，则措词度句难；外语之接触，不仅一国，则取择难；同音字多，土音方异，则标音难。凡此诸难事，解之殆无术也。"同时他认为意译可以维护祖国语言的纯洁性，并以国外一些著名语言文学大师为例，指出："十二三世纪以来，伊之邓堆（但丁）、英之仓沙（乔叟）、德之加堆（哥德），无不以脱弃外语、厘正国语为急者。盖国家主义教育之趋势也。"胡氏将意译提到了"维护祖国语言纯洁性"的高度，这与当时高涨的民族主义思想密不可分，在当时也是一种爱国主义的表现。

朱自清也是一位主张意译的学者，在 1919 年发表的《译名》一文中，全面总结了前人关于音译和意译问题的探讨，并论述了自己的观点。他指出，音译最大的弊端在于令人不解，或容易让人望文生义。朱氏认为"意译的办法，用的最多"，"是译名的正法"，也是"造新词的唯一方法"。他分析了非难"意译"者的一些理由，认为意译不能反映原名全部含义，这是难免的；但只需力求确当，能表达原名含义的大部分就好，至于其全体界说，读者自可继续研究。②朱氏在这篇文章中旗帜鲜明地提倡意译。

从上述的情况可以看出，"五四"前后这一段时期，对于外来事物或概念的翻译，我国的学者更多地倾向于意译。这种倾向性对于纯音译词向意译词的演变产生了深刻的影响，成功地推动了一些尚未完全定型的译词模组的演变。到新中国成立后，我们又提出了"为语言的纯洁和健康而斗争"的语言政策，于是学者们更加有意识地提倡多用意译词，排斥纯音译词，并且把这有意无意地提到爱国主义的高度来认识，认为多用纯音译词，就有"崇洋媚外"的嫌疑，从而人为地减少了纯音译

---

① 参见陈福康《中国译学理论史稿》，上海外语教育出版社 1992 年版，第 189—197 页。
② 朱自清：《译名》（1919），载中国翻译工作者协会《翻译通讯》编辑部编《翻译研究论文集（1894—1948）》，外语教学与研究出版社 1984 年版，第 44—45 页。

词的数量。这是这些纯音译词向意译词转变的最重要的外在因素。

（2）语言认知心理因素对纯音译词演变的影响

古代汉语词汇以单音节为主，而语素单音节化和以意合为主的复合构词方式则是现代汉语词汇的主要特点，这便造成了汉民族有音必有义的语言认知心理。而纯音译词的音节仅仅是用来作为记音符号的，失去了其本身的意义，对于这种不表义的音节的存在，汉族人长期以来养成的语言认知心理是倾向于排斥的。这也是导致纯音译词容易被意译词取代的原因之一。

综上所述，"五四"前后引进的这些纯音译词之所以会被意译词所取代，是受到了汉语词汇系统和汉族人语言认知心理的制约和影响，并且和当时的社会背景、学者的主张与倾向以及国家的语言政策等有着密不可分的联系，但是这并不能说明意译词取代纯音译词是语言发展的一种必然趋势。因为纯音译词具有意译词无法取代的优点：

第一，有些外来的事物和现象在汉语里找不出与之等值的对应成分，无法意译，只能采用纯音译。如：karst 本是一个地学术语，源自地名 Kars，是指斯洛文尼亚西部的一片石灰岩高原，后用来泛指在该处或他处发育的石灰岩溶蚀地貌。刚引进汉语时，音译为"喀斯特"，曾一度被意译词"岩溶"所取代，后来音译名又重新得以启用。原因有两个[①]：其一，音译名能更好地与国际接轨，karst 是一个国际通用术语，其俄语名为 kapct，其德语名、法语名和英语名同形。其二，1993年科学出版社的《地质学名词》一书的前言中曾指出，"岩溶"一词的内涵似乎还不能包括（所指的）全部地貌类型（如热喀斯特），有一定的局限性。因此，音译法在译介一些词语，尤其是科技术语时具有一定的优势。

第二，纯音译词由于内部语义形式的缺失，使得其词性和词义呈现出一定的模糊性，因而能够承担更多的义项。如："歇斯底里（hysteria）"一词承担了两个义项，既可以做名词，指"癔病"，也可以做形容词，形容"情绪异常激动，举止失常"。而如果采用意译的方式，则

[①] 杨枕旦：《Karst——旧译名"喀斯特"为何被重新启用》，《外语教学与研究》2001年第4期。

很难将这两重含义都传达出来。

第三，语用心理上看，纯音译不能通过字面来了解其含义，于是常常使人感觉有点模糊和深奥，这样在使用上有时就能获得一种特殊的心理效果，能够给人一种新鲜感和神秘感，满足人们追新求异的心理。

同时，随着英源外来词的增多，纯音译词的书写形式逐渐形成了一定的规范，其稳定性也在逐渐加强，具体表现在以下两方面。

音节的长短逐渐与汉语词汇的特点趋同，通行的稳定的纯音译词大部分都是双音节和三音节词。据我们的统计，20世纪80年代以后引进的350个英源外来词中，纯音译词有203个，其中双音节词占54%，三音节词占40%。像"五四"前后出现的那种六音节、七音节、八音节的纯音译词现在已经基本上看不到踪影了。

转写音译词的汉字多局限于几个常用的汉字，不再使用冷僻生涩或容易引起歧义联想的汉字。苏新春从新时期引进的外来词中提取了186个记音汉字，经过考察后指出记音频率较高的有"尔、克、尼、拉、卡、士、激、罗、诺、因、格、基、亚、维、坦、马、德、夫、吉、贝"等字。[①]这说明，新时期的音译词已形成了其特殊的专用字表。

由于纯音译词自身具有的优点以及其稳定性的增强，我们有理由认为，纯音译词有其自身存在的价值，被意译词所取代并不是必然的趋势。虽然由于汉民族语言认知心理因素的影响，意译词在汉语中处于更加有利的地位，但并不能就此得出这样的结论："汉语接受外来词有一个重要的规律：音译（即本文所说的纯音译）向意译过渡。"[②]大凡学者们在谈到这一观点时，所援引的例证基本上都是"五四"前后引进的这部分纯音译词，但是仅凭这一现象就得出这个论断未免有些偏颇，因为忽略了上面所提到的语言内部和外部诸多因素的影响。随着英语在中国的普及，纯音译词书写形式的规范和成熟，国家和社会自觉开放程度的提高，汉民族对纯音译词的容受性也会逐渐加大。事实上，改革开放以后引进的纯音译词并未出现大规模转化为意译词的现象。因此，我们认为，纯音译向意译过渡并非汉语发展的必然趋势。

[①] 苏新春：《当代汉语外来单音语素的形成与提取》，《中国语文》2003年第6期。
[②] 李秀：《浅析现代汉语外来词》，《语文学刊》2003年第6期。

二　五种音译方式之间的演变

谐音音译法或利用汉语里现成的语言单位，或选择汉语材料重新组合，经心理选择后有意创造，使谐译词获得了一个新的内部语义形式，这是谐译词区别于其他外来词的一个显著特点。与纯音译词相比，谐译词的汉化程度较高，表意性也较强。一些英源外来词在定型之前，其译介方式经历了一个从纯音译演变为谐音音译的过程。如表 2-10 所示：

表 2-10　　　　　纯音译演变为谐音音译的词例

英语原词	纯音译形式	谐音音译形式
pemmican	朋密硾	比米甘①
cooly	咕唎	苦力
Dipterex	敌普特莱克斯	敌百虫
terylene	特锐烯	涤纶
gauge	戤治	隔距②
coupling	考不令	靠背轮③
muslin	姆斯林	毛丝纶④
shock	倏革	休克
humour	酋鞣	幽默
mango	蚊胶⑤	芒果
Gestapo	盖斯塔波	盖世太保

一些由谐音音译和其他译介方式共同转写而来的词也经历了类似的演变。如：英语词 neon lamp 最初被转写为"年红灯"，后来定型为"霓虹灯"，内部语义形式表现为"像霓和虹一样五颜六色的灯"；dahlia 曾被转写为"大利花"，后来定型为"大丽花"，内部语义形式为"大而美丽的花"。这种转变显示了人们对外来词内部语义形式的追求。

---

① 比米甘：北美印第安人食用的一种干饼。
② 隔距：一种用来比较大小的度量工具。
③ 靠背轮：机器中的一种装置，用其连接的两根轴或两个零件通过操纵系统可以结合或分开。
④ 毛丝纶：指一种平纹细布。
⑤ 这个词是由方音转写的。

纯音译和谐音音译之间的这种演变基本上呈现出单向性趋势，即一般是从纯音译演变为谐音音译，只有极个别的例外，如：Aids 起初被谐译为"爱滋病"，内部语义形式表现为"因爱而滋生的病"，这种联想容易引起歧义，后改写为"艾滋病"。其中，从"爱滋"到"艾滋"的转变就是从谐音音译向纯音译的转变。hysteria 曾谐译为"协识脱离"，后仍是音译名"歇斯底里"胜出，其原因可能在于纯音译词可以承担更多的义项。

形声化音译给人们提供了一条形—意识别的通道，符合中国人因形见意的传统。一些形声化音译词在定型之前，其译介方式经历了一个从纯音译到形声化音译的单向演变过程，尤其是化学元素词，如表 2-11 所示。

表 2-11　　　　　　　纯音译演变为形声化音译的词例

英语原词	纯音译形式	形声化音译形式
barium	巴立恩	钡
aluminium	鲁米恩	铝
rhodium	罗立恩	铑
titanium	帖丹尼恩	钛
bismuthum	璧士密司	铋
iridium	衣列地兔	铱
potassium	博大西恩	钾
magnesium	麦克尼西恩	镁
calcium	戛尔西恩	钙
nitrogen	乃得洛真	氮
ammonia	阿摩尼阿	氨
hydrogen	海得洛真	氢
boron	波仑	硼
carbon	喀尔本	碳
tellurium	梯鲁利兔	碲
iodine	爱约林	碘

还有一些一般词汇也经历了这样的演变，如 lemon（黎濛→柠檬）、coffee（加非→咖啡）、curry（加利→咖哩）、okapi（霍加披→㺢㹢狓）、

mammoth（摩司→猛犸）等等。

另外，值得一提的是，一些用形声化音译转写的英源外来词最后演变成了意译词，失去了外来词的身份。如：

〔珆瑶〕源于 diamond，钻石。
〔襻袘〕源于 mantle，斗篷。
〔颭飑〕源于 monsoon，信风，季风。

这些词被意译词取代的原因可能在于：这些形声字过于复杂，缺乏流传的基础，同时意译词能够很好地反映这些外来事物的特点。

音意半译的译介方式符合汉语偏正式复合词的构词习惯，内部结构具有一定的透明度。一些英源外来词的译介方式经历了从纯音译演变为音意半译的过程，如表 2-12 所示。

表 2-12　　　　　纯音译演变为音意半译的词例

英语原词	纯音译形式	音意半译形式
basset horn	巴塞特豁恩	巴塞管
Boehm flute	柏谟夫吕特	勃姆式长笛
grisounite	格锐烧那特	格桑炸药
melinite	麦宁那特	麦宁炸药
forcite	福煞特	福斯炸药
New Zealand	纽芝兰	新西兰
collotype	苛罗太仆	珂罗版
ice cream	埃士忌廉	冰激凌

纯音译和音意半译之间的演变也基本上呈现出单向性趋势。只有极个别的词语从音意半译演变为纯音译词，如：motorcycle 以音意半译的方式被转写为"摩托车"，后来表意部分"车"被省略掉，演变为"摩托"，两种形式共存于汉语之中。

纯音译和音译添意这两种译介方式的演变呈现出双向性的特点。从纯音译演变为音译添意的词如表 2-13 所示。

表 2-13　　　　　　纯音译演变为音译添意的词例

英语原词	纯音译形式	音译添意形式
beer	啤儿	啤酒
jazz	札兹	爵士乐
koran	歌兰	可兰经
Molasse	磨拉斯	磨砾层①
Walz	瓦拉自	华尔兹舞
The Times	太木斯	泰晤士报

同时，用音译添意的方式译介的一部分外来词，经过长期使用后，有抛弃类名的倾向，变成纯音译词，如：

　　jeep-吉普（车）　　cigar-雪茄（烟）　　golf-高尔夫（球）
　　rumba-伦巴（舞）　cookie-曲奇（饼）　　tank-坦克（车）

这是因为经常使用，人们对前面的音译部分逐渐熟悉起来，能够见词明义，便省略掉后面的义标，于是音译添意的方式又演变成纯音译的方式。这些音译添意词抛弃类名后，大多为双音节和三音节词。

上面的论述未涉及形声化音译、谐音音译、音意半译、音译添意这四种译介方式之间的演变，这是由于这方面的词例极少，不具备论证的价值，因此未作论述。

从上述五种音译方式的特点及其相互之间的演变来看，我们可以得出以下几点认识：

1. 五种音译方式对英源外来词都进行了一定程度的汉化改造，但其汉化程度是不同的。音译添意的方式在音译的基础上加上了表示意义类别的汉语语素；音意半译将英语原词中的一部分意译了过来。用这两种方式借入的词都可以按照汉语的构词规则来进行分析，汉化程度是比较高的。形声化音译在音译字上加上表意义的偏旁，使其在意义类属上自成体系，显示出对意义的追求。谐音音译赋予外来词一个虚拟的内部语义形式，便于人们理解和想象，打上了汉化的烙印。纯

---

① 磨砾层：在瑞士及其附近的一系列主要属于第三纪中新世的矿床层。

音译的方式对英语词的语音进行了改造,并用汉字来转写,显示了一定的汉化色彩,但汉化程度较低。这种汉化程度的高低实际上显示了表意性的强弱。

2. 人们倾向于选择汉化程度较高也就是表意性较强的译介方式。纯音译向谐音音译、形声化音译、音意半译的演变基本上呈现出单向性趋势证明了这一点。

3. 尚简的语用心理是音译添意向纯音译的译介方式演变的主要因素。由于经常使用,人们熟知这些词的词义,便会感到表意部分拖沓冗长,于是表意部分便作为不必要的成分而被省略了,这表现为其译介方式向纯音译的演变。这也从另一个角度证明了纯音译词有其自身的优点,汉民族对纯音译词的容受性在逐渐加大。

三 音译和形译之间的演变

英源字母词具有的简约性、国际性使得形译法在译介度量衡单位上具有较多的优势。英语中的度量衡在早期大多是通过音译法译介而来的,就当时的情况而言,直接引入英语的书写方式是不可取的,因为拉丁字母同汉语的方块字格格不入,但是音译词的词面形式过于冗长、繁多,不利于度量衡的统一和规范,于是随着语言接触的深化,特别是随着社会经济的发展和民众教育水平的提高,这些音译的度量衡单位逐渐转化为意译形式和字母形式,如表 2-14 所示①。

表 2-14　　　　　　音译演变为形译的词例

英语原词	音译形式	其他意译形式	最终意译形式	形译形式
kilogram	基劳格兰、基劳、基罗、奇罗、纪罗、启罗、启罗格、启罗格兰、启罗克兰、启罗克兰姆、启罗格兰姆、吉罗、吉罗葛棱么、奇罗格兰潥、基罗格兰姆、格罗克兰姆	大斤、仟克、法斤、千倍克、斤克、公斤	千克	kg

---

① 参见赵明《明清汉语外来词史》,厦门大学出版社 2016 年版,第 491 页,有增加和删改。

续表

英语原词	音译形式	其他意译形式	最终意译形式	形译形式
kilometer	吉娄迈当、启罗迈当、启罗密达、启罗米达、启罗米突、启罗蔑度、启罗、几罗迈当、基鲁灭打、基鲁米突、基罗米突、基罗密打、基罗米达、克罗美他、结罗米特、格罗米得	粁、仟米、千公尺、千倍米、洋里	千米、公里	km
hectometer	海克脱米突、海克迈当、骇客米突、黑达米突、地西美德	—	百米	hm
decimeter	得西米突、特夕米突、地西迈当、底西米突、桑的美德	—	分米	dm
centimeter	生地米突、生地迈当、生地密达、生米突、生的迈当、生的美搭、生的、生特、生、生米脱、生脱、生低迈当、生搭美搭、桑的美德、桑的迈当、桑底梅得、山地米打、珊米突	—	厘米	cm
Millimeter	密丽米突、密丽迈当、密理迈当、密利美突、秘理迈当、密利美德、咪里、密里、密理、蜜理迈当	—	毫米	mm
centiare	平方迈当、生的阿尔	平米、公厘、亚厘、安厘、方米	平方米	m^2

可见，通过形译法译介的字母词在表达特定事物方面，其准确、简明往往是其他译介方式所无法取代的，而且也便于国际信息的交流沟通。

四 音译、仿译、意译之间的演变

仿译法用本族语言的材料逐一翻译英语原词的语素，所译介词语的结构一般具有可分析性，与汉语的构词特点相一致，翻译痕迹不明显，比较适合汉语的语言表达习惯，这使得仿译词呈现出较强的稳定性，发生流变的情况并不多见。但也有一些值得我们注意。

有些外来词语在刚进入汉语时，由于人们不了解其内部语义结构，曾用音译法翻译该词语，后来随着人们认识的逐渐加深，又对译成仿译词，完成了从音译到仿译的演变。如：

尤喜<u>敖克斯佛</u>、<u>堪卜立址</u>二处学院，教习有成，但愿多出优材，以备器使。[（清）张德彝《四述奇》卷 5]

"敖克斯佛"和"堪卜立址"是 Oxford 和 Cambridge 两所大学的音译名，也曾音译作"阿克司福穆大杯大书院"和"干白雷池大书院"，后 Oxford 仿译为"牛津大学"，因 ox 意为"牛"，ford 意为"可涉水而过之处；浅滩"，译名才得以定型。Cambridge 则半音译半意译为"剑桥大学"。honeymoon 也曾音译为"霍呢木恩"，后仿译为"蜜月"。

有些外来词语的每个词素或词对等地翻译成汉语后，所构成的合成词字面意义和所指意义不一致，或容易引起歧义，人们也会根据自己的理解和认识进一步意译成汉语词。如：mineral water 曾仿译为"矿水"，但"矿水"似乎不宜饮用，"矿泉水"遂取而代之。Fire-brick 曾仿译为"火砖"，但其义并非为"用火烧制的砖"，而是"不畏火烧的砖"，后意译为"耐火砖"，与此类似的还有 fire-wall，本是指"为了防止黑客攻击，在内部网与外部网之间设立的一道安全屏障"，因而没有仿译为"火墙"，而是"防火墙"。eardrum 曾仿译为"耳鼓"，现在这个仿译形式用得较少，意译形式"鼓膜"占据强势地位。英语中的 micro-词族进入汉语中后，大多仿译为"微~"的模式，microcomputer（微机）、Microsoft（微软）、microwave（微波）、microblog（微博）等，但是 microphone 却是音译形式"麦克风"和意译形式"话筒"并用，"微音器"的译法用得较少，究其原因可能在于 microphone 所指称的意义应该是"微音扩大器"。

不同的译介方式所翻译的外来词语表现出的原词语的内部形式是各不相同的，或消失、重构，或虚拟、附会，或残存、羡余，或借用、移植。译介方式的演变，实际上针对的是如何用这些内部构成成分从更恰当的角度来提示词义。这是由汉语发展的内外部因素所决定的。汉语作为交际工具和现实编码，一方面要"极力抵制使自己走入'密码'的歧途"，另一方面又要在语用上保持一定的新鲜感，这促使外来词语的译介始终在透明化、简明化和陌生化、新颖化之间寻找着平衡点。

第三节　英语原词对译介方式选择的影响

选择哪种译介方式来转写外来词在一定程度上受到了英语原词的影响和制约，这种影响可能来自于英语原词的内容，也可能来自于英语原词的构词方式。对此，我们结合了不同译介方式的特点，从英语原词的角度出发，作了如下的考察。

一　英语商标词与谐音音译

谐音音译这种译介方式被大量地用来转写英语商标词，这是由谐音音译和商标词的特点共同决定的。

对于翻译英语商标词这种具有特殊意义及功能的专用符号来说，不仅要译出其指称意义，更重要的是要译出商标词的联想意义和象征意义。同时，商标词还具有广告宣传的作用，其译名还要达到促销的作用。谐音音译的方式恰好能够契合翻译商标词的这种要求。首先，谐音音译具有仿音的特点，保留了外来的色彩，能够满足人们追新求异的心理，满足人们对舶来品的向往和喜爱的心理，达到促销的作用。我们不应将这简单地归之为"崇洋媚外"的心理。事实上，很多国家都直接采用外国语言来作为本国产品的商标，以达到促销的目的。如：香水的品牌 De Odor Fleru（花之芬芳）、Nuite d'Estase（激情之夜）、Herure Intime（甜蜜时刻）虽然采用的都是法语，但却是美国的品牌。而 Suddenly（突然）、Young Love（青春之爱）这些香水的品牌虽然采用的是英语，实际上却是法国的产品。其次，谐音音译赋予了外来词一个新的内部语义形式。这一新的内部语义形式的获得虽然有仿音的限制，但人们为了识记的方便，或是为了满足表达上的需求，还是尽量使其能够反映它所代表的事物的某些特点，并带有一定的联想意义和象征意义，虽然这些特点和意义并不一定是英语原词所具有的，但却符合商标词译名的要求。举例如下。

反映了产品的品质或质量，如：

〔固特异〕美国一种轮胎的商标，源于公司创始人、硫化橡胶发明人 Charles Goodyear 的姓氏。译成"固特异"暗示了轮胎的经久耐用。

〔耐克〕美国体育用品的商标，源于 Nike，是希腊神话中胜利女神的名字。她身上生有双翼，携带橄榄枝，是胜利和正义的象征。译成"耐克"，既有坚固耐穿的含义，又有克敌必胜之意。

〔悍马〕源于 Hummer，美国 AGM 公司所生产的一款越野车的品牌，品牌名意为"力量"，由于其优异的越野性能，被誉为"越野车王"。译成"悍马"，代表了一种强悍的力量和速度。

由于"悍马"的译法富有表现力和广告效应，由此还衍生出了新词语"悍马病"和"悍马心理"，用来指"过分追求最高、最快、最强的心态"。

反映了产品的适用对象。如：

〔帮宝适〕美国 P&G 公司的婴儿纸尿布的商标，源于 Pampers，意为"宠爱、溺爱"，反映了父母对婴儿的舐犊之情。译成"帮宝适"，不仅能反映父母的爱心，也指明了产品的适用对象。

反映了产品的某些特点或风格。如：

〔暇步士〕美国 Lilley & Skinner 公司生产的一种休闲鞋的商标，源于 Hush Puppies，本义是"安静的小狗"。在美国"爱吠的小狗"常被暗喻因穿了不舒适的鞋子而疼痛的脚，而 Hush Puppies 则暗示了鞋子的舒适与休闲的特点。中文译成"暇步士"，"暇"有"闲暇"之意，反映了产品的休闲风格。

反映了产品的用途或功能。如：

〔舒肤佳〕美国 P&G 公司的香皂的商标，源于 safeguard，意为"保护"。译成"舒肤佳"，说明了产品的用途。

〔高露洁〕一种牙膏的商标，源于 Colgate，本是人名。译为

"高露洁",能够让人们联想到"洁白""洁齿"之意,间接反映了产品的用途。

产品商标词大多具有特定的民族文化内涵,但由于东西方文化的差异,在西方文化中被视为有趣可爱或奇思妙想的商标词,未必符合中国人的文化审美心理。谐音音译可以过滤掉原有的文化内涵,而赋之以新的、符合东方审美情趣的文化内涵。如:

〔百爱神〕一种香水的商标,源于Poison,原意为"毒药",其取名的用意在于:这种香水能使女人妩媚动人,成为所谓的"红颜祸水",而这对男人来说不啻一种毒药。同时也可以使人联想到罗密欧与朱丽叶服毒殉情的凄美爱情故事。但这种联想对中国人来说比较陌生,也不符合东方人的含蓄的特点,因而将之谐译为"百爱神"。

〔雪碧〕一种饮料的商标,源于Sprite,原意为"小精灵、妖怪",取其精灵可爱之意,但难以被中国人接受,因此谐译为"雪碧","雪"突出了这种饮料的晶莹透亮的特点,"碧"表明了这种饮料所用包装的颜色。

因此,谐音音译这种译介方式被更多地用来转写商标词,是两者互相选择的结果。

二 化学元素词与形声化音译

近代徐寿、傅兰雅在翻译科技名词尤其是化学元素词时,主张采用形声化音译的方式,后来形成了传统,并渐成系列。具体做法是取西文名字的一个音节造新的形声字来命名化学元素,通常是取第一个音节,少数情况下取后面的音节,如:砜(sulfone)取的就是后面的音节fone。用这种方法译介化学元素,主要是想达到见其形、知其类的目的,例如:用"艹"旁表示环状有机化合物,如:苊(acenaphthene)、蒽(anthracene);用"石"旁表示常温下呈固态的非金属,如:碲(thellurium)、碘(iodine);用"钅"旁表示金属类的元素,如:钒

（vanadium）、钫（francium）；用"月"旁表示含氮有机物，如：胺（amine）、肟（oxime）；用"口"旁表示杂环化合物，如：咔唑（carbazol）。与徐寿同时代的王钟祥等人还提出了按元素的性质造会意字来翻译化学元素名称的方法，如：鐄（钙）、鑢（铬）、鏩（碘）。尽管这些字表意性强，视觉信息量大，但由于过于繁复，书写困难，且形音之间难以建立起联系，没有被后人采用。这说明过于追求表意，而忽略了形音之间的联系，也是难以被汉族人所接受的。

在《汉语外来词词典》中，共有165个英源形声化音译词，其中有124个是化学元素词，另外还有24个药品名。形声化音译有适应化学元素词特点的一面。因为化学元素不仅仅以单质（即游离态元素）的形态出现，更常见的情形是它们彼此结合成化合物，用单个的形声字才能较好地构建这些化合物的术语，如：Bi_2O_3→三氧化二铋。

但是，受语音的限制，用这种译介方式转写的化学元素词的区别性较低。我们把多音节的英语原词压缩成一个音节，然后用与这个音节声音上大致相似的单音节来表示声音，再按照元素的性质加上形旁，降低了词与词的区别性，有时难以达到因形知义的目的。化学元素silicon曾被形声化音译为"矽"字，但在实际使用中，和"硒"与"锡"的音近似，容易混淆，遂被改成"硅"，但在有些词语如"矽肺"中仍然存在，造成了一定的混乱。即便如此，这种因音近而改字的现象仍然较少，更多的是由于类属偏旁一致和语音近似而造成了区别性较差的缺点，如："plutonium 钚、polonium 钋、praseodymium 镨、promethium 钷、protactinium 镤"这五种元素的发音分别为 bù、pǒ、pǔ、pǒ、pú，让人难以区分。因此，有学者主张用形译的方式来译介这一类科技词汇。[①]同时，如果利用这种方法大量造字，容易增加人们的记忆负担，可以说，这种译介方式在转写英源外来词时其生命力是有限的。

三 普通化了的英语专有名词与音译添意

据我们的考察，音译添意的译介方式常被用来转写普通化了的英语专有名词。

[①] 谢屏：《新经济形势下翻译观念的转变》，《上海科技翻译》2001年第3期。

英语专有名词的普通化是指英语中的专有名词转化为普通名词，也就是借专有名词指代同类的人或事物。音译添意的方式主要适合转写下面两类普通化了的英语专有名词。

1. 已经转化为产品名称的产地专有名称，如：

〔爱滕鹅〕源于 Embden，一种体大、羽白的鹅，喙作橙色，跗骨及足趾则作深橙色。由原产地普鲁士的 Emden 海港而得名。

〔摩洛哥皮〕源于 morocco，用山羊皮制成的鞣皮，常用作书的封面。产于非洲的 Morocco。

〔巴克夏猪〕源于 Berkshire，一种原产英国的猪，头短，脸凹，耳竖，背阔，肌肉丰满。全身黑色，唯四肢下部、嘴端、尾尖为白色。Berkshire 为英格兰中南部的郡名。

〔巴特莱梨〕源于 Bartlett，美国所产的一种黄色多汁的大梨。由美国繁殖此种品种的马萨诸塞州的 Enoch Barlett 而得名。

2. 首创者姓氏或与之有关的专名转化为该事物的名称，如：

〔巴娄刀〕源于 barlow，一种一面有刃的大型折刀，由制作者英国人 Russell Barlow 而得名。

〔白莱烟〕源于 burley，美国肯塔基州和俄亥俄州南部出产的一种叶薄、色浅的细纤维烟草。由栽培者的姓氏 Burley 而得名。

〔别尼迪克丁酒〕源于 benedictine，一种用白兰地、砂糖和多种香草跟香料合成的深褐色法国露酒，原为法国别尼迪克特教士创制。

〔鲍尔文苹果〕源于 Balwin，美国东北部产的一种带有香味的红色冬季苹果。由美国马萨诸塞州苹果种植者 Loammi Baldwin 上校而得名。

上述这些英语词都经历了一个从专有名词转化为普通名词的过程，其作为专有名词的命名理据是按照"种差+属概念"的逻辑模式来指称所指对象，使其与同属事物区别开来。但是，在漫长的词汇发展过程中，其中的"属概念"成分省略了，只保留了作为种差的地名或人名，如：morocco leather→morocco。这些英语专有名词的演变经历了一个漫长而渐进的过程，有些词的转化渊源对于英美人来说都是难以考证，或是鲜为人知的。如：

〔巴拿马帽〕源于 panama，拉丁美洲生产的一种手编的草帽。其得名的缘由有两种说法。一种是说得名于巴拿马共和国的首都 Panama，因为这里一度是这种产品的分配中心。另一种说法是，这种帽子是用生长在热带的一种露兜树树叶编织而成的，这种植物的学名叫作 Palmata，因这个词与 panama 相似，遂以讹传讹，帽子因此而得名。

因此，可以说一个普通化了的英语专有名词本身就是一首史诗，其中蕴含着丰富的语言文化背景知识。对于英美人来说，辨认这些普通化了的专有名词是极其容易的，因为这些词在转化后通常会采用小写的形式。即使没有小写，他们也会自然地运用自己的文化背景知识对其进行解码。正如 Lyons 所说："在一个特定的文化或社会里，一个专有名词往往给人以较为确定的联想"；"当专名的主人是历史上、政治上或文化上突出的地点或人物时，其内涵对于同一文化的语言社区的成员来说是相对固定的。"[1]而这些词一旦进入汉语中时，这种联想过程就不可能同以英语为母语的交际者那样的解码过程重合，因此对这些词的转写就要采用音译添意的方式，加上表示类属的义标，使英语中明无而实有的含义在汉语的译名中显现出来。也就是说，这种最初由"种差+属概念"的模式命名的专有名词虽然在英语中已经普通化了，但是进入汉语后，又恢复了其专有名词的身份，这是异质文化碰撞的结果，有利于不同文化的语言社区成员对这些词的理解。

据我们对《汉语外来词词典》统计，在 516 个采用音译添意的方式来转写的英语词中，有 57% 都是属于这种普通化了的专有名词。由此也可以推测这种方式可能会更多地用于转写这类英语词。

---

[1] J. Lyons, *Semantics*, Cambridge: Cambridge University Press, 1977, pp. 209-210.

四 英语派生词、复合词与仿译、音意半译

用音意半译和仿译的方式转写的都是英语里的复合词和派生词。这是由于复合词和派生词的内部形式可以一分为二，适于一半音译，一半意译，或逐一对译。派生词的译介，由于涉及词缀的翻译，常表现为下面两种情况。

1. 表实物的后缀在译介过程中表现出了较强的稳定性和同一性。如：

富兰克林石　franklinite
加多林石　　gadolinite
加利福尼亚石　californte
卡诺特石　　carnotite
科仑布菊石　columbite
科味利石　　covellite
拉巴拉多石　labradorite
蒙脱石　　　montmorillonite
莫来石　　　mullite
匹呢石　pinite
瑟斐石　schefferite
斯斐尼亚石　sylvanite
斯塔斐尔石　staffelite
太康石　taconite
维苏威石　vesuvianite
伟尔纳石　wernerite
乌拉石　uralite
阿马科月球石　Armalcolite
勃姆石　boehmite
伯尼佗石　benitoite
氟石　fluorite

词缀-ite在英语里表示"矿物、岩石",由于表示的是实物的意义,因此在用音意半译的方式进行译介时,对于词缀意义的把握比较容易。

2. 表抽象意义的词缀在译介过程中呈现出泛化的倾向。最典型的例子就是词缀-ism。-ism是英语里一个可随意缀于名词后面,用以构成抽象名词的词缀。在英语中表示如下含义:(1)表示"行为、行动、结果";(2)表示"特征、特性、状态";(3)表示"语言的特色";(4)表示"由……引起的病态";(5)表示"主义、学说、信仰、制度"。这个词缀和汉语里的"主义"一词并不完全对等,汉语里的"主义"有三种含义:(1)对客观世界、社会生活以及学术问题等所持有的系统的理论和主张。(2)思想作风。(3)一定的社会制度。但是受"浪漫主义(romanticism)、沙文主义(chauvinism)"等音意半译词的影响,人们将和"主义"无关的-ism也翻译成"主义",如:集纳主义(journalism 新闻业)、萨福主义(sapphism 女性同性恋)、马查霍主义(masochism 色情受虐狂)。这使得"主义"的意义呈现出泛化的趋势,并延伸到仿译词的翻译中。如:terrorism应仿译为"恐怖活动",现在却译为"恐怖主义",short-termism应仿译为"短期行为",现在译为"短期主义"。

英语的复合词和汉语的一样,在形成过程中充盈着一种理据性。仿译词依靠移植英语复合词内部形式的意义而提示自身的词义,这种提示打开了一个理解所指对象的通道,给了我们一个认知上的依托,使我们更容易接受它们,但是这种提示也并非总是有效的、正确的,也有一些复合词并不适合用仿译法来翻译。主要有以下几种情况:

有的复合词其内部形式对译而成的字面意义和所指意义不一致,虽然任何词语都无法将词义全面地表达在它的内部形式中,但是如果由此而来的字面意义与指称意义相距甚远,甚至使人误入歧途,那就需要用本民族的语言构词成分进行重构,也就是用本民族的思维方式对其进行改造和吸纳。如:deadline不能仿译为"死线",应译为"最后期限";lazy Susan不能仿译为"懒惰的苏珊",而应译为"餐桌转盘";catcall不是"猫叫",而是"不满之声";dog days不是"狗天",而是"暑天";bridal shower不是"新娘沐浴",而是"新娘送礼会";rock fever不是"岩石热",实际上是一种地区性流行病,the Rock是直布罗陀的俗名，应译为"直布罗陀热"或"地中海热"。

有些英语复合词，特别是科学术语，在其产生之初，受当时科学水平和认知水平的限制，对事物或现象产生了误解或曲解，造出了错误的、不科学的内部语义形式，对于这些词语的译介应该谨慎，不能只片面追求形式上的对等。杨枕旦曾发表了一系列的小文章讨论了这个问题，如：black fly 仿译为"黑蝇"，实际上是一种蚋，只是外表像蝇；starfish、inkfish 分别仿译为"星鱼"和"墨鱼"，其实都不是鱼，前者是一种棘皮动物，后者是一种头足类软体动物；类似的还有 sea elephant，不是"海象"，而是"象海豹"；等等。①这些译名应该根据科学本身的发展和人们对事物认识的逐渐加深而作出必要的修改。

还有一些英语复合词，其构成成分本身是个多义词，译介时取译哪一个义项也是需要谨慎对待的。如：brain drain 中的 brain，既有"脑"的意思，也有"聪明的人"的意思，所以应译成"人才流失"，而不是"脑流失"。这样的错误译词在仿译词中并不鲜见，dry wine 中的 dry 有两个义项，一个是"干"，另一个是"不甜的""没有果味"的，应该译为"不甜的葡萄酒"，却被译成"干葡萄酒"，由此衍生出了"干红""干白"等词语；game rules 中的 game 不仅有"游戏、竞争、比赛"义，还有"职业、行业"义，仿译而来的"游戏规则"往往指的是"职业规则""行业规则"的意思；population explosion 中 explosion 有"爆炸"义，也有"激增"义，应译为"人口激增"，却错译为"人口爆炸"，并由此引发了一系列"爆炸"，"知识爆炸""信息爆炸""资讯爆炸""幸福爆炸""数据爆炸"，等等。赵元任将这种现象称之为"岔枝借译（skewed translation borrowing）"②。虽然这些错译词语或因约定俗成的力量，或因语用上的新颖独特，在汉语中不断得到固化，积非成是，逐渐沉淀了下来，但是如果放任这种错译泛滥的话，也会给人们的认知带来困难，造成理据理解的混乱。

---

① 杨枕旦：《豪猪非猪，黑蝇非蝇——科技术语翻译杂议（一）》，《外语教学与研究》1987 年第 2 期；杨枕旦：《Sea Horse（海马）是鱼不是马——科技术语翻译杂议（六）》，《外语教学与研究》2000 年第 3 期；杨枕旦：《墨鱼非鱼——再谈意译的不足》，《科学术语研究》2001 年第 3 期。

② 赵元任：《赵元任语言学论文集》，商务印书馆 2002 年版，第 606—607 页。

第三章　词形的演变

第一节　同源异形

外来词的同源异形是指同一个外来词语进入汉语后有多个词形。从历时层面来看，很多外来词在形成比较固定的词形前往往有从多个词形到单个词形的汰选过程。在共时状态下，一些外来词所拥有的不同词形也相对稳定地存在于汉语的词汇系统之中，其发展演变还需要进一步的观察。可以说，同源异形是与外来词的吸收和使用相伴而生的一个特殊语言现象。

一　同一译介方式下的同源异形

这里的"同一译介方式"主要指的是音译，因为形译词与仿译词的词形都比较稳定，而音译词的情况就要复杂得多。具体说来，有如下几种表现形式。

（一）选择不同的音译用字造成的同源异形

音译是模拟原词的发音，在外来词引进之初，汉字常常被当作记音符号来使用，这一点从早期引进外来词的文献表述中也可略见一斑，如：

僧衙门大僧师曰阿治弥涉（archbishop，大主教），次曰弥涉（bishop，主教）。[（清）魏源《海国图志》]

其产自吕宋，故中土人名之曰吕宋烟。又因泰西呼为"夕盖"（cigar，雪茄）二音，遂译作"雪茄"二字。[（清）袁祖志《涉洋管见》]

合众国有酒名"回四季"（whisky，威士忌），力大而猛，味醇而沉，饮者率数日醉。[（清）张德彝《再述奇》]

生学分类，皆人猿为一宗，号布拉默特（primates，灵长目）。[（清）严复《天演论》]

跳舞之请，则主人派定某男合某女，某女合某男，两臂相握，双双离席，纵跳舞跃，以相取乐，即男女素不相识，亦可从事。又谓之跳旦神（dancing，跳舞）。[（清）袁祖志《西俗杂志》]

从这些早期文献来看，在译介外来词时，常用"名""曰""呼为""号""谓"等这样的表述方式，这说明汉字的主要作用是记录外语的音，其表意性往往是被忽略掉的。而汉语的同音字又很多，同一音节可以用不同的汉字表示。译者在译音用字的选择上表现出一定的随意性，所以就造成了初期的汉语外来音译词呈现出词形多样化的特点。音译用字因译者而异，人译人殊，而且即使是同一译者，其对同一外来词的译介也有可能选择不同的音译用字。如：

少坐饮茶，后入客厅，看伊试验所创之电线传声器，名曰太立风。系一筒中横薄铁，尾连二线，相距数里。甲对筒而言，乙置筒于耳，声如对面，历历可听。[（清）张德彝《四述奇》卷5]

外有英人贝腊新创一种电气传音器名太来风者，系人口向皮筒言之，声自传闻数里或数百里。[（清）张德彝《四述奇》卷8]

张德彝的《四述奇》记录了1876—1880年他赴英、俄随任使馆翻译时的见闻，他对telephone一词的音译就用了"太立风"和"太来风"两个词形。另外，外来词的借入渠道不同，译者的方音不同、时代不同，选字也会有所区别。例如："巧克力"的另一词形"朱古力"，"沙拉"的另一词形"沙津"，"三明治"的另一词形"三文治"等，都是根据粤语发音转写的。这两个现象赵元任在谈到汉语音译外来词语时就曾指出过："用中国文字译西文的人名地名本是一件十分麻烦的事，诸君自己作文或读人家文章的时候，大都是曾经有过经验的。其中种种困难的地方，例如（1）西字太长：Christopher Columbus 作克列斯托否哥仑孛斯，(2) 各处读音不同，无锡人译 Ohio 为瓦海瓦，北方人读起来变作 Wahhiwah 了！(3) 用字又须避用不雅观的字：某君曾经译 Massachusetts 为麻杀朱色紫，(4) 一音可用多字：今天 Kelvin 叫恺尔文，明天忘记了又译作开尔坟。"①赵氏论述中的（2）（4）两点恰好印证了上述的两个现象。

用字表音，同音、近音皆可，这种随意性不仅导致外来音译词的一词多形成为普遍现象，甚至造成了同一个词不同的义项也会有不同的词面形式。例如"咖啡"一词的词形演变，如表 3-1 所示：

表 3-1　　　　　　　　"咖啡"一词的词形演变

英语原词	词义	曾经的词形	定型的词形
coffee	1. 常绿小乔木或灌木，叶子长卵形，先端尖，花白色，有香味，结浆果，深红色，内有两颗种子。种子炒熟制成粉，可以作饮料。产在热带和亚热带地区。	加非、架非、茄非	咖啡
	2. 咖啡种子制成的粉末。	加啡、架非、考非、喀啡	
	3. 用咖啡种子的粉末制成的饮料。	加非、加非、架非、迦非	

coffee 一词不同的义项有不同的词形，且彼此之间还有交叉并用的现象，如"加非"可表示第一、第三义项，"架非"可表示第一、第二义项，不仅如此，"咖啡豆"还有"架飞豆""架非豆""加非子"等词形。这么多相似的词形，又不具备辨义的交际价值，这导致这些词形经过演变之后，最终都定型为"咖啡"这一稳定的词形。这一演变过程可能比较漫长，但由此所表现出来的语言自身的调整力量却是难以抵御的。

事实上，汉语中有很多音译词都因为语言自身的这种调整力量而最终定型为一个统一的词形。这种调整往往要经过较长时间的竞争和演变。下面是现代汉语中比较常见的音译词，在词形稳定之前，都有过多个词形并存、竞争的情况，如表 3-2 所示：

---

① 赵元任：《赵元任语言学论文集》，商务印书馆 2002 年版，第 1 页。

表 3-2　　　　　　　部分音译词的词形演变

英语原词	曾经的词形	定型的词形
aspirin	阿司必灵、阿斯披林、亚士匹林、阿是必灵	阿司匹林
Olympic	欧琳匹克、奥林必亚、夏令贝克、亚林必克、奥林必克	奥林匹克
vaseline	花士玲、华士林、华摄林、凡士淋、凡世林、花式令、万士林	凡士林
calorie	加罗理、加路里、卡罗列、卡罗里、嘉禄里、喀罗里、加路列、加罗列、嘉禄列、喀罗列	卡路里
coulomb	库郎、库隆、谷罗、库伦	库仑
brandy	伯兰堤、白兰堤、巴蓝地、拔蓝地、勃蓝地、罤兰的、卜蓝地、布兰地、勃兰地、罤兰地	白兰地（酒）
waltz	华尔滋、华尔姿、窝尔兹、瓦勒自、瓦勒兹	华尔兹
golf	考而夫、哥尔夫、果尔夫、高而夫、高尔福	高尔夫（球）
sofa	沙法、梳化	沙发
poker	普克、蒲克	扑克
Gypsy	吉伯赛	吉卜赛
jacket	甲克、茄克、捷克	夹克
pudding	布甸、布钉	布丁
taxi	德士、滴西	的士
guitar	吉榻、吉泰、加忒、琪答、结他	吉他
soda	曹达、梳打	苏打
carat	克辣、卡拉、加拉、加辣、卡剌特	克拉
trust	托辣斯、託辣斯	托拉斯
salad	色拉、沙辣（子）、沙津	沙拉
ether	伊脱、以脱、伊太以脱、以泰、伊脱、依的儿	以太
microphone	埋革风、麦格风	麦克风
modern	摩丹	摩登
sundae	三德、新地	圣代
tank	唐克	坦克
rupee	罗比、鲁杯、鲁稗、胪卑、鲁卑	卢比
volt	福尔、弗打、娲路、伏脱	伏特
grain	克冷、格连、格林、忌连	格令
miss	蜜丝、蜜司、密司	密斯
mister	密斯脱、密斯特、密斯偷、密司脱、密斯式	密斯特
sandwich	三堆之、三文治	三明治

续表

英语原词	曾经的词形	定型的词形
pound	棒	磅
chocolate	炒扣来、勺勾腊、巧格力、朱古力、绰故辣、朱古力、巧克利、巧格力、巧古力、巧可力、查古列、查古律、朱古律、朱咕叻、诸古力	巧克力
cigar	夕盖、雪加、士加	雪茄
ounce	温司、盎是、盎斯、瓮司、安士	盎司
ton	礅、顿、敦、墩、趸	吨
hormone	贺尔蒙、荷尔萌	荷尔蒙
flannel	佛兰绒、福兰绒	法兰绒
ice cream	埃士忌廉、冰忌廉、冰积凌、冰其凌、冰其淋	冰激凌、冰淇淋
rifle	来福枪	来复枪
Franc	夫郎、法狼、法蓝、佛朗、佛郎、佛狼、勿狼	法郎
sauce	少司	沙司
cassimere	开斯米、开士米、开四米、茄士哔	开司米
pence	本司、本斯、本士、辨士、边士、片士	便士
mandolin	曼德琳、曼德林、曼多林、曼陀铃、曼独铃、曼独林、曼杜令、曼度林、曼得林	曼陀林
salon	纱笼	沙龙
Opium	雅片、阿片	鸦片
heroin	寇洛印、喜罗英、喜罗因、希罗因、海绿茵、海洛音、海洛英	海洛因
rifling	来福、来夫、来福纹、来复纹	来复线
tango	糖果舞	探戈（舞）
Dowling paper	桃林纸、道令纸	道林纸

由表 3-2 可知，这些音译词大都完成了从一词多形到一词一形的自然演变，只有个别词语有两个词形并用的，如"冰激凌""冰淇淋"。对这种自然演变进行分析研究，我们可以发现其中有这样一些规律：

1. 从简，即在多个词形中尽量挑选写法比较简单的文字形式。表 3-2 中"凡士林""卡路里""库仑""白兰地""华尔兹""高尔夫""沙发""扑克""吉卜赛""夹克""布丁""的士""吉他""苏打""克拉""托拉斯""沙拉""以太""麦克风"等词形能在多个词形的竞争中处于不败之地，主要胜在"形简"。词形简单能够减轻使用者的记忆负担，有利于交际。

2. 音准，即尽量逼近原词语的读音。表 3-2 中，"圣代"比"三德""新地"更接近 sundae 的读音，其他如"坦克""卢比""格令"等，也是如此。包括上述因词形简单而胜出的词语，也都是在音准的基础上因"形简"而定型的。"摩丹"虽然比"摩登"词形简单，但"摩登"摹音 modern 更准，因而"摩登"胜出。

3. 义明，这里的"义明"有两层含义，对音意兼译等一些通过字面组合表义的音译词来说，"义明"指的是通过音译用字的选择、组合来满足人们的求源心理。如 ice cream 的多个音译词形中，"埃士忌廉""冰忌廉"是用方音转写的，不符合音准的规律，"冰激凌""冰淇淋"两个词形能够胜出，大概是因为"激""淇""淋"等字的偏旁具有提示意义的作用，暗合了"用水、牛奶、鸡蛋、糖、果汁等调和后凝结而成的半固体冷食"的含义。而对于纯音译词而言，"义明"则更多的指的是避免"因形害义"，用字选择尽量不产生意义上的干扰，因为纯音译词无内部形式意义，无需表层提示词义。因此，在多个词形的竞争中，那些选用了字形简约、意义较单一的汉字的词形更容易胜出。外来词的记音汉字中使用频率较高的，如：尔、克、尼、拉、卡、士、格、基、亚、维、坦、马、德、夫、吉、贝、司等等，这些字如果不与其他汉字形成字面意义上的连缀，基本上没有什么特殊的色彩。表 3-2 中，"克辣""加辣"被"克拉"取代、"沙辣"被"沙拉"取代、"绰故辣"被"巧克力"取代，跟"辣"字具有的明显的色彩意义有很大关系。再如，表 3-2 中的"夫郎""法狼""法蓝""开四米""曼独林""纱笼""雅片""海绿茵""来福""来夫""糖果舞""桃林纸"等词形，都是因所选用字在组合中形成了字面意义上的连缀，容易遮盖词语本身的意义，引起歧义。

综之，选择不同的音译用字造成的同源异形词，在经过较长时间的竞争、演化后，大多会演变成统一、稳定的词形，其演变的规律大致是在对音准确、表意明确的基础上尽量追求词形的简省。

(二) 音节的划分或音段的删减造成的同源异形

音节的拆分或音段的删减不仅会造成音译词的一词多形，而且会导致词形的长短不一。杨锡彭的研究认为，音译过程中音节界线的移动或对音节的不同分割会造成音译词的词形歧异。这主要是因为英语的音节界线是可以移动的,而汉语的音节结构音位和音位之间的结合非常紧密,声、韵、调和音节共同形成了一个不可分割的"语音块"。①由于不同的译者有不同的音感,在音译词的转写过程中,译者常常会根据自己的音感对英语原词的音节进行划分,不同的划分就形成了不同的词形。如:parathion 划分成 pa-ra-thion 可得词形"巴拉松",划分成 pa-ra-thi-on 就成了"柏拉息昂";sardine 划分成 s-ar-dine 可转写成"撒尔丁(鱼)",划分成 sar-dine 就成了"沙丁(鱼)";formalin 划分成 f-or-ma-lin 可写成"福尔马林",划分成 for-ma-lin 就成了"福马林";quinacrine 划分成 qui-na-cri-ne 可写成"奎纳克林",划分成 qui-nacri-ne 就成了"奎吖因";等等。

音段的删减是指在音译时删减了一些英语原词中不明显的音。张培基在讨论用音译法来译介外来词语时指出:为了使音译名词不至于过长,某些不明显的音可不译出。②译者对不明显的音保留或删减会造成音译词形的长短不一。如:chocolate 译成"巧克力"和"绰可辣得",hysteria 译成"歇斯底里"和"歇私的里亚",franc 译成"法郎"和"福兰格",celluloid 译成"赛璐珞"和"赛留路以德"等。不明显音的删减避免了音节过长的问题,使所译音节更符合汉语的节律特点,这是以汉语的语音成分和音节结构特征对英语原词的语音进行调整的一种手段。

音节的划分或音段的删减造成的同源异形词,也经历了一个自然演变后归于相对稳定词形的过程,其演变规律也是在"音准""义明"的基础上力求"形简"。

(三) 词形缩略造成的同源异形

词形缩略造成的同源异形,指的是外来词在已有的稳定词形的基础之上进一步缩略成音节较短的词,两种词形在汉语的词汇系统里并行不悖的现象。

---

① 杨锡彭:《汉语外来词研究》,上海人民出版社 2007 年版,第 86 页。
② 张培基等:《英汉翻译教程》,上海外语教育出版社 1980 年版,第 176 页。

Nobel prize	诺贝尔奖—诺奖
Thomas Cup	汤姆斯杯—汤杯
Uber Cup	尤伯杯—尤杯
Olympic Games	奥林匹克运动会—奥运会
airbus	空中客车—空客
supermarket	超级市场—超市
summit meeting	高峰会议—峰会

缩略词形的出现是语言经济原则的体现，为了提高语言的交际效率，在表意清楚准确的前提下，人们更倾向于删繁就简。缩略词形与原词形在语义指向上是一致的，在用法上会受到汉语的对称机制和韵律特征的影响，如："第六届中国财经峰会"和"约翰内斯堡高峰会议"，"英国航空公司大量订购空客"和"欧洲空中客车股份公司"等用法的不同，多少都受到了一些韵律、词长因素的制约。

还有一些音译的表示计量单位的外来词，也是通过缩略而形成了一词多形，而且这些计量单位的英语原词本身就有缩略形式。例如：

Watt-W	瓦特—瓦
Ampere-A	安培—安
Calorie-Cal	卡路里—卡
Pascal-Pa	帕斯卡—帕
Kelvin-K	开尔文—开

这些音译计量单位的一词多形与国际做法保持一致，便于国际交流。

二 不同译介方式下的同源异形

译介方式是依附于词形而存在的，不同译介方式下的同源异形词的演变，我们在第二章节中讨论译介方式的演变时已经论述过，这里就不再过多赘述。下面要讨论的是不同译介方式下的同源异形词在共时系统中并存的现象。

高名凯、刘正埮在谈到外来词的规范时曾提出"异格并用"原则，认为："语言词汇的词往往除了表明概念之外，还表达风格的差异……从逻辑的角度来看问题，词所表达的概念可以是相同的，但是从风格的角度来看问题，词所表示的风格却可以不相同。"①具有不同的语体风格是同源异形词得以共存的原因之一。以"下载"和"当"两个词为例，"下载"是个仿译词，源自 download，指"通过网络把远程服务器上的文件传输到自己的电脑并保存起来的过程"。"当"是 download 缩减形式 down 的音译。二者并存的原因是适应了不同语体色彩的要求，"当"音节简省，具有较强的口语色彩，比如我们常说"当首歌来听听"。而"下载"在正式语体中使用得更多，如《人民日报》2009 年 8 月 3 日新闻标题"非法下载 30 首歌曲被判罚 67.5 万美元"。而且两者在语法功能上也有了分化，"当"只能做动词用，"下载"还可以与其他词语组成名词性的词语，如"下载工具""下载量""下载资料记录""下载频次""下载行为""下载速度"等都不可以用"当"来替换。

有一些形译词和音译词在使用中还形成了注源与被注源的关系。如：

大宗商品价格受需求疲弱与美元升值影响持续走低，国际油价则在供大于求、欧佩克（OPEC）与美国的市场博弈及美国与俄罗斯的地缘政治博弈下，一降再降……（《人民日报》2014 年 12 月 29 日）

形译词词形简洁，表意准确，具有"可还原性"，再加上汉语圈音译外来词用字不统一的问题，使得两种形式并存更便于国际交流。

不仅如此，一些并存的形译词和仿译词在并存使用过程中还产生了一定的构词能力，如"智商"和"IQ"两个词形，皆源于 Intelligence Quotient，前者是仿译词，后者是形译词。由"智商"衍生出了"爱商""财商""词商""法商""婚商"等词语。由"IQ"衍生出了"衣Q"等词语，"衣Q"，指人的着装品位、穿着和搭配衣服的能力；"药

---

① 高名凯、刘正埮：《现代汉语外来词研究》，文字改革出版社 1958 年版，第 182 页。

Q"指掌握药品知识,正确使用药物的能力;"3Q宝宝",指身体、智能、情感全面发展的孩子,3Q 是 PQ(体商)、IQ(智商)和 EQ(情商)的合称。

综上所述,一些同源异形词的并存有其语用上的合理性,这不仅大丰富了汉语的表现力,而且能使汉语与时俱进,保持活力。

第二节 同形异源

本章节讨论的同形异源指的是由于偶合,英源外来词之间以及英源外来词与汉语固有词之间形成的词面形式相同、语源不同的现象。这种现象包括以下几种情况。

一 原有字义消解形成的同形异源

汉语的音节和书写符号以及书写符号的排列组合是有限的,而大量反映外来新生事物的概念又在不断涌入,为了解决"音少、形少、义多"的矛盾,用与外来词的语音对应或近似的汉字来转写外来词不失为一种省时、简便的方法。这种转写近似于传统语言学中的"假借",由于同音关系被借用而产生新的词汇意义,原有意义被消解,与汉语里固有的词语形成了词形上的偶合。这种情况以单音节词居多,因为单音节词不受汉字组合的限制,只要音近就可能形成词形的偶合。例如:

胎$_1$:人或哺乳动物母体内的幼体。
胎$_2$:源于 tyre,轮胎。
波$_1$:波浪。
波$_2$:源于 ball,球。
听$_1$:用耳朵接受声音。
听$_2$:源于 tin,用镀锡或镀锌的薄铁皮做成的装食品、饮料、香烟等的筒子或罐子。
扎$_1$:刺。
扎$_2$:源于 draft,从大容器如木桶中汲出的。
当$_1$:用实物做抵押向当铺借钱。

当₂：源于 download 的缩写 down 的音译，下载。

米₁：稻米；大米。

米₂：源于 metre，长度单位。

飞₁：（鸟、虫等）鼓动翅膀在空中活动。

飞₂：源于 fitting，精细地切割一个机件时，使其尺寸与配合件能正确地吻合。

破₁：完整的东西受到损伤变得不完整。

破₂：源于 poor，粗劣的、蹩脚的、不好的。①

派₁：指立场、见解或作风、习气相同的一些人。

派₂：源于 pie，一种带馅儿的西式点心。

开₁：使关闭着的东西不再关着。

开₂：①源于 karat，开金中含纯金量的计算单位。②源于 kelvin，热力学单位开尔文的简称。

猫₁：一种哺乳动物，面呈圆形，脚有利爪，行动敏捷，会捉老鼠。

猫₂：源于 modem，调制解调器的俗称。

吧₁：助词，用在祈使句末，使语气变得较为舒缓。

吧₂：源于 bar，酒吧。

打₁：用手或器具撞击物体。

打₂：源于 dozen，12 个为一打。

盾₁：盾牌，盾形的东西。

盾₂：①源于 gulden，荷兰旧本位货币"季尔盾"的简称。②源于 dong，越南、印度尼西亚等国的本位货币。

卡₁：源于 calorie，热量单位卡路里的简称。

卡₂：源于 cassette，录音机上放置盒式磁带的仓式装置。

卡₃：源于 card，用来记录各种事项以便排比、检查、参考的纸片。

拷₁：拷打。

拷₂：源于 copy，"拷贝"的简称。

---

① 参见杨锡彭《汉语外来词研究》，上海人民出版社 2007 年版，第 102 页。

拷$_3$：源于 call，打电话给人，寻呼。

这些词语虽然形同，但是词性和读音却不完全相同。吧$_1$和吧$_2$、打$_1$和打$_2$读音不同，词性不同，听$_1$和听$_2$、扎$_1$和扎$_2$、开$_1$和开$_2$、派$_1$和派$_2$词性不同，即使音同形同词性相同，放在具体的语言环境中，也基本能消除误解和歧义，因此，这种同形异源的出现是利用语言有限的音节和有限的词形发展新义的结果，语言本身为它的正常存在准备了必要条件。

有些英语词发音近似，在转写时又恰好选择了相同的译音用字，造成了双音节或多音节音译外来词之间的词形偶合。如：

克隆$_1$：源于 clone，无性繁殖。
克隆$_2$：源于 kroon，旧时爱沙尼亚货币名。
马拉松$_1$：源于 marathon，一种超长距离赛跑。
马拉松$_2$：源于 malathion，一种有机磷杀虫剂。

这种同形异源是汉语系统要进行规范和调整的，作为双音节或多音节词语，同音同形来自同一语源（英语），同样都没有内部形式，字面组合无理据可寻，无法作出语法结构和语义结构的切分，即使语义指向能通过一定的语境来加以限制，仍然会给人们的认知和记忆带来负担。而且从操作层面上来看，这种偶合也没有存在的必要性，相比单音节词语而言，音译用字的组合显然能够提高词形的区分度，因此，克隆$_2$更常用的词形是"克龙"，马拉松$_2$更常用的词形是"马拉息昂"。

二 字面组合连缀成义形成的同形异源

有一些音译词，记音的汉字组合后字面连缀成义，与汉语里已有的词语形成了同形异源的关系。例如：

米粒$_1$：米的颗粒。
米粒$_2$：源于 minute，分钟。
舍利$_1$：源于梵语 Sarīra，佛教称释迦牟尼遗体焚烧之后结成的珠状的东西，后来也泛指佛教修行者死亡后火化的剩余物。

舍利₂：源于 sherry，雪利酒。

大臣₁：君主国家的高级官员。

大臣₂：源于 dozen，打。

单纯₁：①简单纯一；不复杂。②单一。

单纯₂：源于 dancing，跳交际舞。

道德₁：社会意识形态之一，是人们共同生活及其行为的准则和规范。

道德₂：源于 doctor，博士。

耳朵₁：听觉器官。

耳朵₂：源于 alto，中音号。

粉饰₁：涂饰表面，掩盖污点或缺点。

粉饰₂：fiction，（法律上的）假定、拟制。

这些音译词的词形在汉语里生命力不长，只是昙花一现，很快就被别的词形替代了。原因在于虽然这些是通过记音而来的词，但是在汉民族固有的"听音知义、见字知义"的语言认知心理下，汉字组合连缀成义后，这些词就不再是无意义的非语素音节的组合了，音译词形与已有词形之间建立起一种联想，而这种联想又让人感到莫名其妙，不知所云，比如"佛骨舍利"和"西班牙产的葡萄酒""米的颗粒"和"一分钟"等，这种联想是无效的，反而给人们增加了认知和理解外来概念的困难，因此这些音译词或转化为意译词，或被其他的更有区分度的音译词形所替代。

但是也有一些例外，例如：

粉丝₁：用绿豆等的淀粉制成的线状食品。

粉丝₂：源于 fans，指迷恋、崇拜某个名人的人。

庐舍₁：房屋；田舍。

庐舍₂：源于 loser，失败者。这里指过度沉迷于互联网聊天、游戏、交友等活动，耽误正常工作和生活的人。

这些音译词的字面组合连缀成义后，和"米粒$_2$"类词语一样，也很难与汉语的已有词之间建立起联想。但是"米粒$_2$"类词语和"粉丝$_2$"类词语不同之处在于，前者是出于填补空符的需要，后者是出于语用风格的需要引进的。填补空符是因为汉语里缺乏表达这些事物的现成词语，而如果借用已有词形来表达，会造成认知上的混淆。fans 和 loser 所要表达的概念在汉语里已有现成的词语，借用"粉丝$_1$"和"庐舍$_1$"的词形，是为了追求一种新异的色彩，达到谐趣的修辞效果。粉丝$_2$由于构词能力强，已被《现汉》收录。庐舍$_2$虽然衍生出了"反庐舍联盟""网络庐舍"等词语，但当其新异色彩逐渐褪去后，是否还能在汉语里站住脚还有待观察。

三 字面意义附加了联想意义形成的同形异源

有一些音译词，表面看来只是模仿了原语的读音，但译者在译音用字的组合上有意借用了汉语里已有的词形，并主观上给音译词附加了一层联想意义，使两个词形负载的意义巧妙吻合，形成了同形异源的关系。例如：

托福$_1$：客套话，意思是依赖别人的福气，使自己幸运（多用于回答别人的问候）。

托福$_2$：源于 TOEFL，美国"对非英语国家留学生的英语考试"，Test of English as a Foreign Language 英文缩写的音译。

奔腾$_1$：（许多马）跳跃着奔跑。

奔腾$_2$：源于 Pentium，计算机中央处理器的一种品牌。

奔驰$_1$：（车、马）等很快地跑。

奔驰$_2$：源于 Benz，德国生产的一种品牌的汽车。

拉力$_1$：①拉拽的力量。②物体所承受的拉拽的力。

拉力（赛）$_2$：源于 rally，长途越野汽车赛。

发烧$_1$：发热。

发烧（友）$_2$：源于 fancier，对某项事业或活动非常迷恋专注的人；狂热的爱好者。

沙发$_1$：源于 sofa，装有弹簧或后泡沫塑料等的坐具，一般有靠背和扶手。

沙发$_2$：源于 so fast，指网络论坛上第一个回帖的位置。

"托福$_2$"被附加的联想意义是：托福考试依赖着别人的福气，使自己幸运地通过考试。"奔腾$_2$"借用"奔腾$_1$"的内部语义形式大体地反映出所指对象的部分特性：运行速度快。"奔驰$_2$"借用"奔驰$_1$"来喻指汽车的优良性能。"拉力（赛）$_2$"和"拉力$_1$"，"汽车长途越野"和"承受拉力"在内涵上有相关的联系。"发烧（友）$_2$"借"发烧$_1$"的含义来喻指爱好者的狂热程度。"沙发$_2$"利用"沙发$_1$"原有的搭配功能生发出一系列使用形式，如"坐沙发""抢沙发"等。

还有一些单音节音译词也与此类似，如：

酷$_1$：①残酷。②程度深的；极。

酷$_2$：源于 cool，形容人外表英俊潇洒，表情冷峻坚毅，有个性。

晒$_1$：太阳把光和热照射到物体上。

晒$_2$：源于 share，展示自己的东西或信息供大家分享（多指在互联网上）。

秀$_1$：①植物抽穗开花（多指庄稼）。②凸出；高出。③清秀。④聪明，灵巧。⑤优异。⑥优异的人才。

秀$_2$：源于 show，表演；演出。

"酷$_2$"的"冷淡、冷峻、好、棒"等含义与"酷$_1$"的"残酷、程度深的、极"等含义之间有一定的联想意义。"晒$_1$"本义为晾晒收藏品，以防发霉，"晒$_2$"借用了"晒$_1$"的音和义，喻指将私人生活的内容拿出来"晒晒太阳"，与人分享，炫一炫。

这一层被附加的联想意义对音译词所指称的对象有间接的提示作用，虽然这种提示作用是主观上赋予的，但是它毕竟打开了一个理解所指对象的通道，给人们提供了一条认知的线索。这种同形异源的关系，有助于词的形象化，帮助人们更好地理解和记忆。

四　外来语素参与构词后形成的同形异源

汉语外来词存在音译成分语素化现象，即用外来词中一个音节代替该词，作为语素来构造新词。这些外来语素参与构词后，所形成的词语也会与已有词语形成同形异源的关系。例如：

丁忧₁：遭到父母的丧事。
丁忧₂："丁"源于 dink，指丁克中想生孩子，又为此充满忧虑的人。
白丁₁：封建社会里指没有功名的人。
白丁₂："丁"源于 dink，指宣称要过丁克生活，后又放弃丁克生活的人。
炒粉₁：炒制的米粉，一种常见食物。
炒粉₂："粉"源于 fans（粉丝）的音译，指专门从事炒作的假支持者、假粉丝。
米粉₁：①大米磨成的粉。②大米加水磨成浆，过滤后弄成团，然后制成的细条食品，可煮食。
米粉₂："粉"源于 fans（粉丝）的音译，指特别喜爱小米手机的人。
铁粉₁：尺寸小于 1mm 的铁的颗粒集合体。
铁粉₂：①铁杆粉丝（fans），坚定的追捧者。②喜欢乘坐火车或地铁的人。

这种同形异源词的形成原因是出于表达的需要，借用已有的词形，构成语义双关，看似言此，实则意彼，达到"谐趣"的效果，增强语言的表现力。同时，造词材料——语素自身的复杂性也为此提供了条件。语素作为造词材料，处于静态时，其意义是多义的、不明确的，在参与构词后，语素义才显现出来。即使是同形语素构成的词，随着语言环境的变化，语素义的指向也是不同的。如："铁粉"这个词语中，"铁"可以是"钢铁"的"铁"，也可是"铁杆"的"铁"，还可以是"铁路"的"铁"或"地铁"的"铁"；"粉"可以是"粉末"的

"粉",也可以是"粉丝(fans)"的"粉",但是在"《虎妈战歌》畅销全球,在韩国更是拥有不少'铁粉'"这个句子中,"铁粉"只能指的是"铁粉$_2$"的第一个意思。

综之,外来词以及外来语素构成词与汉语里已有词语形成的同形异源关系,扩大了语言的信息载荷量,并为人们理解外来词语提供了认知上的依托,丰富了汉语的表现力,但是也应避免根据字面意义误解外来词语的情况。

第四章 语音的演变

第一节 音段的置换

在引进的过程中，外来词的语音形式也会经历一系列的变化，一方面要尽可能地保留英语中的语音信息，力求语音的近似；另一方面又要满足一系列的制约条件以符合汉语的音系结构要求。音段的置换是汉语在吸收英语外来词时常用的一种手段。

英汉两种语言是非亲属语言，有各自不同的语音系统，据何善芬的研究，汉语的元音和辅音，从总体上来说，与英语的相同或相近的占多数，此有彼无的情况也不少，但是从音位配置、组合规律以及功能的角度分析差别相当大。[①]面对这种"此有彼无""差别相当大"的情况，外来词进入汉语时采用了"音段置换"这种音系修补策略以取得"音似"的效果。所谓音段置换，就是指外语词中的某个音是汉语语音体系中所没有的或有差别的，在引进外来词时，就用汉语的某个近似音去对译。这种对译并不是一一对应的关系，主要有以下几种情形。

一 辅音的置换

辅音是声腔中的气流通路受阻而形成的一类音，不同的辅音音色是发音部位或发音方式的不同所造成的。英语中的辅音有 24 个，汉语中的辅音有 22 个（包括作韵尾的 ng [ŋ]），其置换情况具体说来有以下几种常见情形。

（一）采用发音部位近似的音来置换。英语中有 3 对塞音，分别为

---

① 何善芬：《英汉语言对比研究》，上海外语教育出版社 2002 年版，第 14 页。

[b]／[p]、[d]／[t]、[g]／[k]，其发音部位基本与汉语中的塞音 [p]／[pʰ]、[t]／[tʰ]、[k]／[kʰ] 相同，但区别特征不一样，前者的区别性特征表现为浊辅音和清辅音，后者表现为不送气音和送气音。在置换时，清浊的区别性特征消失，只表现为发音部位的近似。如：

例（1）：[b] → [p]、[pʰ]
　　　　barbitone ['bɑːbitəun] →巴比妥 [pA-pi-tʰuo]
　　　　bacon ['beɪkən] →培根 [pʰei-kən]

例（2）：[p] → [p]、[pʰ]
　　　　pound [paʊnd] →磅 [pɑŋ]
　　　　pass [pɑːs] →派司 [pʰai-sɿ]

例（3）：[d] → [t]、[tʰ]
　　　　dahlia ['deɪlɪə] →大丽（花）[tA-li]
　　　　Downing ['daʊnɪŋ] street→唐宁（街）[tʰɑŋ-niŋ]

例（4）：[t] → [t]、[tʰ]
　　　　taxi ['tæksɪ] →的士 [ti-ʂɿ]
　　　　tank [tæŋk] →坦克 [tʰan-kʰɤ]

例（5）：[g] → [k]、[kʰ]
　　　　gamma ['gæmə] →伽马 [kA-mA]
　　　　gramicidin [græmɪ'saɪdɪn] →克杀汀 [kʰɤ-ʂA-tʰiŋ]

例（6）：[k] → [k]、[kʰ]
　　　　curry ['kʌrɪ] →咖喱 [kA-li]
　　　　coffee ['kɒfɪ] →咖啡 [kʰA-fei]

上述六例中，在音段置换时，英语中发音方式的区别性特征已消失，既可用发音部位基本相同的双唇音、齿龈音、软腭音的不送气音来对译，也可用其相对的送气音来置换。

（二）采用发音方法近似的音来置换。如：

例（7）：[h] → [x]、[ɕ]

Hollywood ['hɒlɪwʊd] →好莱坞 [xɑu-lai-u]

hippies ['hipiz] →嬉皮士 [ɕi-pʰi-ʂʅ]

例（8）：[ʃ] → [ɕ]、[ʂ]

shilling ['ʃɪlɪŋ] →先令 [ɕiæn-liŋ]

bushel ['bʊʃəl] →浦式耳 [pʰu-ʂʅ-ɚ]

例（9）：[dʒ] → [tɕ]、[tɕʰ]、[tʂ]

Gypsy ['dʒipsi] →吉卜赛 [tɕi-pu-sai]

angel ['eɪndʒəl] →安琪儿 [an-tɕʰi-ɚ]

sandwich ['sænwɪdʒ] →三明治 [san-miŋ-tʂʅ]

例（10）：[m] → [ŋ]、[n]

Muslim ['mʊzlɪm] →穆斯林 [mu-sʅ-lin]

totem ['təʊtəm] →图腾 [tʰu-tʰəŋ]

lymph [lɪmf] →淋巴 [lin-pA]

shampoo [ʃæm'puː] →香波 [ɕiɑŋ-po]

在例（7）中，[h]为声门擦音，常用软腭擦音[x]来置换。但是[h]在同前高元音组合时，由于汉语中没有[xi]音，就用齿龈硬腭擦音[ɕ]来替换，腭化为[ɕi]，但同属于擦音系列。例（8）中，[ʃ]为硬腭齿龈擦音，进入汉语后，用汉语中的齿龈硬腭擦音[ɕ]和硬腭擦音[ʂ]来置换。例（9）中，[dʒ]为英语中的硬腭齿龈塞擦音，分别用汉语中的不送气齿龈硬腭塞擦音[tɕ]和送气齿龈硬腭塞擦音[tɕʰ]以及不送气硬腭塞擦音[tʂ]来对译，都属于塞擦音系列。在例（10）中汉语里没有以[m]收尾的鼻韵母，外来词音节以[m]收尾的，都采用发音方法相同的鼻浊音[ŋ]、[n]来置换。

（三）既采用发音部位近似的音来置换，也采用发音方法近似的音来对译。

例（11）：[θ] → [s]、[ɕ]、[ʂ]、[tʰ]

marathon ['mærəθən] →马拉松 [mA-lA-suŋ]

parathion [pærə'θaɪən] →拍拉息昂 [pʰai-lA-ɕi-ɑŋ]

methadone ['meθədəʊn] →美沙酮 [mei-ʂA-tʰuŋ]

thinner ['θɪnə] →天拿（水）[t̪ʰiæn-nA]

在例（11）中，[θ] 为齿清擦音，与之置换的 [s]、[ɕ]、[ʂ] 分别为汉语中的齿清擦音、齿龈硬腭清擦音和硬腭清擦音，均为清擦音。同时，也可用发音部位近似的齿龈音 [tʰ] 来置换。

（四）与辅音相接的元音音位的高低不同，其置换的辅音也不同。

例（12）：[z] → [ɕ]、[tɕʰ]、[tɕ]、[ʂ]、[ts]、[s]、[t̠ʂ]、[tsʰ]、[t̠ʂʰ]、

Brazil [brə'zil] →巴西 [pA-ɕi]
chrysazin ['krisəzin] →柯嗪 [kʰɤ-tɕʰin]
bezique [bɪ'zik:] →别吉克 [piɛ-tɕi-kʰɤ]
laser ['leɪzə] →镭射 [lei-ʂɤ]
bouzouki [bʊ'zu:kɪ] →布祖基（琴）[pu-tsu-tɕi]
mosaic [məʊ'zeɪɪk] →马赛克 [mA-sai-kʰɤ]
Byzantinism [bi'zæntinizəm] →拜占廷（艺术）[pai-t̠ʂan-tʰiŋ]
Zeiss [zais] →蔡斯（凸镜）[tsʰai-sɿ]
zamindar [zə'mi:ndɑ:] →柴明达 [t̠ʂʰai-miŋ-tA]

齿龈浊擦音 [z] 在前高元音前，汉语用 [ɕ]、[tɕʰ]、[tɕ] 来置换，在其他元音前用 [ʂ]、[ts]、[s]、[t̠ʂ]、[tsʰ]、[t̠ʂʰ] 等来对应。

（五）辅音的置换不只限于辅音之间，也会采用发音近似的元音来替换。

例（13）：[l] → [l]、[ɚ]
laser ['leɪzə] →镭射 [lei-ʂɤ]
golf [gɒlf] →高尔夫 [kɑu-ɚ-fʊ]
例（14）：[v] → [f]、[u]

volt ［vɔlt］→伏特［fʊ-tʰɤ］
vitamin ［ˈvitəmin］→维他命［uei-tʰA-m iŋ］

例（13）中，英语的齿龈浊边音［l］通常对应于汉语中的浊边音［l］，二者发音部位与发音方法均相同，但是当［l］在词尾或其后紧接辅音时，其对应音就为卷舌央元音［ɚ］。例（14）中，唇齿浊擦音［v］可置换为唇齿清擦音［f］，也可转变为圆唇音［u］。这是因为汉语中［u］发音时双唇紧圆，开口度小，易造成摩擦，近似擦音。同时，汉语中［u］很容易产生同音位变体［ʋ］或［v］。[1]

二 元音的置换

英语的元音系统由12个单元音和8个双元音构成，相对比较简单。汉语的元音系统则较为复杂。汉语的每个音节由声母和韵母组成，而韵母又分为单韵母、复韵母和鼻韵母，分别由单元音、复元音以及元音加鼻辅音［n］和［ŋ］来充当，其中单韵母10个、复韵母13个、鼻韵母16个。有些英语的元音在汉语中可以找到近似的音，如英语的［iː］和汉语的［i］都是前高元音，发音非常接近。汉语的［A］是央低元音，英语的［ɑː］也是低元音，虽然属于后元音，但位置不太靠后，二者发音也近似。复元音中，英语的［aɪ］、［eɪ］、［aʊ］、［əʊ］和汉语的［ai］、［ei］、［au］、［ou］这四对复元音，不仅音标近似，发音也十分相似。当然，"此有彼无"的情况也并不少，如单元音［e］、［æ］、［ɜː］、［ʌ］、［ɒ］等，复元音［ɔɪ］、［ɪə］、［eə］、［ʊə］等，都是汉语中没有的。在音译外来词时，元音的置换大致有如下几种情形。

（一）高低两级的元音采用发音区域相似的元音来置换，央元音的置换范围则更加宽泛。如：

例（15）：［æ］→［A］、［ia］、［ai］

---

[1] 齐冲：《现代汉语音译词的对音规律分析》，载《词汇学理论与应用》编委会《词汇学理论与应用》（三），商务印书馆2006年版，第183页。

ballet ['bæleɪ] →芭蕾 [pA-lei]
gallon ['gælən] →加仑 [tɕia-luən]
cassimere' [kæsɪmɪə] →开司米 [kʰai-sɿ-mi]

例（16）：[u:] → [u]、[o]、[uo]
google ['gu:gl] →谷歌 [ku-kɤ]
shampoo [ʃæm'pu:] →香波 [ɕiaŋ-po]
bazooka [bə'zu:kə] →巴索卡 [bA-suo-kʰA]

例（17）：[ə] → [A]、[ɤ]、[uo]、[i]、[u]、[ei]、[o]、[ɑu]
pizza ['pi:tsə] →比萨 [pi-sA]
acre ['eɪkə] →爱克 [ai-kɤ]
atropine ['ætrəpin] →阿托品 [A-tʰuo-pʰin]
aspirin ['æspərɪn] →阿司匹林 [A-sɿ-pʰi-lin]
amateur ['æmətə] →爱美的 [ai-mei-tɤ]
gilbert ['gilbət] →吉尔伯特 [tɕi-ɚ-po-tʰɤ]
hamburger ['hæmbɜ:gə] →汉堡包 [xan-pɑu-pɑu]

例（15）中，英语的前低元音 [æ] 的置换范围大致限于汉语的前韵母 [ia]、[ai] 和央韵母 [A] 的范围内。例（16）中，后高元音 [u:] 的置换也有一定的范围约束，限于汉语中后元音 [u]、[o]、[uo] 的区域范围。例（17）中，央元音 [ə] 的置换范围则更加宽泛，既有前高元音 [i]，也有央元音 [A]，还有后半高元音 [o]、[ɤ] 以及后元音 [u]、[uo] 等。造成这种现象的原因在于：英汉两种语言的元音系统有各自的特点。汉语元音的舌位都在舌的前、后、高、低的极限位置。而英语的元音，除了央元音 [ə]、[ɜ:] 以外，其他元音也有向央元音靠拢的倾向，都未像汉语的元音一样处在极限位置上，英语 [ʌ] 原属后元音，现在的舌位前移，成了央元音。[1]也即是说，英语中越向央元音靠拢的音在汉语中就越缺乏对应明晰的元音，这就造成了央

---

[1] 何善芬：《英汉语言对比研究》，上海外语教育出版2002年版，第13页。

元音的置换范围更加模糊和宽泛。

（二）元音的置换打破了单元音和复元音的范围限制。如例（15）中，[ia]、[ai]等复元音也可用来置换单元音[æ]，这是因为汉语复元音的舌位滑移短而快，其动程不是直的，音质不如英语的明显，听起来有点儿像单元音，所以置换的范围界线并不那么分明。

（三）英语中元音鼻化的音节采用鼻音韵母来置换。

例（18）：[mən]、[mɒn]、[məʊn] → [məŋ]、[mɑŋ]、[mɛn]

    lemon [ˈlemən] →柠檬 [niŋ-məŋ]
    ammonal [æˈmɒnl] →阿芒那 [A-mɑŋ-nA]
    mammon [ˈmæmən] →玛门 [mA-mɛn]
    hormone [ˈhɔːməʊn] →荷尔蒙 [xɤ-ɚ-məŋ]

从例（18）可以看出，元音鼻化的音节其置换范围较为明晰，这是由于汉语中的鼻韵母系统构成了一个比较完备的自然类。

三　音段置换的其他制约因素

外来词音段的置换不仅受到英汉两种语音系统差异的制约，还受到如下一些因素的影响。

（一）一些外来词首先是在某一方言里流行定型的，因此其音段置换的音似效果在普通话语音系统里并不明显，只有在方音里才能跟英语原词更好地对应起来。例如，"沙发"的英语原词是 sofa [ˈsəʊfə]，其中 so [səʊ] 跟普通话里的 sha [ʂA] 并不十分近似，但是沪语里的"沙"读 [so]，跟原音非常近似。纽约的金融中心 Wall Street，译成"华 [xuɑ] 尔街"而不是"沃尔街"，也是按沪语的发音译出的。柯南道尔笔下的大侦探 Holmes，首译时译为"福尔摩斯"，而不是"霍尔姆斯"，因为译者为福建人，福州话中的"福"字念 [xou]，而不是 [fʊ]。"快巴"是一种进口的纺织品，最早是从广州输入的，英语原词为 fiber [ˈfaibə]，其中"快"用普通话读是 [kʰuai]，两者语音大相径庭，实际上这是粤语的译音，粤语将"快"读成 [fai]。"曲奇饼"的英语原词为 cookie [ˈkʊkɪ]，普通话读成 [tɕʰy-tɕʰɪ]，与英语原音相差悬殊，但是粤语音系却与之相合，读成 [kʰut-kʰei]。不仅如此，一些方言里的音节还借助外来词音段的置换进入了普通话的音系结构中。普通话中"卡"字原读 [tɕʰia]，如"哨卡""关卡""卡脖子"等，因为引进了"卡片（card）" "卡车（car）"这两个词，沪语里的 [kʰA] 这个音节也随之进入普通话里①。

（二）受汉字表意性的制约，一些外来词为了追求意义的表达，其音段在置换时并未得到忠实的映射。"优步（Uber）"是美国的一款手机打车软件，也是其公司名称。在英语里，uber 这个词的读音是 [ˈuːbə(r)]，但是受中文名"优步"的影响，我们将其读成 [ˈjuːbə(r)]，也即是说，为了追求"优良的代步工具"这一隐藏的联想意义，Uber 这个词音译时在音段置换的近似度上作了让步。与之类似的还有"乌托邦"，英语原词为 Utopia [juːˈtəupiə]，为了呈现出"建立在虚无上的国家"的引申寓意，[juː] 音译为"乌 [uː]"，并未使原音得到忠实的复现。

（三）为嵌入已有的音译词语模，外来词的音段在置换时会有所调整。如：由于"黑客（hacker）""博客（blog）"的引进和频繁使用，形成了一个"~客"音译词语模，"脉客（man keep）""播客（podcast）"等词语在音译时为力求嵌入该词语模只是部分临摹了原词语的语音。无独有偶，沪语里的一些外来词也与之相类。"旧上海英租界充当警察的印度人"被称为"阿 sir"，音译为"阿三"，因为沪语里-an、-ian 音节里的前鼻音都已经失落，"三"字没有前鼻音，对应了英语里的 sir [sɜː]。"on sale"上海话译为"肮三"，原义为"降价、拍卖"，因为减价或拍卖的东西通常是劣等品或过时商品，于是派生出"拙劣的、不受人欢迎的、不道德的"含义。"瘪三"源于英语的 beg say，指"城市中无正当职业而以乞讨或偷窃为生的游民"，后来毛泽东在《反对党八股》一文中引用后，该词获得了现代汉语规范词的资格，被《现汉》收录。由此沪语里形成了"~三"词语模，以"三"为后缀，构成的词汇大多含有贬义，而 lassie [ˈlæsɪ] 也因此被译作"赖三"，

---

① 游汝杰：《〈上海通俗语及洋泾浜〉所见外来词研究》，《中国语文》2009 年第 3 期。

用来指"作风不正的女子"。

第二节 音段的增删

如果说音段的置换是外来词借入汉语时运用得较为广泛的一种音系修补策略，即选择汉语中相似的音段代替外来语中的音段，以求尽可能地保留英语中的语音信息，最大限度地满足借入语与源词的语音相似问题，那么音段的增加、删减则是为了顺应汉语的音节结构限制与节奏特点而采取的较为常见的音系修补策略。

一 音段的增加

根据汉语外来词与英语原词的对应情况，音段的增加可分为以下几种情况。

（一）辅音丛音节化而形成的增音

在汉语中，处在音节开头或末尾的辅音一般只有一个，而英语中无论是词首还是词尾，不仅允许单个辅音出现，也允许两个或三个辅音连续排列做词首或结尾，甚至允许四个辅音连缀做结尾。由于汉语中不存在诸如 [bl]、[sk]、[str] 之类的辅音丛，而且辅音之间总有元音隔开，因此转写辅音丛时，会在原外语词的语音上增加一些语音成分，使原词的音素变成音节，使之符合汉语的语音特点和规律。如：

例（1）：clone [kləʊn] →克隆 [kʰɤ-luŋ]

例（2）：brandy [ˈbrændɪ] →白兰地 [pai-lan-ti]

例（3）：Beatles [ˈbiːtlz] →披头士 [pʰi-tʰou-ʂʐ]

例（4）：DINK [diŋk] →丁克 [tiŋ-kʰɤ]

例（1）、例（2）的词首都是辅音连缀，将 [k] 转写为 [kʰɤ]、[b] 转写为 [pai]，均增加了元音而成为音节。在例（3）、例（4）中，辅音丛出现在词尾，同样采用了增音策略，使 [-tlz] 演变为 [tʰou]、[ʂʐ]，[k] 演变为 [kʰɤ]，以符合汉语的音系特点。

（二）词尾辅音音节化而形成的增音

汉语的音节多以元音结尾，辅音中只有 [n]、[ŋ] 可以出现在音节末尾。而英语中，除了［h］、［w］、［j］以外，其余的辅音都可以充当词尾，因此闭音节多，开音节少。在转写外来词时，常常在以其他辅音结尾的词后面加一个元音，以顺应汉语开音节多、闭音节少的特点。如：

例（5）：blues［bluːz］→布鲁斯［pu-lu-sɿ］
例（6）：Benz［benz］→奔驰［pən-tʂʰʅ］
例（7）：Olympic［əˈlɪmpɪk］→奥林匹克［ɑu-lin-pʰi-kʰɣ］
例（8）：golf［gɒlf］→高尔夫［kɑu-ɚ-fʊ］

上述四例中的词语均不符合汉语中以［n］、［ŋ］结尾的特点，因此在转写时分别添加了元音［ɿ］、［ʅ］、［ɣ］、［ʊ］而形成了新的音节。

（三）最小形式双音节化而形成的增音

汉语词汇双音节现象在中古时期就得到了较多的体现，如东汉王充的《论衡》共约21万字，其中出现的双音节词有2300个，而南朝宋·刘义庆的《世说新语》一书共有六万零一百余字，大约只是《论衡》总字数的十分之三，却有双音节词2126个[①]，约为《论衡》双音节词的十分之九，这说明汉语词汇的双音节化在这一时期就得到了较大的发展。及至现代，汉语双音节词占优势已成为现代汉语词汇的一大特点。周荐曾对《近现代汉语新词词源词典》、《现代汉语词典》（商务印书馆1996年版）、《新华新词语词典》（商务印书馆2003年版）的收条进行统计，发现双音节词在这些词典中占比分别为50.77%、67.63%、55.54%，并据此认为应将双音节视为词的典型格式。[②]冯胜利提出的"双音步定律"也论证了这一点，认为现代汉语中，音步是一个基本的韵律单元，是韵律中可以独立的最小的单位，单音步不成音步，双音节才能构成一个标准音步。[③]此外，张吉生在运用优选论重新分析汉语外来语可接受性时，根据汉语音节结构及外来语音系规则，对 Yip

---

① 程湘清：《汉语史专书复音词研究》，商务印书馆2003年版，第185页。
② 周荐：《论词汇单位及其长度》，《语言教学与研究》2006年第1期。
③ 冯胜利：《汉语的韵律、词法与句法》，北京大学出版社1997年版，第38页。

(1993)在分析粤语外来语的音节结构时提到的一条标记性制约条件进行了重新设定，提出"词汇性外来语的最小形式双音节化"，并指出这是一条在监测、调整单音节外来语时起着十分重要的制约作用的标记性条件。[①]鉴于此，英语中的单音节词在借入汉语中时常常采用增音策略以符合汉语词汇双音节化的特点。如：

例（9）：jeep [dʒiːp] →吉普 [tɕi-pʰu]
例（10）：shock [ʃɒk] →休克 [ɕiou-kʰɤ]
例（11）：tank [tæŋk] →坦克 [tʰan-kʰɤ]
例（12）：Yale [jeil] →耶鲁 [iɛ-lu]

上述四例中的英语原词均为单音节词，通过在辅音后面增加元音的方式来实现外来词语的"最小形式双音节化"。

二 音段的删减

（一）简化辅音丛而形成的删音

采用删音策略来转写英语原词中的辅音丛也是汉化外来词的一种方式。如：

例（13）：blog [blɒg] →博客 [po-kʰɤ]
例（14）：tips [tɪps] →贴士 [tʰiɛ-ʂʅ]
例（15）：toast [təʊst] →吐司 [tʰu-sʅ]
例（16）：microphone ['maɪkrəfəʊn] →麦克风 [mai-kʰɤ-fəŋ]

上述四例中的辅音丛 [bl]、[ps]、[st]、[kr] 均采用了删音策略而简化成单个的辅音。于辉从知觉的角度解释了外来词辅音丛的删音现象，指出当删音发生时，通常删除辅音丛的第二个音，因为这一音段缺乏音征，即缺乏前面毗邻元音的共振峰过渡，它的知觉度比较弱，感知

[①] 张吉生：《再论汉语外来语音节可接受性的优选分析》，《外国语》2006年第2期。

性比较差，因此辅音丛的第二个辅音常采取删音策略。①

（二）弱化词尾辅音而形成的删音

英语原词中不以 [n]、[ŋ] 收尾的，借入汉语中时，除了采用增音策略，也会采取减音策略将这个辅音取消。如：

例（17）：mammoth ['mæməθ] →猛犸 [məŋ-mA]
例（18）：jitterbug ['dʒɪtəbʌg] →吉特巴（舞）[tɕi-tʰɤ-pA]
例（19）：salad ['sæləd] →沙拉 [ʂA-lA]
例（20）：jacket ['dʒækɪt] →夹克 [tɕia-kʰɤ]

上面四例中，词尾辅音 [θ]、[g]、[d]、[t] 均被删除。Brasington 提出词首增音和词尾删音在词汇借用的过程中是一个自然、普遍的音系变化过程，词尾位置是一个比较弱或弱化的位置。②因此，不符合汉语音节结构特点的词尾辅音也常采用删音策略来转写。

（三）多音节词双音节化而形成的删音

由于现代汉语构词形态以双音节为基本形式，而外来词往往是多音节的词语，因此当多音节的外来词借入汉语中时，受汉语词汇既定的语音框架的制约，常采用删音的方式向汉语的语音特点靠拢。如：

例（21）：romantic [rəʊ'mæntɪk] →浪漫 [laŋ-man]
例（22）：proletariat ['prəʊlə'teərɪət] →普罗 [pʰu-luo]
例（23）：hamburger ['hæmbɜːgə] →汉堡 [xan-pɑu]
例（24）：luxury ['lʌkʃərɪ] →辣奢 [lA-ʂʅ]

上述四例中的词语至少都删减了一个音节，以使之顺应汉语词汇双音结构的韵律特征。

---

① 于辉：《汉语英源外来词删音现象的音系研究》，《语言文字应用》2013 年第 3 期。
② Brasington, Ron, *Cost and benefit in loanword adaptation*, Working Papers in Linguistics: Volume 3, Department of Linguistic Science, Reading, UK, 1997. 参见于辉《汉语英源外来词删音现象的音系研究》，《语言文字应用》2013 年第 3 期。

（四）多音节词单音节化而形成的删音

外来词中一些结构较长又较为生僻的词语常通过删音的方式简化为单音节词，这些词大多限于计量单位、化学、医药、生物、物理等方面，如：

例（25）：Aluminum→铝［ly］
例（26）：Lithium→锂［li］
例（27）：calorie→卡［k^{h}A］
例（28）：radium→镭［lei］

这些通过直接截略英语原词的某些音节后转写而来的外来词，音节简短、轻捷，顺应了汉语简练浓缩的音节特点，容易记忆，具有良构性和可接受性，成为汉语词汇系统中较稳定的成员。

综上所述，无论是音段的增加还是删减，其结果大多是从两个不同的方向使外来词顺应汉语的音系结构特点。

第三节 音节的拆分重构

汉语和英语在音节结构以及拼合方式上均有明显的差异。潘文国认为："汉语的音节内紧外松，英语的音节内松外紧。内紧是指音节内部十分紧凑，发音时元音、辅音及拼合过程都不明显，整个音节就像一个共生的板块，一团一团扔出来。不像英语，发音时可以清晰地听到一个一个音在滑动。……外松指音节之间关系松懈，甚至到了一个一个隔绝的程度。英语有所谓连读，即遇到前一音节以辅音结尾，后一音节以元音开头时，必须将两者拼合起来。如 an apple，实际读音是 a napple，这是汉语所不允许的，如'延安'决不能连读成'叶南'。因而，尽管英语在书写上，词与词之间有空格，汉语在书写上，字与字连成一篇，而在听觉上，情况恰恰相反。"[1]所谓音节的拆分重构，就是指汉语采用"拆音"或"重新切分"的方式，对英语原词的音节进行重新构造，以期在英语音节的内松外紧和汉语音节的内紧外松之间找到一个平衡点，

---

[1] 潘文国：《字本位与汉语研究》，华东师范大学出版社2002年版，第132页。

既能准确再现英语原词的真实拼合过程，又能服从汉语音节结构和韵律的需要。

一　拆音

"拆音"是指将英语原词的一个音节拆分成汉语的两个音节，或者一音身兼两职，分别与前后两个音节拼合。如：

例（1）：Goa powder ['gəuə] →果阿（粉）[kuo-A]
例（2）：salvia ['sælvɪə] →撒尔维亚 [sA-ɚ-uei-ia]
例（3）：Bing [bɪŋ] →必应 [pi-iŋ]
例（4）：gene [dʒiːn] →基因 [tɕi-in]
例（5）：sonnet ['sɒnɪt] →商籁（体）[ʂaŋ-lai]
例（6）：thinner ['θɪnə] →天拿（水）[tʰiæn-nA]

例（1）、例（2）中，英语原词中的复元音均被拆分为两个音节，这是因为英语中的复元音第一成分音质稳定，整个元音的发音比较紧张，相对完整，滑移较慢，而且动程是直的，听起来明晰，所以常被拆分成两个音节。例（3）、例（4）中，两个的元音都是一音两用，分别与前后两个音节拼合，这一方面是为了使外来词的最小形式双音节化，另一方面也是力求再现英语原词在拼合过程中的滑动特点，力求近似却又符合汉语音节内紧外松的特点。例（5）、例（6）中，只有一个辅音"n"发音，但是在转写时，辅音"n"也是一音身兼两职，既是前一个音节的韵尾，也是后一个音节的声母，这一方面是由于英语音节在拼合的过程中有滑动、连读的特点，同一个辅音可能会对前后两个音段产生实际的影响，另一方面也是由于书写形式的干扰，使人们在转写时倾向于根据英语原词的书写形式对音节进行重新构造。

二　重新切分

由于英语音节内松外紧的特点，再加上连读，容易在听觉上连成一片，因此译者容易根据自己的音感来移动英语原词的音节界线，重新切分音节后再转写成汉语。如美国地名 Los-Angeles，该译名根据英语原词的连读特点，重新划分音节界线，将音节切分成 Lo-san-geles，从而转写成汉译名"洛杉矶"。美国密歇根州第六大城市 Ann Arbor，移动音节界线后重新切分成 An-nar-bor，翻译成"安娜堡"，而另一个译名"安阿伯"则是按原有的音节界线转写而成的。法国巴黎著名时尚标志 Champs Elysees 大街，在转写时音节重新划分成 Champ-se-ly-sees，成就了"香榭丽舍"这个既有古典中国韵味又有浪漫西方气息的名字。类似的还有感叹词"哇塞"，是将英语短语 what's that 重新切分成 what-sthat 音译而成。网络流行语"闹太套"，是将英语短语 not at all 重新划分成 no-ta-tall 谐趣音译成的，本来指网友对电影演员黄晓明蹩脚英语的调侃，后用于表示对滑稽、可气、可悲事物的调侃。

第五章　词义的演变

一部分英源外来词进入汉语后，词义发生了变化。由于英源外来词受英汉两种词义系统不同规定性的制约，其词义的演变也呈现出较为复杂的一面。我们分别选取了两个参照点来观察这种词义的演变。第一个参照点是英语原词，即考察英源外来词相对于英语原词而言所发生的词义演变，这种演变是在汉语的语用环境中自发生成的，基本摆脱了英语原词的影响，我们将这称之为"自发而生的词义演变"。第二个参照点是英源外来词进入汉语之初所承载的词义，即考察英源外来词在进入汉语之后，在其历时发展过程中受英语原词影响而发生的演变，我们将这称之为"借用而生的词义演变"。

第一节　自发而生的词义演变

词义演变的内容包括词汇意义、语法意义和色彩意义这三个方面。词汇意义指词义中表示客观事物、现象、关系的本质属性的内容部分，它构成了词义的最基本也是最核心的内容。词汇意义的演变包括一个词所包含的义项的演变和一个词的某一个意义所发生的变化。前者是研究在一个词的范畴内完成的词义的发展和演变，具体表现为义项的增多和减少。后者是研究在词的一个义项范畴内完成的发展和演变，主要有词义的扩大、词义的缩小和词义的转移等情形。语法意义，是指词义中表示语法作用的内容部分，它是一种抽象且概括的意义。词的语法功能，就是其结构关系的总和，或者说是词在语法上分布情况的汇合。"词汇之中，特别是词汇单位中包含语法成分，是印欧系语言的显著特征"[1]，

---

[1]　刘叔新：《汉语描写词汇学》，商务印书馆2000年版，第212页。

英源外来词的特殊性在于英语原词有屈折形态变化，这种变化属于语法过程，在进入汉语后，这种屈折形态变化既受汉语词汇系统的制约，亦会对所借入词语产生一定影响，引起词语语法意义的变化。词的色彩意义是附丽于词的词汇意义之上的，也是构成词义的重要组成部分。色彩意义的演变主要包括形象色彩、感情色彩和语体色彩等的演变。

一　词汇意义的演变

（一）词包含的义项的演变

英源外来词以单义词占优势地位。以《汉语外来词词典》为例，在3381个英源外来词中，单义词有3225个，占总数的95%。原因有以下两点：

1. 作为语言建筑材料的词汇单位是以系统的结构形式存在的，不同的语言具有不同的词汇系统和词义系统。外来词借入汉语的主要原因是由于人们表达思维和交际的需要，需有新词语填补"定名空缺"，即引进汉语里所没有的概念或事物，或需获得语用表达的效果，凸显交际的需求。因此，一个外来词的源词语在英语的词汇系统中可能是一个多义词，但当它被移植到汉语的词汇系统中时，它所含的各个义项需要经过汉语词汇系统的选择。如：lemon一词以形声化音译的方式被转写成"柠檬"，既可以指柠檬树也可以指柠檬树的果实，但是在英语里，它还有一个义项，意为"质量很差、不起作用的东西"，美国人常常把"一辆经常出问题的车"称为lemon，这个义项就被汉语的词义系统过滤掉了。这种过滤是伴随着源语言文化环境的隐退而发生的，进入新的语言文化环境后，该词的认知基础发生了变化，源语言中固有的语义联系也随之中断。因此，很多外来词从源语言借入汉语的过程中，现出较为明显的单义化倾向。

2. 外来词的源词语本身有许多就是单义词。仍以《汉语外来词词典》为例，在3381个英源外来词中，有1501个词的源词语是单义词，这些词语大多是度量衡、药品名以及化学元素等专有名称，除了本义之外，很难产生出新的派生义。

因此，单义词占强势地位是英源外来词的一大特点，并且大部分外来词只吸收源词语多个义项中的一个，这是英源外来词为了适应汉语词义系统的需要而作出的选择。正如马西尼所说："在一种语言中，词义和语音借自外语某个单词的词，其中词义通常是外语单词所具有的几个意义中的一个。"①

还有一种比较特殊的情况，即一些英语原词所属的两个义项为了适应汉语表达的需要，进入汉语后分化为两个词。义项分化的结果有两种。

1. 井水不犯河水，长期共存于汉语的词汇系统之中。如：

（1）摩托/马达

〔motor〕①device that changes（usu. electric）power into movement, used to make machines work 马达②device that changes fuel（eg petrol）into energy to provide power for a vehicle, boat, etc 摩托

上述的英文解释是1998年版的《牛津高阶英汉双解词典》对 motor 一词的解释。"马达"和"摩托"的区别在于，前者是把电能转变成机械能，因而也叫"电动机"；后者是把热能转变为机械能，因而也叫"内燃机"。这两个义项都是以音译的形式进入汉语的，形成长期共存的局面。在长期的使用中，"摩托"的词义又以借代的方式发生了演变，用来指代"摩托车（装有内燃发动机的两轮车或三轮车）"。2015年版的《牛津高阶英汉双解词典》将两个义项合二为一，解释为：a device that uses electricity, petrol/gas, etc. to produce movement and makes a machine, a vehicle, a boat, etc. work, 统一译为"发动机"或"马达"。但在汉语中，两个词仍然各司其职。

（2）磅/镑

〔pound〕①the unit of money in the UK, worth 100 pence（英）镑②a unit for measuring weight, equal to 0.454 of a kilogram 磅②

---

① ［意］马西尼：《现代汉语词汇的形成——十九世纪汉语外来词研究》，黄河清译，汉语大词典出版社1997年版，第153页。

② 英文解释援引自［英］霍恩比《牛津高阶英汉双解词典》，商务印书馆2015年版。下文中的英文解释如未加特别说明，均出自此词典。

这个词以形声化音译的方式进入汉语中，后来逐渐分化，用不同的形声字来转写，一个指重量单位，一个指货币单位。

（3）开/克拉

〔carat〕①a unit for measuring the weight of diamonds and other precious stones, equal to 200 milligrams 克拉（钻石或其他宝石的重量单位，等于 200 毫克）②a unit for measuring how pure gold is 开（黄金成色单位）

这两个义项以音译的方式进入汉语中，在各自的领域里使用，长期共存。

2. 一方转化为意译词，另一方仍保留外来词的身份。如：

（1）卢宾石/路比

都源于 ruby，前者由音译添意词转化为意译词"红宝石"，后者仍保留音译的形式，意为"一种五点半的细铅字"。

（2）匨/坦克

源于 tank，前者由形声化音译词转化为意译词"箱"，指盛液体或气体的大容器。后者保留外来词的身份，意为"一种履带式战车，外壳用钢板制成，用内燃机发动，能在高低不平的地面上行进，装有能旋转的炮塔以及火炮和机关枪"。

（3）公修尔/康苏勒

源于 consul，前者由纯音译词转化为意译词"领事"，后者专指"古代罗马在共和国时期的执政官"。

（4）白来罗/波列洛舞

源于 bolero，前者由纯音译词转化为意译词"女式短外套"，后者指一种活泼的西班牙舞蹈和舞曲。

（5）柯尔纳提/可爱多

源于 cornet，前者由纯音译词转化为意译词"短号"，是金属管乐器的一种。Cornet 的另一个义项是指"圆锥形的蛋卷冰淇淋"，进入汉语后谐译为"可爱多"。

这些英语词的义项分化为两个词的原因可能在于，从历时的角度看，英语中这些词的两个义项之间的引申关系在时间的长河中被磨损了，变得模糊起来，进入另一个语言系统之后，这种渊源关系索性就中断了，而对于使用外来词的一般老百姓来说，他们并不关心外来词在源语言中是否具有衍生关系，因此词源的中断和理据的模糊可能是发生分化的原因。以 pound（磅/镑）一词为例，它在英语里由"重量单位"引申为"货币单位"的理据脉络是：pound 一词源于拉丁文 poundas，意为"衡量、估量"，是重量单位，合 12 盎司。约在公元 775 年，撒克逊王国曾发行称为"斯特灵（sterling）"的银币，每 240 枚银币需要用 12 盎司（1 pound）白银铸成，故名 pound。[①] Pound 一词最早是在《海国图志》中出现的，当时并没有分化，统一用"磅"来称说，到了19 世纪中晚期，才开始用"镑"来表示英国货币单位。这种分化是为了方便汉族人的理解和记忆，而对于英语原词的两个义项的衍生关系，除了专门从事这方面研究的人，一般人是不明了的。这种分化也在一定程度上促成了英源外来词单义性的形成。

但是，这并不等于说英源外来词没有多义词。在这 3381 个英源外来词中，有 1880 个外来词的源词语是多义词，进入汉语后，有 156 个词承袭了源词语的两个或两个以上的义项，这是汉语词义系统整合的结果。这 156 个词之所以能承袭源词语两个或两个以上的义项，是因为这些义项之间联系紧密，引申关系比较明确，没有特殊的文化内涵，即使进入汉语的词汇系统中也能为人所感知。如：

〔听〕源于 tin，含义为：①密封的洋铁罐或洋铁筒。②用于计算罐头数目的一种单位。汉语里有"一听啤酒"和"开听刀"的用法。

〔歇斯底里〕源于 hysteria，含义为：①癔病，一种精神病，平时情绪不稳定，易激动，敏感，发作时哭笑无常，言语错乱。②形容情绪激动，举止失常。

〔可可〕源于 cocoa，含义为：①可可树，生长在热带地区，常

[①] 刘梦：《英镑、先令和便士》，《语文建设》1993 年第 8 期。

绿乔木，叶子卵形，花冠带黄色，花萼粉色，果实卵形，红色或黄色。种子炒熟制成粉可以做饮料，榨的油可供药用。②可可树种子制成的粉末。③用可可树种子的粉末制成的饮料。

上面三例中，后面的义项都是从第一义项引申出来的，联系比较紧密。也就是说，在汉语的共时系统中这几个义项的引申关系是比较明确的，这是几个义项能够被承袭过来的主要原因。

从译介方式的角度看，英源外来词中的多义词大多是纯音译词和谐音音译词，在156个多义词中，纯音译词和谐音译词就占了125个。因为用音译添意和音意半译的方式引进的外来词，其构词模式大多是偏正式。偏正结构中的名词性语素做的中心语，就决定了该词所表事物的类属，含义较窄，一般情况下概念不会越出字面义提示的范畴，因而不大容易承担更多的义项。字母词大多为缩略语，语义指向明确。仿译词采用汉语的语言材料移植源词语的内部形式，由于其特殊的文化内涵，引进之初也以单义居多。纯音译词由于内部语义形式的缺失，词义和词性都带有一定的模糊性，能够承担更多的义项。而谐音音译词由于内部语义形式的附会，词义也容易产生变异。以"逻辑（logic）"一词为例，刚进入汉语时，严复将其译为"逻辑"，后又觉得浅陋，改译为"名学"，后来又有人译为"论理学""理则""辨学"等等，但都未能准确涵盖logic的全部意义。因为logic进入汉语时带来了三个义项：①思维的规律。②客观的规律性。③研究思维的形式和规律的科学。后来章士钊主张重新启用"逻辑"这个纯音译词，因为它既能指一门科学，也能泛指思维的规律等概念，纯音译词词义的模糊性使它能涵盖所有的义项，所以一直沿用至今。所以说，纯音译词有一个优势是意译词无法取代的，那就是它能承担更多的义项。

从共时层面的角度来看，英源外来词从一个语言系统转移到另一个语言系统后，和其所对应的源词语相比，所含的义项大多会减少，这是汉语词义系统选择和过滤的必然结果。但从历时发展的角度来说，部分英源外来词在吸收源词语对应的一个义项后，在汉语的语用环境中可能会发生演变，其结果可能会导致义项的增加。

这种义项的增加不再受外来因素的影响，是在汉语词义系统内部自然生成的。其自发生成所遵循的方式可分为两种情况。

1. 和汉语里固有词语义项的演变一样，采用了引申和比喻的方式。词义的演变有一定的发展规律，一般按照思维中的联想规律，顺着关联性和相似性联系两个方向，形成新义。关联性联系形成的新义一般是引申义，相似性联系形成的新义一般是比喻义。①

采用引申的方式增加义项的，如：

〔博客〕源于 blog，是 Web Log 的缩写，指在互联网上发表的文章、图片等，也叫网络日志。

该词进入汉语后，立刻成为网络时代的新宠，引申出一个义项用来指"在互联网上发表的文章、图片等的人"。汉语中的"写博客""浏览博客"指的是第一个义项，"博客论坛"则指的是第二个义项，这个含义在英语中是由 blog 的派生词 blogger 来承载的，而汉语中"客"有指"从事某种活动的人"的说法，因此一词身兼两职。这种引申的关系是一种"物—人"关系，由指称某事物发展为指称同该事物有关联的人，还有一种"物—物"关系，由指称一事物发展到指称同该事物有联系的其他事物，如：

〔乒乓球〕源于 ping-pong，原先是个商标词，是模仿乒乓球的声音而构成的。后来这个专有名词在英语里普通化了，进入汉语后，转写成"乒乓"。这两个字都是传统汉字，是将一个汉字用对称缺笔的方法造成的，其所拟的声音正好与 ping-pong 相似，十分形象。

这个词在英语里的含义为：game played like tennis with bats and a plastic ball on a table with a net across it，意为"乒乓球运动"，也叫 table tennis。进入汉语后，采用借代的方式又增加了一个义项，即"乒乓球运动使用的球"。因此，汉语中既可以说"打乒乓球"，也可以说"买

---

① 符淮青：《现代汉语词汇》（增订本），北京大学出版社 2004 年版，第 73 页。

乒乓球",前者指的是 ping-pong 在源语言里的含义,后者指的是进入汉语后通过借代的方式获得的含义。与这种情况类似的还有"高尔夫球(golf)、保龄球(bowling)"。

也有的引申方式是从泛指发展到特指,由此而增加了义项,如:

〔拜拜〕源于 bye-bye,意为"再见",英语里的一句口语。

这个词的借入并不是出于词义空缺的需要,而是出于语用的需要,"填补了汉语口语语体的一个缺环"。进入汉语后,引申出了其他的义项。

引申义项1:指与人断绝关系,中断交往。

例(1):他和北京的女孩拜拜后又飞快地找了一个身边的女孩。(《南方周末》1999年1月8日)

引申义项2:不再参与某事。

例(2):与春节晚会"拜拜"了两三年的相声演员侯耀文,日前在家中接受记者独家采访时出语惊人。(人民网 2000年8月9日)

引申义项3:不再使用原有的东西。

例(3):为了美,为了效益,妇女们跟缝纫机拜拜了。(《北京日报》1991年12月3日)

"拜拜"的原义为泛指义,引申出来的这些义项为特指义,经过大量使用后,这些特指义也随之明确化,具备了较强的生命力和通用性,不仅丰富了汉语的词汇和表达形式,而且也为"拜拜"一词彻底地融入汉语的词汇系统寻觅到了最佳的途径。

有些引申义的增加还伴随着词性的改变,如:

[安利] 源于英语 Amway，美国一家经营日用品和保健品的跨国大公司，也是全球最大的直销公司。

因安利公司称自己的销售特点为"真诚推荐"，故引申出动词的意义表示"强烈推荐、真诚推荐"。"安利一下"意即"推荐一下"。

[CNN] 源于 Cable News Network 的缩写，美国有线电视新闻网。

因 CNN 多次不实报道反华，汉语中有"做人不能太 CNN"的说法，CNN 用作形容词，引申出"虚伪的、扭曲事实的"含义。

这两个词语的演变目前还只是在网络流行语的范围内，在汉语中是昙花一现，还是能落地生根，还有待时间的考验。

采用比喻的方式增加义项的，常常是由于形状的相似、性质的相似或作用的相似。如：

[马赛克] 源于 mosaic，一种小型瓷砖，方形或六角形，有各种颜色，可以砌成花纹和图案，多用来装饰室内地面或墙面。

由于形状相似，"马赛克"产生了新义，用来比喻"电视、电脑、手机等屏幕图像中出现的像马赛克的图案"，这种图案"有时是故意加上去的，用来掩盖画面的某些部分"。

[热线] 源于 hotline，指为了便于马上联系而经常准备着的直接连通的电话或电报线路。如：热线电话、热线点播、热线联系、热线服务等。

"热线"现在也用来指"运送旅客、货物繁忙的交通路线"，如"旅游热线"。两者都处于"持续繁忙"的状态，由性质相似演变而来。

[蹦极] 源于英语 bungee jumping，原指发源于南太平洋瓦努阿

图群岛中彭特科斯特岛上的"陆上跳水者"长期以来举行的一种仪式，后来发展成一项非常刺激的户外休闲活动。

在这个中心意义的基础上，又以比喻的方式衍生出了另一个新义，指"价格或股市行情的暴跌"。

　　例（4）：曾被我们视为"专利"的价格利剑如今也不再是独家秘籍，在今年七八月间国内彩电业跳水、蹦极之际，众多洋彩电也纷纷加入，传达着同一个意思：价格战，我不怕。（人民网 2001 年 1 月 15 日）

"蹦极"新义的增加是通过以相似性为基础的比喻来实现的。

2. 由音节实义化引发的义项的生成。音节实义化是指外来词中本来只是代表音节的汉字，其意义得到了凸现，这是汉字的顽强表义性给外来词带来的影响。这使得人们有时在理解外来词时撇开了它的规约意义，只取其字面意义。这种现象在谐译词中表现得尤为明显，因为谐译词被附会了一个内部语义形式，用来转写音节的汉字都经过了一定程度的意义斟酌。即使是纯音译词，在一定的语境中，其音节也会实义化，如：在对联"五月黄梅天，三星白兰地"中，纯音译词"白兰地"的音节在这个特殊语境中实义化了，意为"白兰盛开之地"。有些音译词书写形式的改变也是由于音节实义化的影响，如：爱滋病→艾滋病，是由于"爱滋病"容易使人联想到"因爱而滋生的病"；再如：移鼠→耶稣，是因为天主教徒觉得"移鼠"不雅而改为"耶稣"的。① 这种音节实义化使外来词原有的凝固意义被消解掉了，字面表层意义得到了凸显和强化。如：

　　〔基因〕源于 gene，指生物遗传体的基本单位，存在于细胞的染色体上，作直线排列。

---

① 黄遵宪认为"耶稣"是个谐译词，"耶"即"父"也，"稣"，死而复生也，谓天父能生人也。参见《词库建设通讯》1996 年第 8 期。

随着音节的实义化，这个词又衍生出另一个义项，"泛指构成事物的基本因素"。

例（5）：在美国在线的米切莉·詹姆斯女士看来，那些投身于互联网麾下者，都是些具有冒险基因的攀岩勇士。（《人民日报》2000年11月23日）

"基因"作为"基本因素"这一意义使用时，刚开始可能是出于修辞的需要，随着使用频率的增多，这一意义逐渐凝固下来，形成了一个新的义项，《新词语大词典》收录了这一增加的义项。再如：

〔黑客〕源于 hacker，指精通计算机技术，善于从互联网中发现漏洞并提出改进措施的人。

Hacker 一词在英语里本身并没有明显的褒义或贬义，从"黑客"引进之初的这个义项来看也是如此，但是"黑"在汉语里有"隐秘的、非法的"含义，如"黑市""黑户""黑窝点""黑社会"等。因原有"黑"义的渗透，"黑客"一词衍生出新义，用来指"通过互联网非法侵入他人的计算机系统查看、更改、窃取保密数据或干扰计算机程序的人"，而这一含义在英语里是由 cracker 来承载的。不仅如此，"黑"还由此产生了动词的用法，用来指称"黑客"的这种行为，如：他们的网站被人黑了。

〔晒〕源于 share，分享，指将私人生活的内容在网上公开，和网友们一起谈论。

"晒（share）"最初的含义是"在网上展示生活、经历和心情并与他人分享"，源于一名英国的旅游爱好者因酷爱将自己的旅行趣闻、经历发在网上与人 share，引来了众多的网友跟帖[①]。2006年9月，北大副

---

① 张蕾：《近三十年中国流行语的文化阐释》，《文艺研究》2011年第12期。

教授阿忆在博客上公布了自己月收入4786元的工资条，随着这个"晒工资"举动的出现，"晒"的内容随即推陈出新，"晒奖金""晒经历""晒孩子""晒厨艺"等等，"晒"衍生出"炫耀"意。"晒黑"族的异军突起，"晒"又有了"曝光、公开"之意。"晒"的词义演变除了受到外界因素的影响，如文化背景、社会观念等的作用之外，与汉语里原有"晒"的含义在字面上得以凸显是密不可分的。古人通过"晒梅""晒书""晒画"等来彰显品位与个性，今人则通过"晒衣""晒卡""晒消费"等来"炫耀"以达到自我满足。而在网络上揭发社会黑暗现象的"晒黑"行为也与将它们拎出来"晒晒太阳"的举动并无二致。因此，从最初的"分享"演变到后来的"炫耀""曝光、公开"，"晒"的词义演变既有相似联想、比喻引申的作用，也有汉语里固有"晒"义的熏染作用。

还有一些英源外来词也出现了类似的情况，但还处于变动之中，并未完全凝固下来，如：

〔伟哥〕源于 viagra，20世纪末美国辉瑞公司研制用于壮阳的特效药。

有时这个词的字面意义会得到凸显，使原有的意义处于凝固与消解的交替之中。

例（6）：他装扮得力大气粗，俨然一个"伟哥"。（转引自《酷语2000》）

这个例子中"伟哥"指的是"身强力壮的男人"。这种用法大多是出于修辞上的考虑，是为了创造某种特殊的语言效果，属于临时性的变化，还不是语言性的，随着时间的推移，也可能会最终转化为一个固定义项。

音节的实义化不仅对英源外来词的词汇意义产生了影响，同样也会引发色彩意义的变化，在后面我们将作进一步的论述。

在新旧义项的衍生关系上，英源外来词呈现出一种衍生环节简单、脉络清晰的特点，即使有复杂一点的关系，也多以辐射型为主，而少有连锁型和交叉型。

所谓辐射型是指原始义项处于中心位置，由它衍生出的多个义项环绕着它，形成以原始义项为中心的辐射网。仍以"拜拜"为例，它的新旧义项的分布为：

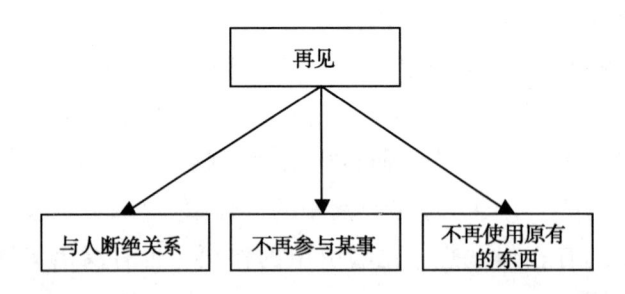

```
           ┌─────┐
           │ 再见 │
           └─────┘
          ↙   ↓   ↘
┌──────────┐ ┌──────────┐ ┌──────────┐
│与人断绝关系│ │不再参与某事│ │不再使用原有│
│          │ │          │ │  的东西   │
└──────────┘ └──────────┘ └──────────┘
```

连锁型分布指的是原始义项 A 衍生出一个义项 B，B 又衍生出义项 C，C 又衍生出 D，等等。这样就形成了以 A 为始点的链条线。交叉型指的是辐射型中有连锁，连锁型中有辐射。这两种衍生关系较为复杂。

之所以呈现出这样的特点，可能是因为英源外来词进入汉语的时间相对较短，且多为专业领域的用语，而较高的使用频率和一定的时间是英源外来词衍生新义项的两个重要因素。虽然已经有一部分词语已经从专业领域跨越到了一般的生活领域，衍生出了新的义项，如：上面说到的"蹦极"就是体育领域进入普通生活领域而衍生出了新义，另外还有从医学领域延伸出来的"克隆"和"基因"等，但毕竟还是少数，因此义项的衍生关系相对简单在目前看来也是必然的了。

（二）词的一个义项的演变

1. 词义的扩大

词义的扩大是词义所指称的客观事物的范围由小变大的结果，也就是词的某个意义由原来表示种概念，扩展而成为表示类概念的变化和发展。[①]这是词义向抽象化方向发展的一种表现。英源外来词词义扩大的现象主要表现为两种情况。

（1）专有名词转变为普通名词，用以更概括地称谓同类事物。英

---

① 葛本仪：《现代汉语词汇学》，山东人民出版社 2001 年版，第 186 页。

源外来词中有不少专有名词，有些名词在进入汉语之前就已经转化为普通名词了，如：

〔吉普〕源于 Jeep，美国生产的通用型越野汽车商标。Jeep 一词来自 20 世纪 30 年代美国漫画家西格（Elzie Crisler Segar）在一本连环漫画中创造出的一个怪物，这个怪物老是发出"吉——普！吉——普！"的声音。这个词后来又和 General Purpose Car（综合目的的汽车）的缩写形式 G. P. 联系了起来。"吉普"一词在英语里已经普通化了，并衍生出了动词的用法。

"吉普"这个词进入汉语后，沿用了其在英语里的泛指义，用来指称"一种全轮驱动的小型越野汽车"。

〔喔克曼〕源于 walkman，日本索尼公司随身听的商标词。

这个产品一经推出，迅速风靡全球，walkman 于是从一个著名商标渐渐演变成普通名词，成为个人随身听的代称。"喔克曼"进入汉语后，进一步泛化，指任何可随身携带的小型录音磁带、电台放听机。

例（7）："喔克曼"的狂热时期似乎已经过去。（转引自《酷语 2000》）

在这其中最典型的例子莫过于"可乐（cola）"一词词义的扩大，随着 Coca-Cola（可口可乐）的风靡全球，1938 年，美国最高法院作出裁决，cola 不再是 Coca-Cola 公司独家所有，它已经成为一个普通名词，可以泛指任何碳酸软饮料。[①]于是英语里有 King Cola，Pepsi Cola，汉语里也出现了"少林可乐、天府可乐、非常可乐"等。

有些专有名词在英语里并没有普通化，但是进入汉语后词义扩大，转变成为普通名词。如：

[①] 贺川生：《商标英语》，湖南大学出版社 1997 年版，第 141 页。

〔席梦思〕源于 Simmons，美国一家公司的名称，也是这家公司生产的弹簧海绵床的商标名。

"席梦思"进入汉语后，词义扩大，成为了普通名词，既指"一种内部装有弹簧的床垫"，也指"装有这种床垫的床"。汉语里还出现了"'星港'席梦思""'长城'席梦思"等词语。

〔道林纸〕源于 Dowling paper。20 世纪 30 年代初，由于当时我国机制纸的生产能力薄弱，水平不高，市场上急需高档纸张，上海的一些纸商便从设立在香港的英国道林纸业股份有限公司，购进了一些由欧洲生产的白度较高、质量较好的印刷纸和书写纸，因转手出售时找不到一个合适的纸名，便笼统地称为"道林纸"。

后来"道林纸"泛化为高级印刷纸的名称，指"一种比较高级的纸，用木材为原料制成"，按纸面的有无光泽分为"毛道林纸"和"光道林纸"两种。

〔德比〕源于 Derby，原为英国一个郡名，当时在各赛场竞争的均为德比所产的良马，后用德比战或德比比赛指同一个城市或区域内两个代表队之间的体育比赛。

"德比"由体育术语进一步泛化，也指同城的两家企业之间的竞争。

例（8）：一场家庭轿车的"德比之战"就此开始。申城车市在经历一段时间的"冷场"之后，如今上海通用的赛欧和上海大众的波罗争抢"风头"，撞出了激情的火花。（《新民晚报》2002 年 4 月 3 日）

"冷战（cold war）"原本特指 1947—1991 年，以美国、北大西洋公约组织为主的资本主义阵营，与以苏联、华沙条约组织为主的社会主义阵营之间的政治、经济、军事斗争，其对抗通常通过局部代理战争、科技和军备竞赛、太空竞赛、外交竞争等"冷"方式进行,即"相互遏制,不动武力",因此称之为"冷战"。作为政治领域里的专有名词,"冷战"后来泛化为"指国际间进行的战争形式之外的敌对行动"。现在该词在汉语里的词义亦有进一步扩展之势,如:

例(9):不仅有家长里短,还有敏感的夫妻生活;既有小吵小闹,也有夫妻冷战。(人民网 2014 年 3 月 6 日)

例(10):这不是寻求共同发展的行为,事实上它更接近于经济冷战。(人民网 2016 年 2 月 26 日)

例(11):合肥楼市买卖双方处于博弈中的冷战阶段,卖方"喊战"不停,买方"按兵不动"。(《市场星报》2011 年 10 月 8 日)

例(12):十年宿敌两相望,梅威瑟 VS 帕奎奥进入新一轮冷战。(东北新闻网 2013 年 12 月 31 日)

可见,"冷战(cold war)"的外延范围从政治领域扩大到了体育、经济、社会等多个领域。

专名按其特点加以泛化使用,是词义发展经常采用的方法,这也是语言的经济原则作用于词汇系统的结果。如果每产生一个新事物或新概念都要创造新词,那么社会、语言、人类的记忆容量都会不堪重负。

(2)普通名词指称范围的扩大。一些英源外来词初进入汉语时,都有自己固定的指称对象,但在汉语社会使用过程中逐渐改变了自己固有的指称范围,呈现出泛化的趋势,表现为词义的扩大。

"托福(TOEFL)"本意为美国"对非英语国家留学生的英语考试"。引入汉语后,词义有所扩大,引申为"对外国留学生的语言考试"。

例(13):纽约中国留学服务中心的人士认为,此举将使"汉语托福"考试适应更多学汉语的人士,提升"汉语托福"在海外的知名度。(www.chinanews.com)

"粉领（pink collar）"一词最早见于《时代周刊》，一般指从事教育、文书、售货等行业的女性，受教育程度高，有不菲的收入。进入汉语后，指称范围扩大，也用来指优裕家庭的全职主妇。如：

例（14）：<u>粉领</u>女性在早晨大多可以睡个懒觉，不用担心上班是否会迟到，中午吃饭不必太讲究。（《北京日报》2000年5月19日）

"快餐（fast food）"本意指"快速、方便、价廉的饭食"，借用到汉语后，词义扩大，指"肤浅的、没有多少价值的庸俗东西"，如"文化快餐""电视快餐""科普快餐""快餐图书""快餐语言"等，用来比喻追求速成的、实用的、短期流行的、不注重内在价值和精神底蕴的文化现象。这种词义的演变是随着人们对事物认识的深化，视野的扩大，进而引发词义外延的引申。

"超市（supermarket）"是"超级市场"的缩写，第二次世界大战后这种自选式的综合性商场因其"方便、种类齐全"的优势在世界范围内得到了较快发展。借入汉语后，出现了"政务超市"表示"多个政府职能部门一起办公的政府网站"，"金融超市"表示"金融机构提供的涵盖了多种金融产品与增值服务的一体化经营方式"，"公话超市"指"用超市的形式来经营公用电话业务"，等等。显然是人们认识到"超市"的"自选式""综合性"的职能特点，将其词义抽象化并扩大化，以适应社会上对类似"超市"职能的事物称说的需要。

这些词词义扩大的原因在于：人们在使用的过程中对英源外来词的外延重新作了约定，将其他具有相似或相同特质的事物、现象纳入词的指称范畴之内。从这其中我们可以看到词义相似性引申的痕迹，也就是说，这种词义的扩大是在事物、现象之间的相似性以及人们对这些相似性的认知基础上实现的。这些词词义的扩大不仅丰富了汉语的词汇和表达形式，而且也扩展了它们自身的语用空间。

2. 词义的缩小

词义的缩小是指词的一个意义范围之内，词的指称范围由大变小，使该词成为某一具体事物的名称，词义由表示类概念转变为种概念。受汉民族思维特点和汉语词义系统的制约，有些英源外来词进入汉语后，指称范围缩小了。如：

〔卡车〕源于 car，在英语里"car"泛指各种汽车，而进入汉语后仅指运输货物、器材等的载重汽车，词的指称范围缩小了。

〔派〕源于 pie，在英语里指各种馅饼。进入汉语后一般不指肉馅儿的馅饼，可以指其他馅儿的馅饼，如苹果派、巧克力派、蛋黄派等。

〔夹克〕源于 jacket，英语里指"任何长袖、前开襟的短上衣"，进入汉语中后，仅指"一种长短只到腰部，下口束紧的短外套"。

〔卡片〕源于 card，英语里指"供记录或打印用的纸片"，可以用来记录信息或证明一个人的身份。进入汉语后，仅指"记录各种事项以便排比、检查、参考的纸片"。如：an identity card，我们译为"身份证"，不用"卡片"。

〔那摩温〕源于 number one，英语里指"头号人物，头儿"，进入汉语后，特指"旧中国工厂中的工头，是资本家雇佣来统治工人的爪牙"，不仅指称范围缩小了，而且色彩义也发生了变化，带有贬义。

这种词义的演变反映了人们按照自己的意愿、文化心理和思想对英源外来词进行重新认识和再加工的过程。外来词中词义缩小的情况相对较少，这是语言使用中的经济律使然，缩小的结果就意味着增加新词语的可能，加重人们的记忆负担。

3. 词义的转移

英源外来词进入汉语后，一些词的词义会发生转移。词义的转移是指原来指称一事物的词转而指称另一事物，它既包括内涵的改变也包括范围的改变。词义的转移现象在外来词中并不多见。如：扑克（poker）的演变，我们先来看一下这个词在英汉两种语言系统里的释义：

〔扑克〕一种纸牌，共 52 张，分黑桃、红桃、方块、梅花四种花色，每种有 A、K、Q、J、10、9、8、7、6、5、4、3、2 各一张，玩法很多。

〔poker〕a card game for two or more people, in which the players bet on the values of the cards they hold 扑克牌游戏

从上面的解释可以看出，poker 在英语里指的是一种牌戏，即玩牌的方法。进入汉语后，词义转变为牌戏的载体——纸牌。这种转移是一种相近转移，即用借代的手法促成了两个义项之间的语义转变。实际上，"扑克"在引进之初，语义并没有发生转移。《清稗类钞》中曾记载："扑克，欧美叶子戏之总称，有种种名目，亦以纸为之。""叶子戏"是中国古代的一种纸牌戏，唐人苏鹗的《同昌公主传》中有"韦氏诸宗，好为叶子戏"的记载。因为纸牌只有树叶那么大，所以称为"叶子戏"。叶子戏的玩法与扑克牌戏的打法相差无几，所以"扑克"一词进入汉语之初被解释为"欧美叶子戏之总称"。但是，叶子戏的纸牌和扑克牌戏的纸牌差异却很大，这种纸牌是中国以前所没有的，所以人们就用"扑克"指称这种纸牌，导致了语义的转移。

〔IP〕源于 Intellectual Property 的缩写，知识产权。

这个字母词在 2015 年成为文化界的一个热词，在使用过程中与其原义发生了偏离，现在用来指称"所有适合再次或多次改编开发的原创文学艺术作品"。

例（15）：IP 的形式可以多种多样，既可以是一个完整的故事，也可以是一个概念，一个形象，甚至一句话。（《经济日报》2015 年 7 月 15 日）

也有一些词语随着词义的转移，词性也发生了改变。如：

〔PS〕源于 Adobe Photoshop 的简称，是一款图像处理软件。

PS 本是一个专有名词,因这一款软件深受人们的欢迎,使用频率高,词性从名词变为动词,指"用 Photoshop 软件对照片等进行修改",词义在转移的基础上进一步泛化,泛指"用软件对原始照片进行修改"。

例(16):有些图省事的发行方选择从剧照里面挑选几张照片,然后利用绘图软件 PS 一下就草草了事。(人民网 2017 年 8 月 21 日)

PS 进一步简化为"P",因此有"把图片 P 一下""照片 P 得太厉害"等说法。

从原义到新义,词义的内涵和指称范围都发生了变化,使该词成为另一个事物的名称,这种演变是外来词进入汉语后循着所依赖的主客观因素,在具体语境的反复制约中发展变化的结果。

二 语法意义的演变

语法意义作为一种类型化意义,其演变不像词汇意义那样复杂。英源外来词进入汉语中后,语法意义的变化方式主要表现为两种情形。

(一)表示"数"的语法范畴的演变

每种语言都有自己的一系列的语法范畴。不同的语言可以有共同的语法范畴,但所包含的内容不可能完全相同。汉语和英语里都有名词数的语法范畴,但汉语里只限于表人的具体名词,而英语里还包括具体的表事物的名词。英源外来词以表事物的名词占大多数,一般情况下,我们在借入时并没有把英语原词的各种词形变化也搬进汉语里来,但也有一些例外。这些例外的词进入汉语的命运如何我们进行了一番考察。

1. 单复数形式同时被借入汉语中,但最终被意译词合二为一,音译词不再流行。

有些英语词的单复数形式同时被借入了汉语,但并未流行起来,后来被意译词所取代。如:

〔斐讷美诺〕源于 phenomenon,后被意译为"现象"。

〔斐诺弥那〕源于 phenomena，是 phenomenon 的复数形式，被意译词"现象"所取代。
〔噶他查〕源于 cottager，后被意译为"农业劳动者"。
〔噶特尔斯〕源于 cottagers，是 cottager 的复数形式。
〔纽美诺〕源于 noumenon，被意译词"本体"所取代。
〔纽弥那〕源于 noumena，是 noumenon 的复数形式。

这些词带有较多的英语原词的痕迹，不符合汉语的认知习惯，因而在汉语的词汇系统中只是匆匆过客，转瞬即逝。

2. 单复数形式同时被借入汉语中，一方战胜另一方，得以长留在汉语词汇系统之中。如：

〔曲奇饼〕源于 cookie，家常小甜饼。
〔曲奇士〕源于 cookies，家常小甜饼。

"曲奇饼"由于采用了音译添意的译介方式，更符合汉族人的认知心理，因而能够战胜"曲奇士"，在汉语中扎根。

另外一些和货币有关的英源外来词中，通常都是复数形式战胜了单数形式，同时指代单、复数两种意义的名称。如：

〔辨尼〕源于 penny，英国辅币名。
〔便士〕源于 pence，penny 的复数形式。

"辨尼"刚进入汉语时，是和"便士"并用的，用来称说单数形式。

例（17）：邮政局取价甚昂，民间不便。有罗兰希利者，出一新法，制小票出售。每票取一辨尼。(《地球韵言》，1897 年，转引自《近现代汉语新词词源词典》)

后来，可能是由于人们在使用货币时多以复数概念来计算，因而表单数形式的"辨尼"就慢慢退出了使用,统一由"便士"来称说这一英国辅币名。其他音译的外国货币名也是如此,保加利亚辅币名 stotinka 被音译为"斯托汀卡",是单数形式,后来统一由复数形式"斯托丁基(stotinki)"来表示。

3. 单复数形式同时被借入汉语中,但在用法上发生了分化,同时留存在汉语的词汇系统之中。如:

〔嬉皮〕源于 hippie,美国俚语,原义是追求时髦风尚的人,20 世纪 60 年代泛指美国出现的对社会现实不满而堕落的青年。Hippie 由形容词 hip 加词尾 -ie 构成,英语常用给形容词加上 -ie 的方式构成昵称。Hip,也作 hep,也是美国俚语,指"精于世故,追求时髦"。

〔嬉皮士〕hippies,"嬉皮"的复数。

这两种形式进入汉语后,在用法上发生了分化,"嬉皮"更多地用作形容词,如:

例(18):这些人看来形形色色,打扮也不尽相同,有的很正式,有的颇随意,有的很时髦,还有的很嬉皮。(《北京晚报》2002 年 4 月 11 日)

而"嬉皮士"则用作名词,如:

例(19):在纽约的莎士比亚节上,就曾出现过《头发》的最初版本,剧中含糊地描述了嬉皮士及越南战争等政治问题。(http://www.tinglan.com/)

产生这种分化的原因是因为"嬉皮士"的音节实义化了,选用"士"而不用"斯"或"司",是由于"士"既可以谐音,又可以表意,即指人,如"男士、女士、烈士"等。事实上,"嬉皮士"虽然是源于英语词的复数形式,但进入汉语后其表示"数"的语法意义已经消失，因此在表复数时要重新遵循汉语词汇系统的规律。

例（20）：霍夫曼的著名著作是《偷走这本书》，在书中，他告诉嬉皮士们如何利用现存的体制谋生，其中用了大量篇幅介绍电话偷窃技术。（http：//www.cst21.com.cn）

这是汉语词汇系统对其进行汉化的结果。与此类似的还有"雅皮士（yuppies）、叶皮士（yippies）、业特士（yetties）"。另外，有些词的"s"本来不是表复数的，但也仿照"嬉皮士"的译介方式，译为"士"，这也从另一个侧面说明"士"已经不表示"数"的语法意义了。如：

〔雅斐士〕源于 YAVIS，是 Young, Attractive, Verbal, Intelligent, Successful 的首字母缩合，意为"年轻英俊、能说会道、资质聪明、事业发达的人"。

另外，"粉丝"一词也是对"fans"这个词复数形式的翻译，借入汉语后，扬弃了英语的数范畴，与汉语里的名词一样，既可指集体，也能指个体，还有"粉丝们"的说法。

综上所述，英语名词所具有的"数"的语法意义一般是很难随英源外来词进入汉语中来的，即使有例外，也要接受汉语词汇系统的调节和制约，或消失，或变异，在使用上也与原词相去甚远。

（二）词性的变化

相对于英语原词而言，英源外来词词性的演变主要有两种情况。

1. 音节实义化使词性发生了改变。这主要是针对谐译词来说的，转写谐译词的汉字既有表音的作用，也有表意的作用，同时又是汉语里固有的语素，有的还是成词语素，人们有时会据此进行衍义和类推，使这些谐译词的词性发生了改变。如：

〔蹦极〕源于英语 bungee jumping，原词用作名词。

这个词进入汉语后，词性发生了改变，常用作动词。

例（21）：蹦极时每小时超过55公里的速度，这是最恐怖、最惊险且最刺激的感觉，就好比是向死亡之神挑战。（http://www.people.com.cn/）

再如：

[血拼] 英语 shopping 的谐译词，原指购物，用作名词。

"shopping"还被谐译为"瞎拼"，在汉语中，不仅可用作名词，还常用作动词。

例（22）：因为有相当比例的女子有情绪消费倾向，一不高兴，就疯狂血拼。那是不是说，女性真就缺乏情绪控制力？（http://www.people.com.cn/）

汉语里还有"今天你轰趴了吗""轰趴一下"的说法，"轰趴"源于英语 home party，本为名词，指在家中举行的私人聚会，现在逐渐有了动词的用法。

这些词的词性发生改变，是由于"蹦""拼""轰""趴"这些记音符号是汉语里表活动义的语素，有些学者称之为"动素"①，并且"蹦""拼""轰""趴"还可以单独做动词，于是人们以此类推，使这些词的词性产生了变异。

这种类推作用不仅促成了词性的改变，并且促成了一些音译词在用法上的高度汉化。汉语中动宾式结构占强势地位，音节的实义化使得人们有时会将音译词按照汉语里动宾结构的形式进行类化，使其在用法上呈现出高度的汉化。如：

---

① 房玉清：《实用汉语语法》，北京大学出版社2001年版，第27页。

例（23）：她会驾驶滑翔伞，会滑雪或滑草，蹦过极，练过空手道。（http：//www.people.com.cn/）

"蹦极"作为一个外来词，它的内部结构本来不具有扩展性，即在理解和运用时不能在其中间插入任何成分，但在上面这个例句中，"蹦极"不仅用作动词，而且被人们当作可扩展的动宾式结构来使用。类似的还有"幽了一默""幽他一默"的用法。

2. 词义自身的发展演变使词性发生了变化。英源外来词词性的转变常常伴随着词义的转变。这种转变折射了汉语社会对外来事物的动态认知过程，即：人们首先认识外来事物所具有的表面信息，随着对其认识的逐步加深，人们不再被动地去接受这些表面信息，而是主动地去联想、去领悟它所包蕴的内在信息，并按照自己的理解加以引申、改造，促成了其词性和词义的转变。如：

〔舍宾〕源于 shaping，是国际流行的一种健美运动。最早由美国专家提出，包含现代人对人体美五个层次的追求。

英语原词中有一个典型的动名词后缀"ing"，但是进入汉语后，随着这一运动的普及，人们从舍宾瘦身的意义上衍生出"去掉多余部分"的含义，词性也随之发生了变化，用作动词。

例（24）：网页内容要舍宾。（转引自《酷语 2000》）

另外，还有"卡通"由名词转变为形容词，有"非常卡通"的说法；"嬉皮"由名词转变为形容词，有"很嬉皮"的说法；"磅"由名词转变为动词，有"磅体重"的说法。

一些字母词进入汉语后，词性也发生了改变。如：

〔PE〕源于 Private Equity，私募股权。

PE 本是一个名词词组，出现了动词的用法，"全民 PE"指"很多人涌向私募股权投资行业"。

这些演变反映了人们认识外来事物的动态过程，是人们追求语言表达的新奇趣的结果。同时，也是这些外来词具有生命力的表现，是外来词根植汉语、迈向更高层次的全民常用性进程的有效途径。

三 色彩意义的演变

词义除去概念内容以外，还包含有大量的丰富多彩的附加信息，从而形成各类色彩意义。相对于英语原词而言，英源外来词的色彩意义的演变主要分为三种情况。

（一）音节实义化引发的色彩意义的演变。这种演变包含了较强的动机性和人为因素。很多谐译词与英语原词相比都被赋予了新的色彩义，具体表现为以下几方面。

1. 形象色彩的变化

形象色彩是指词语所包含的对于所指的对象的某种形象感。一些谐译词具有鲜明生动的形象色彩，但这种形象色彩并非外语原词所有。如：

> ［雪碧］源于英语 Sprite，是一种饮料的品牌。谐译为"雪碧"，"雪"突出了这种饮料的晶莹透亮的特点，"碧"表明了这种饮料所用包装的颜色，"晶莹碧绿"给人以赏心悦目的感觉，增加了原词所没有的视觉形象感。
>
> ［踢踏舞］源于 tittup，一种以皮鞋击地作声的舞蹈，来自马蹄声的拟声词。用"踢踏"这两个字来转写就鲜明地反映了这种舞蹈的特殊运动形态。

其他的谐译词，如"速灭杀丁（Sumicidin）""白内停（Bernetin）""仙客来（Cyclamen）""敌百虫（dipterex）"等等，在进入汉语后，都被赋予了充满新鲜感的形象色彩。这些词凭借其生动的形象感较为长久地留驻在了汉语的词汇系统之中。

2. 感情色彩的变化

感情色彩是附着于词汇意义表达人们爱憎意味和褒贬评价的一种色

彩，一般分为褒义、贬义和中性三种类型。一些原本为中性的英语词进入汉语后被赋予了或褒或贬的感情色彩。被赋予了褒义色彩的，如：

[味美思] 源自英语 Vermouth，是一种葡萄酒。Vermouth，苦艾，一种香料植物，该葡萄酒使用这种植物调味。谐音为"味美思"，被赋予了"味道鲜美"的褒义色彩。

[的确良] 源于英语 Dacron，指用一种聚脂纤维织出的平纹细布，首先被粤方言借用，作"的确靓"，被赋予了"的确漂亮"的褒义色彩。进入普通话的词汇系统后，改作"的确良"，被赋予了"的确好"的褒义色彩。

其他词如"舒肤佳（Safeguard）""可口可乐（Coca-cola）""乐百氏（Robust）"等，都增加了褒义的色彩。

而另一些谐译词则被赋予了贬义的色彩，如：

[敌敌畏] 源于 DDVP，是一种有机磷杀虫剂。汉字的表意性为这个词赋予了贬义的色彩。

其他词如"苦力（cooly）、苦拉拉（curare）[①]"等都含有类似的贬义色彩。

色彩意义有时候是伴随着词义的嬗变和词性的转类而变化的。"秀"是从台湾地区借入的一个音译词，源于 show，原义为"表演"，在引进初期是作为名词出现的，如："脱口秀""服装秀""相亲秀""真人秀""时装秀""车模秀"等。随着使用频率的增高，功能进一步扩展，出现了动词的用法，表示"展现、展示"，如"秀背""秀舞技""秀时尚""秀肌肉"等。"秀"还可以独立成词，用作名词，如"看了一场秀"，或用作动词，如"秀一秀"。随着使用范围的扩大，其意义和用法也更加丰富，又衍生出一个新的义项，表示"华而不实的卖弄"，增加了贬义的色彩，如"作秀""审判秀"等。

[①] 苦拉拉：一种由番木鳖属植物制成的黑褐色树脂状生物碱，其性毒。

3. 语体色彩的变化

有些英语词既可以在书面语中使用又可以在口语中使用，但是以谐译的方式进入汉语中后，却一般只用于口语体。如：伊妹儿（email）、猫（Modem）等。其原因在于这些词采用的是谐趣音译的方式，本身就含有逗趣的意味，适合用于口语体。同时，这些词在汉语里还有相应的意译词，意译词一般都用于书面语体。如：

例（25）：近两年，随着计算机技术的高速发展，<u>电子邮件</u>在美国大行其道，成为美国人不可或缺的交流工具。(《北京晚报》1997年1月2日)

例（26）：这年头，你要是没有电子邮箱，每天不发几个"<u>伊妹儿</u>"，铁定被人耻作老土。(http：//www.hifly.tv)

上述这些词的色彩意义的演变都是由于谐译词的音节实义化引起的。谐译词的内部语义形式的附会使其音节实义化，并且这一内部形式基本上都掺和了汉语使用者对所指事物的认识、评价和审美情趣。例如，"幽浮"一词是台湾地区对UFO（不明飞行物）的谐音翻译，描述了"像幽灵一样浮动"的形象，极其符合人们对UFO的认识，因此这个词已经逐渐被大陆所接受。"康乃馨"一词源自英语Carnation，原词并无"馨香"的评价色彩，是汉语使用者循音赋意为它新填充的，目的是使人们能够望文生义，迅速产生形象的联想，从大体上把握原词所指称的事物。可以说，这种色彩意义的演变含有较强的主观人为因素。

（二）义项的增加引发的色彩意义的演变。这种色彩义的演变主要表现在感情色彩上。有些英源外来词进入汉语后义项增加了，随着义项的增加也同时增加了与原有义项有差异的感情色彩。如：

［克隆］源于clone，无性繁殖。

"克隆"最初为园艺学术语，后逐渐应用于植物学、动物学和医学等方面，使用范围不断扩大，引申出"模仿、照搬、套用、抄袭"的含义后，带有贬义。

例（27）：戏曲界掀起"狸猫热"，各地剧种纷纷翻版，这现象令人寻味——一戏走红，竞相克隆，无力创作，惟借"东风"。（《文汇报》1998年3月13日）

上例中，从"克隆"所表示的行为、行为涉及的对象以及对该行为所持的态度，可以看出三者之间形成了一种明显的感情场，贬义色彩鲜明。这种贬义性还表现在由克隆衍生出的词语中，如"克隆生"，用以指"通过非法手段复制他人的各种信息，从而获得合法手续或身份以顶替他人升学的人"。随着义项的增加，感情色彩的变化，"克隆"也就因专业含义普通化而逐渐同一般词语并无二致。

再如：

[马拉松] 源于 marathon，指一种 42.195 公里超长距离的赛跑。

"马拉松"引入汉语后引申出"时间持续很久"的含义，含有贬义的色彩。如"马拉松会议、马拉松审批、马拉松演说"等，喻指这些会议、审批、演说冗长不堪，令人疲惫。

（三）人们意识观念的变化引发的色彩意义的变化。真正的词义存活在现实话语之中，存活在说话人的思想、心理和情感之中。而说话人的思想、心理和情感又要受社会环境、经济形态和物质条件等文化因素的制约。①有些英源外来词和社会制度以及人们的思想意识观念联系得比较密切，受人们是非观和道德观的影响，这些词的感情色彩也会发生变化。

如"比基尼""迷你裙""迪斯科"等，这些词在英语里原本都是中性词，20世纪70年代末这些词进入中国后，受当时的政治、文化和价值观的影响，人们赋予了它们明显的贬义色彩。20世纪90年代以后，随着中外文化交流的增多和人们生活观念的变化，这些含有贬义色彩的词开始有了感情色彩的回归，渐渐趋于中性色彩。

---

① 李行健：《"新词新义"仍需关注》，《山西师大学报》（社会科学版）2002年第4期。

有的词在英语里为贬义，进入汉语后成了中性词，如"雅皮士（yuppies）"在英语里指的是20世纪70年代末西方年轻的城市专业人员，是 Young Urban Professional 的缩写，英文解释为：a young professional person who lives in a city and earns a lot of money that they spend on expensive and fashionable things，并特别注明 often disapproving（常带贬义）。在20世纪80年代，yuppies 是企业中成功者的象征，他们富有，崇尚物质至上主义和奢侈的消费方式。到了20世纪90年代，这个词在英语里常带有贬义。但是这个词进入汉语后，却不带贬义，《现汉》中的释义为：

〔雅皮士〕指西方国家中年轻能干有上进心的一类人。他们一般受过高等教育，具有较高的知识水平和技能，工作勤奋，追求物质享受。

这个词现在仍被频频使用，并且在实际的运用中，人们也是把它当作中性的，甚至有时是褒义的，如：

例（28）：音乐在此剧中也作为一种时尚元素，渲染烘托剧场气氛，这里面有现代雅皮士们喜欢收听的音乐或音乐元素。（《北京晚报》2002年4月11日）

在外来文化的冲击下，人们的观念发生了变化，对于人们曾经贬斥、否定的西方生活方式，又重新赋予了它们不同程度的认同和肯定。甚至是英语里原本为贬义的词，我们有时也视之为时尚的东西，这种转变反映了人们对西方文化的一种向往和追求。

第二节　借用而生的词义演变

有些英源外来词词义的演变有其较为特殊的一面，即：相对于英语原词而言，从共时的、静态的角度来看，这些英源外来词的词义并没有发生变化；但是，相对于英源外来词进入汉语之初所承载的词义而言，从历时的、动态的角度来分析,这些词的词义受到了英语原词的影响,又发生了变化。我们将这种词义的演变称为"借用而生的词义演变"。这种词义的演变,具体地说,有以下两种情况。

一 义项的增加

受英语原词的影响,这种义项的增加可分为两种情况。

(一)添加的义项是英语对应词所固有的,但是英源外来词进入汉语之初,这个义项并没有被吸收进来,而是在以后的发展之中逐渐被引进的。如:

〔贴士〕源于 tips,意为"小费"。原本在粤方言中使用,后来进入普通话系统之中。

例(1):事后客人对我说:"你们这里有的人要'贴士'居世界之冠!"她伸出两个指头。(《北京晚报》1989 年 5 月 7 日)

这个词在《汉语外来词词典》中只有上述一个义项,近年来我们又将英语对应词中的另一个义项"实用的小提示"借入了汉语之中,如:

例(2):以下七项美容贴士,教大家在炎夏如何以最佳姿态示人。(《江南时报》2002 年 7 月 2 日)

"拷贝"一词也发生了同样的演变:

〔拷贝〕源于 copy,借入的最初义项是"用拍摄成的电影底片冲印出来供放映用的胶片,也叫正片"。

例(3):有些题材和艺术性都很好的故事片卖不出去拷贝,亏本严重。(《远方来的青海客》1991 年 8 月 1 日)

后来又将其本义"复制、复本"借入汉语中,受英语原词的影响,既可以做名词也可以做动词。

例（4）：在这份文件的后面，他们拷贝了这份公告。(《羊城晚报》1997年10月17日)

例（5）：从这里提出了一系列的科学问题，如遗传信息的拷贝如何复制？(《医学哲学概论》1992年12月1日)

与此类似的还有"教父（godfather）"，该词在《现汉》中有两个释义：①基督教指约公元2—12世纪在制订或阐述教义方面有权威的神学家。②天主教、正教及新教某些教派新入教者接受洗礼时的男性监护人。英语godfather还有另外一个词义，指"发起者、开拓者、创始人"，英文释义为a person who began or developed sth.。受其影响，汉语的"教父"也吸收了这一义项，如：音乐教父、金融教父、电影教父、民谣教父、喜剧教父、潮流教父、摇滚教父、古董教父、悬疑教父、创业教父、童书教父、科幻教父、私募教父、斯诺克教父、漫画界教父、教父级人物、中国企业家教父，等等。

这种直接添加的英语原词义项并不是出于汉语词义空缺的需要而被借入的，这也是为什么在英源外来词借入之初这个义项并没有随之而来的原因。这也说明了外来词的借入并不总是受语义驱动，人们有时也会出于追新求异的语用心理而引入一些词语或词语的义项，目的是为了使表达更加丰富多彩。同时，我们也不能认为进入了就是被吸收了，这些增加的义项能否在汉语里真正扎根，还需要经过汉语词义系统的自我调节。

（二）英语的对应词添加了新的义项，英源外来词也随之增添了新的义项。如：

〔悠悠〕源于yoyo，一种利用惯性原理制成的可以上下转动的木质球形玩具。这种玩具是由菲律宾传入美国的。

后来随着社会的发展和新事物的不断产生，英语词yoyo又增添了一个义项，用来指"由一位丹麦体育博士发明的一种间歇性的耐力测试，主要模拟比赛中频繁出现的加速、减速、急停、转身等动作，测试运动员达到体能极限的状况"。"悠悠"也随之增添了这个义项，被《当代汉语新词词典》所收录。

再如：

〔嘉年华〕源于 carnival，指（四旬节前持续半周或一周的）狂欢节，是一种宗教习俗节日。台港地区将其谐译为"嘉年华"或"嘉年华会"，这个词已进入普通话的词汇系统之中。

后来，英语原词又增加了一个义项，指"（流动）游艺团或游艺场（有旋转木马、各种游戏、杂耍等）"。随着这种游艺团进入中国，"嘉年华"也随之增加了这个义项。

例（6）：嘉年华的一些项目，尤其是一些竞技类项目都积极地体现了奥林匹克精神，这些活动强调个人挑战精神、身体表现精神、竞争精神。（http：//www.people.com.cn）

"软件（software）""硬件（hardware）"的义项演变与此类似，英语中 software 和 hardware 出现引申义后，汉语中这两个词的意义也随之改变，"软件"用来借指"生产、科研、经营等过程中的人员素质、管理水平、服务质量等"，"硬件"则引申为"生产、科研、经营等过程中的机器设备、物质材料等"。这种义项的增加是受英语词义系统影响的产物。

二　语法意义的演变

这里所说的语法意义主要是针对词性而言的，有些英源外来词语法意义的演变受到了英语原词的影响。

英语原词在使用中，衍生出了新的用法，在它们的引发下，汉语里的外来词也发生了同样的转变。如：

〔雅虎〕源于 yahoo，英国著名作家斯威夫特的名著《格列佛游记》（GULLIVER'S TRAVELS）中格列佛遇到的一群野人的名字。后来被一家著名的网络搜索引擎公司注册为商标，因为 yahoo 代表了那些既无经验又未受过教育的外来游客，与他们这群电脑人非常相似，并且他们还特意在 Yahoo 的后面加上感叹号，以强调对发现"野人"时的惊叹声。

"雅虎"本来是一个典型的名词，但是受英语"Do you Yahoo!?"的影响，也出现了动词的用法，并在网络语言中得到了广泛的传播。如：

例：今天你雅虎了吗？（http：//www.globrand.com）

同样作为搜索引擎，"谷歌（Google）"的词性也有类似的演变轨迹。

〔谷歌〕源于 Google，从 googol 变化而来。googol 的意义是 10^{100}，也喻指"巨大的数字"。Google 是目前全球最大的搜索引擎，"谷歌"是 Google 在全球范围内唯一的非英文名字。

由于 Google 搜索引擎所取得的巨大成功，使 google 一词在英语中已经演化成了动词，成为"搜索"的代用词，在汉语里也出现了同样的演变。

例（7）：但如果你随意谷歌一下，就会看到过去几年中，在北京的银泰广场、深圳甚至太原的高档购物中心里都有维多利亚的秘密的专卖店开张。（人民网 2014 年 3 月 18 日）

再如：

〔伊妹儿〕源于 email，是一个谐译词，意为"电子邮件"。

这个词本用作名词，但由于英语原词衍生出了动词的用法，如：

I have mixed feelings about making it harder for you to email me. (http://www.media-visions.com)

因此,"伊妹儿"也在汉语里用作动词,在后面直接加宾语,并进一步简化成"妹儿",引申为"发电子邮件"。

例(8):也许在不久的将来会出现这样的场景,从北京西站下车的打工仔们不再满城地瞎转,他们只是找到最近的网吧,将自己的简历妹儿给几个正在招建筑小工的工地。(http://peopledaily.com.cn)

这些随着英语原词近乎同步演变的外来词,一般都是英语和汉语里比较热门的词语,是社会关注的焦点事物。在语言中,人们关注的越多的事物,其使用频率就越高,也就越容易发生词性的转变。这符合语言变异和发展的普遍规律。美国"纳斯达克(Nasdaq)"股票市场的暴跌,使商业界和金融界人士将这个专有名词动词化,作为"缩水"和"贬值"的代用词。也许在不久的将来这个词在汉语中也会发生同样的转变。随着科学技术、交通通信工具的迅速发展,世界进入了信息时代,高科技在交通通讯传媒上的发展使世界各国之间的交流成为瞬息可及的现实,这为英汉词语近乎同步的演变提供了可能。

第六章　英源外来词的引进对汉语词汇系统的影响

第一节　对汉语语素系统的扩充

  由外来词衍生出来的语素是汉语语素的重要来源之一，并且由来已久。早在秦汉时期，汉语就从西域各民族语言移植了诸如"狮、葡萄、琵琶"等外来语素，后有隋唐时期从印度梵语移植的语素，如"玻璃、塔、佛"等，再有就是近代从日语移植而来的"癌、腺"等语素，这些外来语素丰富和扩展了汉语的语素系统。英源外来词的引进也不例外，为汉语补充的语素随处可见，如"坦克、吉普、打"等等。语素是"语言中最小的音义结合体"，从这个意义上来说，只要有英源外来词的引进，就会有外来语素的借入。但是我们认为，英源外来词的引进对汉语语素系统所产生的深刻影响，不在于它们带来了多少个外来语素，而在于由此而衍生出了多少个具有能产性的外来语素，这是从构词层面来说的。因为在某一历史时期的共时平面上，语素存在的基础在于它实现了构词功能。具有能产性的外来语素显示了外来词的活力，我们将这种语素称为"衍生性外来语素"，这种情况分为三种。

一　音译形成的衍生性语素

（一）音译形成的衍生性单音语素

  苏新春研究了这种衍生性单音语素的形成与演化过程，即：复音外来词→单音节简化→独立运用；重复构词→单音语素的完成。该文指出确定单音语素需依靠两条标准，一条是句法标准，即"独立使用";另一条是词法标准,即"重复构词"。从"单音节式"的缩略到"单音语素"的完成,中间必须经过或"独立使用",或"重复构词",或二者兼而有之的过程。①该研究确立了新的外来单音语素的增生机制,并以定量的方法提取了这些新的外来语素。结合苏文的研究以及对语料的收集和整理,我们梳理出音译形成的衍生性单音语素,见表6-1。

表6-1　　　　　　音译形成的衍生性单音语素

音译词	衍生性单音语素	衍生性单音语素的意义	例词
奥林匹克（Olympic）	奥	世界性的综合运动会	奥赛、奥申委、奥校、奥运会、奥星、冬奥会、国奥队、青奥赛、残奥、申奥
的士（taxi）	的	出租汽车	轿的、面的、奔的、火的、的哥、的姐、的票、的爷、打的、坐的、拼的
		泛指出租的交通工具	板儿的、残的、货的、摩的、空的、马的、驴的、飞的、水的、铁的
巴士（bus）	巴	公共汽车	冷巴、快巴、大巴、小巴、中巴、快巴、巴姐、巴嫂、空巴通②
迪斯科（disco）	迪	最早流行在美洲黑人间的一种节奏快而强烈的舞蹈	迪吧、迪厅、迪姐、老迪、老年迪、砸迪族
咖啡（coffee）	咖	一种带有轻微兴奋作用的饮料	冷咖、热咖、奶咖、清咖、黑咖、果咖
		咖啡馆	网咖、楼咖③
啤酒（beer）	啤	一种酒品,也叫麦酒	干啤、扎啤、鲜啤、生啤、熟啤、青啤、瓶啤、黑啤

---

① 苏新春:《当代汉语外来单音语素的形成与提取》,《中国语文》2003年第6期。
② 空巴通:飞机航班和长途客运通过联网售票而实现的联运方式。
③ 楼咖:开在写字楼里的咖啡馆。

续表

音译词	衍生性单音语素	衍生性单音语素的意义	例词
酒吧（bar）	吧	西餐馆或西式旅馆中卖酒的地方	吧娘、吧友、串吧、泡吧
		指供应某种商品的专卖店	巧克力吧、醋吧、房吧、照吧
		泛指有特定功能或设施的休闲场所	琴吧、书吧、陶吧、氧吧、唱吧、嚼吧、爽吧、话吧、眼吧、熨吧、K客吧、手工吧、自驾吧、网吧、水吧、茶吧、路吧、街吧、旅吧、渔吧、指甲吧、痛快吧、雪吧、床吧、瓷吧、桌游吧
		网络中所提供的虚拟的娱乐或交流空间	囧吧、股吧、爆吧①、单号吧②、贴吧
芭蕾（ballet）	芭	一种起源于意大利的舞剧	芭剧、芭赛、芭团、芭星、冰芭、广芭、国芭、辽芭、男芭、上芭、天芭、中芭③、跳芭
丁克（DINk）	丁	夫妻均有收入而不愿生育子女的家庭	白丁、丁宠家庭、丁忧、铁丁、悔丁族、坚丁族、铁丁族
马拉松（Marathon）	马	一种超长距离赛跑	南马、跑马、迷马挑战④、全马时代
模特（model）	模	用来展示新样式服装的人	超模、车模、丑模、女模、男模、洋模、野模、游模、学模⑤
卡片（card）	卡	用来记录各种事项以便排比、检查、参考的纸片	病历卡、绿卡、胸卡、生日卡
		磁卡	牡丹卡、就餐卡、信用卡、电话卡
麦克风（microphone）	麦	扩音器	麦霸、挑麦、耳麦、麦柜
摩托（motor）	摩	摩托车	残摩、限摩、摩的
托福（TOEFL）	托	对非英语国家留学生的英语考试	考托、托派、托病、铁托、托热
车胎（tire）	胎	轮胎	轮胎、爆胎、胎压、内胎、外胎、胎痕

① 爆吧：有组织地往一个贴吧里大量发送信息（以垃圾信息居多），把其他帖子刷到后面去，影响他人的正常浏览和回复，致使服务器无法正常工作的行为。

② 单号吧：在互联网上专门买卖快递单号的网站或网页。因涉嫌非法交易，属于被取缔对象。

③ 中芭：中央芭蕾舞团的简称。

④ 迷马挑战：指全国大学生迷你马拉松公益挑战活动。

⑤ 学模：在教育展览会上一些教育机构和留学机构为了吸引人的注意力推出的模特。

续表

音译词	衍生性单音语素	衍生性单音语素的意义	例词
酷（cool）	酷	形容人深沉、刚毅、潇洒、有个性、气度不凡	酷哥、酷男、酷姐、酷毙装、酷划、酷云、酷网、酷页、酷站、酷图、酷车、酷吧、酷卡、酷星、酷客、酷族、酷盖、酷闻、酷评、酷卖、秀酷、最酷、极酷、超酷、特酷、劲酷、摆酷、玩酷、耍酷、藏酷、哈酷、扮酷
秀（show）	秀	有意显示、做出富于表演成分的动作	秀霸、秀标、秀肌肉、时装秀、政治秀、走秀、秒停秀、中国达人秀、首席秀、吃饭秀
派（pie）	派	一种西点，馅饼	草莓派、巧克力派、蛋黄派、苹果派
泵（pump）	泵	吸入和排出流体的机械	真空泵、油泵、气泵、水泵、风泵

表 6-1 中，这些衍生性单音节外来语素主要有以下三种类型：（1）本身为单音节，无须经过音节简化的过程，如"秀、酷、派、泵"，从语言功能方面来分析，这些语素又是可成词语素，既可以充当语素，又可以单独成词。（2）由义标脱落而形成，包括类标和饰标，如"啤酒、卡片"是类标脱落，"车胎、酒吧"是饰标脱落。义标脱落后，剩下的音节负载了整个词义，在广泛使用中，逐渐获得了固定意义，成为能产性较强的外来语素。（3）由音节缩略而形成，原本不表意的成分被赋予了一定的意义，如"奥林匹克、的士、巴士、咖啡、迪斯科、芭蕾、丁克、马拉松、摩托、托福、模特"等，都经过了音节的简化，并且大多选取的是第一个音节，即首音节语素化。这种语素化是以"民众对该词的熟悉度、接受度以及语境提供的解码明晰度为基础的"[①]，遵循的原则是尽量采用较少的能指符号表示尽可能多的语义内容，这是语言经济原则的一种表现。

这些衍生性外来单音语素不仅能和汉语里固有的语素组词，而且相互之间也能组合成词，如"迪吧、迷马挑战"，这种词不是外来词，而是在汉族社会中，用两个外来语素按照汉语的构词方式造成的词语。这也说明随着社会和语言的发展，外来语素能渐渐摆脱原来的构词环境，参与新的构词。

---

① 周日安：《"粉丝""铁丝"与"钢丝"》，《修辞学习》2006 年第 6 期。

一些音译的专有名词也呈现出语素化的特征，包括人名、地名、度量衡单位等。人名如："巴比"，指美国富豪巴菲特和比尔·盖茨的合称。地名如："美、英、非"等。计量单位如："磅"，指英美制重量单位，衍生出"重磅、减磅、磅秤、过磅"等词语。"帕斯卡"，本义为"压力的法定计量单位"，衍生出"零帕族"，指"以积极乐观的心态，轻松应对生活和工作中的压力的人"。还有一些热门事物，如：推特（twitter），全球最大的微博网站，已衍生出"发推""推文"等词语，随着普及度的增加，语素化的进程也许会进一步加快。

另外，苏新春在提取外来单音语素时将谐音音译词（音意兼译词）排除在外，认为"单音语素化的本质是一个汉字由单纯记音到音义兼表的转化，这是一个逐渐成长的过程。而音意兼译词所用的汉字一开始就是具有意义的，它巧妙地利用了汉字自身已有的音义与外语词音义之间相同相近的巧合，起到了音同义也同，听起来借音，看上去借义，既像音译，又像意译，表面借音，实质借意的效果"①。对此，我们有不同的看法。谐音音译词（音意兼译词）虽然看上去借音又借意，但这种意义只是一种似是而非或若有若无的联想意义，有的甚至只取字面组合的整体意义而达到一种谐趣的效果，因此，音节语素化后意义或发生了指称的转移，或发生了意义的引申，与原有的语素义大相径庭。如：

〔涤纶〕源于 terylene，合成纤维的一种，用乙二醇、对苯二甲酸二甲酯等原料合成。强度高，弹性大。用来织的确良或制造绝缘材料、绳索等。"涤"在汉语里的原义是"洗"的意思。"纶"的原义为"青丝带子或钓鱼用的丝线"。用"涤纶"来转写，除了记音以外，也借用了这两个字的偏旁所表示的含义，都直接或间接地和"织物"有一定的联系。

"涤纶"一词后来逐渐简缩，用"涤"来指称"涤纶"的全部意义，并参与构词，如"涤卡、涤绸、涤棉、毛涤、涤丝绉、丝涤"等。而随之产生的另一语言事实是，"纶"被分离了出来，用以指称"某些

---

① 苏新春：《当代汉语外来单音语素的形成与提取》，《中国语文》2003 年第 6 期。

合成纤维",并组成了"丙纶、腈纶、锦纶"等合成词。这样简缩形式"涤"和分离形式"纶"就演变成为汉语里具有较强构词能力的两个语素。

"粉丝"一词是fans的谐音音译,意为"迷,明星忠实而狂热的支持者、崇拜者"。根据郭利霞的研究,"粉丝"一词最早源于台湾的媒体,其流行与台湾林资敏的《抓住怪怪粉丝(Fans)——视觉行销策略》一书2003年8月在大陆出版有关。①从2004年起,"粉丝"常出现在网络和报纸上,在青少年当中尤为盛行。随着"粉丝"一词的风靡,其语素化进程呈现出愈演愈烈的趋势,衍生出大量的"~粉"式词语,如:职粉、散粉、超粉、奥粉、凉粉、驴粉、麦粉、微粉、活粉、潮粉、掉粉、果粉、求粉、涨粉、铁粉、骗粉、天粉、医粉、汉字粉、黑粉、拉粉、僵尸粉、骨灰粉、花痴粉、科技粉、脑残粉、死忠粉、路转粉、黑转粉。在广泛的使用中,"粉"逐渐获得了独立,不仅用于组成新词,还可以用作动词,意义发生偏离,指"关注某一微博用户,成为其粉丝,也泛指推崇",并且可以独立使用。如:

例(1):尽管田原的观点颇有些偏颇,但我看完此书的时候,仍然做了一个决定,把它翻译成中文并据此加上标注,让大家看一看百年前一名日本记者是怎样"<u>粉</u>"慈禧太后的。(《北京青年报》2012年8月10日)

"粉丝"本是对英语fan的复数形式的翻译,"丝"对应的是"s",是附加在词尾的构形手段,但有趣的是,受汉语中固有的"粉<u>丝</u>""土豆<u>丝</u>""胡萝卜<u>丝</u>""铁<u>丝</u>""钢<u>丝</u>"等"~丝"结构的辐射影响,"丝"也出现了语素化特征,即次要音节语素化,如"铁丝"指"铁杆粉<u>丝</u>",比"铁丝"更狂热的粉丝叫"钢<u>丝</u>"。而表达"铁杆粉<u>丝</u>"这一意义时也出现了"铁粉"和"铁丝"两个同源异构的形式。

与之类似的还有"黑客(hacker)",也出现了首音节和次要音节

---

① 郭利霞:《从"粉丝"到"扇子"》,《华北电力大学学报》(社会科学版)2007年第3期。

同时语素化的现象,"黑"可独立使用,意义发生转移,用作动词,指"遭到了黑客的攻击",如"网站被黑了"。"客"不仅呈现出语素化,并且使汉语中原有的类词缀"客"得以显化,两者互相融合,形成了庞大的"~客"族词群(详见本章第二节)。

另外,还有一些谐音音译词出现了首音节语素化现象。如:"媒体(media)",衍生出"乐媒、女媒青、媒曝、媒治、校媒、媒商"等词语。"博客(blog)"衍生出"博文、刷博、空博、微博、博主、开博、名博"等词语。

由谐音音译而形成的"涤""纶""粉""丝""媒""博"等语素或语素义,究竟是作为同音语素处理,如刁晏斌、尹立楠的研究[①],还是作为语素的新增义项来处理,如白云霜的看法[②],学界对此并未形成统一的标准,我们在这里也不作过多讨论。但不可否认的是,其形成是受外来词引进的直接影响,是对汉语语素系统的一种扩充与丰富。后面要讨论的由仿译而形成的衍生性语素,其情况也与此类同,不再赘述。

(二)音译形成的衍生性双音节语素

汉语里的双音节语素除了一部分双音节语素是从古代汉语里继承下来的联绵语素外,其他基本上都是外来语素。英源外来词引进之初,为汉语的语素系统扩充了大量的外来双音节语素,但具有能产性的多音节语素并不多见,构词能力非常有限。随着英源外来词进一步大量涌入,人们对外来事物的认同和熟悉,一些双音节外来语素也具有了较强的构词能力,如:

> 迷你:源于mini,小型的。如:迷你车、迷你机、迷你裙、迷你型、迷你影院、迷你装、迷你词典。
> 咖啡:源于coffee。如:咖啡壶、咖啡糖、咖啡杯、咖啡吧、咖啡病、咖啡剧、咖啡色、咖啡厅、咖啡豆。
> 克隆:源于clone,无性繁殖。如:克隆人、克隆羊、克隆技术、克隆风、克隆病、克隆生。

---

① 刁晏斌、尹立楠:《当代汉语中的新同音语素》,《南京师范大学文学院学报》2009年第1期。

② 白云霜:《当代汉语词汇新增义位研究》,博士学位论文,河北大学,2012年。

纳米：源于 namometer，长度单位，一纳米即十亿分之一米。如：纳米科学、纳米技术、纳米陶瓷、纳米卫星、纳米武器、纳米眼球、纳米蜂、纳米服装、纳米机器人。

沙发：源于 sofa。如：沙发床、沙发套、沙发椅、沙发垫。

基因：源于 gene。如：基因疗法、基因图谱、基因食品、基因武器、基因芯片、基因银行、基因组、转基因。

艾滋：源于 aids。如：艾滋牢房、艾滋短信、艾滋贼。

这些双音节音译语素中，有的通过简缩已演变为能产性很强的单音语素，如"咖"。还有的正处在语素化的过程中，如"艾滋"已衍生出"防艾、抗艾、艾魔"等词。"迷你"衍生出"迷马（迷你马拉松）挑战""迷债（迷你债券）"等词语。

音译形成的衍生性语素，或经过音节缩简，或发生意义的引申，或在类推机制作用下进行组合替换，发展出复合构词的能力。其独特的构词价值，在语义上难以被汉语的固有成分所取代，这不仅丰富了汉语的语素系统，也显示了新时期汉语的兼容性和多元性，是语言富有生命力的表现。

二 仿译形成的衍生性语素

（一）仿译形成的衍生性单音语素

仿译是用汉语语素逐一对译英语的内部成分，虽然使用的是汉语中固有的语素，但是在外来词能产性词语模的触发下，语素义发生了转移或引申，语素的语法意义发生了变化。这些新增的语素不仅自身的构词能力较强，有的还催生了原有语素的再生能力，见表6-2。

表 6-2　　　　　　　仿译形成的衍生性单音语素

仿译词	衍生性单音语素	衍生性单音语素的意义	例词
白领 (white collar)	领	具有某种职业级别特征的一类人	黑领、蓝领、粉领、金领、开领、绿领、紫领、格子领、紫领、橙领、无领、灰领

续表

仿译词	衍生性单音语素	衍生性单音语素的意义	例词
智商（intelligence quotient）	商	商数	情商、体商、逆境商、法商、婚商、爱商、财商、词商、乐商、美商、气商、趣商、淑商、体商、音商、速商、语商、媒商、康商、旅商、魂商、健商
秒杀（Seckill）	秒	秒杀，最初是网络游戏中的特定用语，以其瞬间击杀对手或一招致死的极端战斗方式而得名。现指网络购物，所有买家在同一时间网上抢购。	秒房、秒友、秒客、秒购、秒空、秒光、秒抢、代秒
		瞬间的	秒懂、秒回、秒课、秒拍、秒抢、秒删、秒停、秒赞、秒转、秒退、秒进、秒出
干葡萄酒（dry wine）	干	不甜的或无果味的	干红、干白、干啤、半干红、半干白、干香槟、特干型
互联网（Internet）	网	国际互联网	网吧、网民、网站、网页、网虫、网迷、网民、网上、网页、网友、网站、网址、网购、上网、下网、局域网、万维网
电影节（film festival）	节	（定期举行的音乐、戏剧等）活动节期	服装节、风筝节、龙虾节、艺术节、音乐节、动漫节、旅游节、广告节
微博（micro blog）	微	主单位的百万分之一	微光束、微克、微伏、微秒、微波、微安、微米
		微博	微投诉、微新闻、微谣言、微粉、微爱情、微动力、微管、微革命、微简历、微民、微骚客、微时代、微文化、微域名、微群、官微、微吧、微光①、微课堂、微漫画

在表 6-2 中，参照于原语素义，"领""干""节""微"的语素义发生了转移，指称范围扩大，"网"的意义得到进一步的引申，"秒"的语素义在转移的基础上进一步引申。"领""商""节"本来是不定位语素，现在增添了定位语素的某些语法特点。"微~"词语模的扩容，触发了原有语素"微"的仿拟扩展，导致大量潜词显化，形成了又一个"微~"族词的聚合，如："微电影、微简历、微作文、微访、微情

---

① 微光：通过微博传递的正能量。

书、微喜剧、微媒体",这些词语中的"微"都是原有的"微小""微型"意。在外源性语素义和自源性语素义的相互作用下,还催生了"微~"族多义词,如"微感动"既可以指"因阅读微博而受到的感动",也可以指"程度轻的感动"。"微播"可以指"内容简短的播报",也可以指"通过微博进行播报"。随着"微信"的出现,"微~"族词的情况更加复杂,"双微"指"微博和微信的合称","微领域、微代言、微求助、微骗"均指微博、微信两个平台或在这两个平台上进行的行为。难怪有人感慨,我们进入了一个"微时代"。不难看出,"微~"成为一个能产性极强的词语模,是与外源性语素义的引进密切相关的。

还有相当一部分由仿译形成的衍生性单音语素,如"门(-gate)""准(-quasi)""多(-multi)""超(-super)""软(soft-)""硬(hard-)"等,已经类词缀化了,相关论述见本章第二节。

(二)仿译形成的衍生性双音节语素

由仿译形成的衍生性双音节语素极易与同形复合词相混淆,刁晏斌、尹立楠曾指出:"有些工具书不分语素的意义,把含有同音语素的词排列在一起,从而混淆了同音语素之间的区别,也模糊了词源。"[①]从词源的角度出发,我们将此类衍生性双音节不成词语素大致分为以下三类:

1. 直接借用了英语对应词的某义项而形成的双音节语素。如:用"绿色食品"仿译 green food,其义已不是汉语中原有的"绿色、绿"的意义(像草和树叶茂盛时的颜色),而是借用了英语中"绿色"一词的"符合环保要求的、无公害、无污染的"含义,构成了"绿色大米、绿色水果、绿色社区、绿色产品、绿色村镇、绿色房产、绿色医院、绿色商场、绿色人才、绿色出行、绿色旅游、绿色奖励"等新词语。"绿色(green)"有进一步演变为衍生性单音节语素的迹象,如"洗绿、漂绿、住绿、吸绿、绿游"等。

2. 用中心义项对译边缘义项而形成的双音节语素。一些英语词在

---

① 刁晏斌、尹立楠:《当代汉语中的新同音语素》,《南京师范大学文学院学报》2009年第1期。

与汉语词对译时，其中心义项与汉语对应词是等值的，但边缘义项对于汉语来说是一个新的外来概念，人们在翻译这个边缘义项时，直接将这个外来概念移植到中心义项的对应词上，形成了一个与对应词同形的不成词语素。如：shopping plaza 一词中，plaza 的中心义项是"广场"，指"城市中的广阔场地"，但 plaza 的一个边缘义项是指"集购物、娱乐、办公于一体的商业大厦或大商场"，shopping plaza 一词应译为"购物中心"或"购物商业区"，而这里将边缘义项移植到了中心义项"广场"上，于是衍生出一个庞大的"~广场"词群，如"手机广场、美食广场、服饰广场、汽车广场、数码广场、商业广场、电脑广场、休闲广场、啤酒广场、海鲜广场、平价广场、商贸广场"等。与之类似的还有"人口爆炸（population explosion）"，"爆炸"是 explosion 的中心义项，"激增"是其边缘义项。仿译形成的衍生性单音语素中，"干（dry）""节（festival）"也是属于这种情况。

3. 由误译而形成的双音节语素。这种情况并不多见，最为典型的就是 foolproof，应译为"防傻"，指的是一种自动对光、只要按动快门就可以拍照的普及型照相机。①人们错误地译为"傻瓜相机"，并且将错就错地将其理据演绎为"简单易用的"，由此构成了"傻瓜电脑、傻瓜热水器、傻瓜领带、傻瓜码、傻瓜丛书、傻瓜技术"等词语。

由仿译带来的衍生性语素，不像音译语素和形译语素那样具有鲜明的外来色彩，往往与汉语中固有的词和语素同音同形，因而具有较大的隐蔽性，不容易引起人们的关注，但大量的语言事实告诉我们，仿译不仅为汉语的语素系统带来了新成员、新用法，并且还为汉语移植了新的构词模式，有的甚至还进一步促进了固有语素能产性的增强，使其焕发出新的活力。

三 形译形成的衍生性字母语素

从书写形式的角度分析，语素可分为汉字语素和字母语素。上述两类语素都是针对汉字语素而言的。随着英源形译词的引进，汉语里出现了一种新型语素：直接以字母作为书写符号的字母语素。例如：

---

① 宗守云：《时髦的"傻瓜"》，《咬文嚼字》2001 年第 5 期。

IP：源于 Internet Protocol，网际协议。如：IP 储值卡、IP 传真、IP 地址、IP 电话、IP 卡、IP 网。

IB：源于 International Bacoalauneate，指国际文凭，即由国际文凭组织的成员学校颁发的文凭。如：IB 班、IB 教师、IB 教学体系、IB 教育、IB 课程、IB 学校。

TV：源于 television，电视。如：CCTV（中央电视台）、KTV（配有卡拉 OK 和电视的包间）、MTV（音乐电视）、HDTV（高清晰度电视）。

CD：源于 compact disc，光盘。如：CD 唱机、CD 光驱、CD 唱片、CD-R（可录光盘）、CD-ROM（只读光盘）、CD-RW（可擦写光盘）。

IT：源于 Information Technology，指信息技术。如：IT 产业、IT 界、IT 企业、IT 人才、IT 市场、IT 业、IT 时代、IT 头。

e：源于 electronic，电子，电子网络。如：e 化、e 时代、e 时尚、e 警察系统、e 书、e 产品、e 服务、e 教室、e 生活、e 美容、e 校园、e 族、e 社区、e 人。

这些外来字母语素都经历了一个缩略的过程，并作为汉语的一种新语素存在于汉语的符号系统之中。外来字母语素的出现改变了只用汉语的语言材料构词、造词的局面，并且催生了本土字母词的发展，如"3D 空调"，D 为"低"字的拼音首字母，指"低碳、低能耗、低价格的空调"。仿造英文的 BMW，汉语自创了"BMW 族"一词，指"乘公交车（bus）、地铁（metro）或步行（walk）上下班的人"。

综上所述，英源外来词的引进为汉语提供了新鲜的构词、造词材料。这些衍生性外来语素不仅折射了社会的发展变化，反映了语言接触与融合的状况，还成为促进汉语词汇不断发展的途径之一。

四　衍生性外来语素的产生机制

在衍生性外来语素的产生过程中，有两种机制发生了重要的作用。

一是缩略机制。所谓缩略机制，就是从由多个字（或语素）组成的词语中截取某个有代表性的字（或语素）另行参与构词。音译词通过缩略机制将词的整体意义凝缩到一个原本不表意的记音符号上，实现了译音用字的语素化。仿译词通过缩略机制从较复杂的词语中提取一个主要语素，与其他语素组合替换，构造新词，增强了其能产性。形译词则通过缩略机制，或对原有完整的词进行加工，节略其中一部分字母，如：e时代、e时尚等，或从短语中提取每个词的首字母简缩而成构词语素，如：IB教育、IB课程等。

二是类推机制。"类推"也称"类比推理（analogical inference）"，索绪尔对此作过明确的阐述："类比形式就是以一个或几个其他形式为模型，按照一定的规则构成的形式。"并指出："类比是语言创造的原则。"[①]类推机制为人们提供了一条便捷之道，利用现成的、已知的东西来引导认识陌生的、未知的东西，符合语言交际所应遵循的"经济原则"或"省力原则"。而具体到构词方式，李宇明提出的词语模理论与此一脉相承。他认为大多数新产生的词语，都有一个现成的框架背景，这一框架背景就像是造词的模子（简称"词语模"）一样，能批量生产新词语，并使其所生产的新词语形成词语簇。[②]由此，外来词的引进为汉语提供了一个词语模，在类推机制的作用下，反复进行构词的语法复制，将新语素与既有语素以同样的结构方式来仿造构词，使临时性、偶然性的外来成分在汉语构词系统中得以固化，并呈现出类型化、批量化衍生的态势。

仿译词"智商（IQ）、情商（EQ）、财商（FQ）"的引入，为汉语提供了一个"～商"的词语模，以此为创构基础进行类推，更换模槽"～"部分的语素，从而成族群化地滋生出大量"～商"词语。如：

  法商：指人们法律素质的高低，法治意识的强弱，以及依法办事、遵守秩序、崇尚规则的自觉性和主动性等。
  词商：指人创造、使用某种语言词汇的综合能力。
  趣商：生活情趣商数，个人生活情趣水平的量化指标。
  淑商：女性保持温柔贤惠、知书达理、善解人意等淑女特质的

[①] ［瑞士］索绪尔：《普通语言学教程》，高名凯译，商务印书馆1981年版，第226页。
[②] 李宇明：《词语模》，载邢福义主编《汉语语法特点面面观》，北京语言文化大学出版社1999年版，第146—157页。

能力或程度。

乐商：指感知、记忆、弹奏、表演和创作音乐的综合能力。

爱商：人在婚恋生活中经营感情的智慧，以及解决情感问题的能力。

乐商：在群体中营造欢快氛围的能力。

美商：人对自身形象的关注程度，对美学和美感的理解能力，以及在社交中对声音、仪态、言行、礼节等涉及个人外在形象的因素的控制能力。

婚商：指人在选择配偶、缔结婚姻方面的认知和能力。

气商：人控制脾气、管理情绪的能力。

音商：人在音乐方面表现出的能力。

唱商：指歌手在歌曲的选择、改编、演绎等方面表现出来的综合能力。

媒商：与媒体沟通、交流的能力。

速商：指人对事物进行快速判断，并作出果断反应的能力。

语商：运用语言进行表达及与他人沟通的能力。

康商：人所具有的管理自身健康的能力，也称"健商"。

旅商：指旅客在旅游过程中规划旅途、行程管理、应对突发、丰富旅程、深度体验等方面的能力。

性商：性健康商数。

魂商：精神魄力方面的素养和资质。

这些"~商"词语的聚合过程实际上就是一个类推过程，构式的类推性使得"商"成为一个能产性较强的语素。

类推机制的作用还表现在利用语义类比构词，从而催生了能产性较强的语素。如外来仿译词"硬件（hardware）"和"软件（software）"的引进，在语义上形成了对立关系，在形式上提供了可类推的词语模，衍生了"硬环境-软环境""硬指标-软指标""硬资源-软资源""硬实力-软实力""硬投资-软投资""硬投入-软投入""硬开发-软开发""硬成本-软成本""硬新闻-软新闻""硬目标-软目标""硬武器-软武器""硬杀伤-软杀伤"等词语，这里面的"硬-软"是指"有（无形的""可（不可）固定的""可（不可）观测得到的""可（不可）检验的"等意义，这跟汉语中原有的"硬""软"没有直接的引申关系，而是利用语义类比构词在类推作用下逐渐形成的意义，这使得"软""硬"不仅成为衍生性语素，而且随着语义的扩大化，进一步演变为外来的类词缀。

可见，在外来衍生性语素的产生过程中，缩略机制和类推机制的作用得到了极充分的展示。在此作用下，使得外来词语完全融入汉语，沉淀在汉语的词汇系统之中，实现了对汉语的本土化顺应。

第二节 对汉语类词缀系统的丰富

从构词的角度来说，词当中表示基本词汇意义的语素被称为词根，表示附加意义的语素叫作词缀。还有一种介于词根和词缀之间的语素，被称为类词缀。吕叔湘先生曾指出："汉语里地道的词缀不多……有不少语素差不多可以算是前缀和后缀，然而还是差点，只可以称为类前缀和类后缀……说它们作为前缀和后缀还差点儿，还得加上个'类'字，是因为它们在语义上还没有完全虚化，有时候还可以以词根的面貌出现。"[1]类词缀的存在可以说是汉语词缀的一个特点，但是并非所有的类词缀都是自源性的，汉语中，有些类词缀的产生是语言接触的结果。通过音节语素化或典型语素的提取，汉语借入了不少衍生性语素，而随着汉化程度的进一步加深，这些语素的语义有所虚化，一般会固定在某一位置，成为外源性类词缀。

汉语中到底有多少个类词缀，并没有一个确切的数目，各家所列的类词缀范围也各不相同。潘文国曾对收集词缀和类词缀较多的 14 部作品作过一个统计，将各部作品提到的作为一票进行表决，结果在 14 部作品中出现的 340 个词缀或类词缀成分里，只有 16 个（4.7%）获得多数通过，有 223 个（65.6%）只有一票。[2]造成这种情况的原因可能在于：类词缀是一个半开放的类，一部分接近于真词缀，一部分接近于词

---

[1] 吕叔湘：《汉语语法分析问题》，商务印书馆 1979 年版，第 48 页。
[2] 潘文国：《汉语的构词法研究》，华东师范大学出版社 2004 年版，第 81 页。

根，还有的正处在形成、发展的过程中。作为发展演变中的一种动态现象，类词缀本身就存在一定的模糊性和不确定性，所以数目也就难以确定。而与之相伴相生的一个问题就是，如何来界定类词缀。张小平提出了判定类词缀的四个标准：（1）构词的定位性。（2）非独立成词性。（3）构词的类化性。（4）词汇意义的大部分虚化性。①

"构词的定位性"是指类词缀应像一般词缀一样，构词时位置必须是固定的。但是类词缀均是由实词演变而来的，绝大部分词缀来自词（根）的义项，与词（根）保持着难以割断的联系。"汉语中几乎没有纯粹做词缀的成分，所有在一定意义上可以看作词缀的成分都兼有实词或实语素的用法。"②因此，汉语中的类词缀常常是身兼数职的，如："家"有"家$_1$"（实语素）"家$_2$"（类后缀）和"家$_3$"（典型后缀）③。

家$_1$（安家　成家　持家　家暴　家庭　家风）
家$_2$（专家　作家　科学家　思想家　收藏家）
家$_3$（孩子家　老人家　姑娘家　女人家　学生家）

因此，这里的构词定位性应该是指此语言成素作为词缀或类词缀时的定位性。马庆株提出将构词定位区分为"相对定位"和"绝对定位"是很有道理的，他认为绝对定位是指位置无条件地固定，即不管是在构词平面上还是在句法平面上都是定位的。相对定位有两种情形：（1）构词平面和句法平面的定位不一致；（2）在词缀义（A）上定位，在非词缀义（B）上不定位，AB两个意义相关。类词缀的定位性应该是相对定位。④

"非独立成词性"是指"离开了这个整体，既无单独的意义，又不

---

① 张小平：《当代汉语类词缀辨析》，《宁夏大学学报》（人文社会科学版）2003年第5期。
② 董秀芳：《汉语词缀的性质与汉语词法特点》，《汉语学习》2005年第6期。
③ 参见朱亚军《现代汉语词缀的性质及其分类研究》，《汉语学习》2001年第2期，有改动。
④ 马庆株：《现代汉语词缀的性质、范围和分类》，《中国语言学报》1995年第6期。

能独立成词。凡是以其在合成词里的意义能够独立成词的，绝对不是类词缀"①。我们认为这个表述有待商榷。如果类词缀照此标准来判定的话，那么真词缀的标准应该比这个更严格，也就是说，因为家₁能够独立成词，就由此判定家₃不是词缀。但事实是家₃不仅位置固定，而且语义虚化，语音弱化，完全符合真词缀的判定标准。同时，真词缀的特征是一般黏着在词根语素的前面或后面，不能脱离词根语素而单独存在。类词缀作为一种中间过渡状态，似可允许黏着度不如真词缀那么高。因此，我们认为，将"非独立成词性"表述为"作为类词缀的语言成素有黏着的趋势"似乎更为妥当。

"构词的类化性"是指一个类词缀在构成新词时，有标志词性的作用。这也是汉语词缀的特点，并无太多的争议性。

"词汇意义的大部分虚化性"是争议较大的一个标准。从实词实义到语义虚化本身是一个连续统，中间并没有明确的界限。在这一标准中，有宽式标准，如汤志祥认为，类词缀的词汇意义完全没有"虚化"，即词素本身的词汇意义全部存在；②也有严式标准，如张小平认为，虚化是指体现在语义中的概念义逐渐消失的一种现象，意义上逐渐空灵，意义泛化不是虚化，因为泛化义仍很实在，并没有任何的虚化。③更多的是介于两者之间的标准，如沈光浩认为，类词缀的意义特征主要表现在类化和泛化。④刘英凯指出，类词缀的语义趋于概括和抽象化、泛化。⑤董秀芳认为词缀必须具有一定的词法意义，可以不具有词汇意义或词汇意义相当宽泛弱化，但一定要具有某种较为宽泛抽象的词法意义。⑥沈孟璎认为汉语的词缀似乎都是词根虚化的产物，语义从

---

① 张小平：《当代汉语类词缀辨析》，《宁夏大学学报》（人文社会科学版）2003年第5期。
② 汤志祥：《当代汉语词语的共时状况极其嬗变》，复旦大学出版社2001年版，第160页。
③ 张小平：《当代汉语类词缀辨析》，《宁夏大学学报》（人文社会科学版）2003年第5期。
④ 沈光浩：《汉语派生式新词语研究》，中国社会科学出版社2015年版，第34—36页。
⑤ 刘英凯：《汉语与英语的共有词缀化趋势：文化顺涵化的镜像》，《深圳大学学报》（人文社会科学版）2000年第2期。
⑥ 董秀芳：《汉语词缀的性质与汉语词法特点》，《汉语学习》2005年第6期。

实到虚的转化,是渐进的,很难干净利落,同原词根总存在着不能割断的意义关系。①我们比较赞同这一观点,因为实义的扩大化、抽象化、泛化本身就是一个从实到虚的过程,有些类词缀的意义泛化后很难概括出其意义,如"嫂"的泛化,"某种女子"的类化义已经无法涵盖所有的"~嫂"派生词。②鉴于此,我们认为,类词缀的意义应该是趋于类化、抽象化和泛化的。而这就意味着类词缀的词汇意义在虚化,语法意义在增强,也即是说类词缀大多具有较强的构词功能,因而具有较高的"能产性"。

因此,类词缀的判定标准是:构词具有相对定位性和类化性,呈现黏着趋势,构词能力强,意义趋于类化、抽象化和泛化。基于此,我们梳理了在汉英接触的影响下而形成的类词缀,分成两部分来讨论。

一 外源性类词缀的引进与汉化

(一)由仿译引进的外源性类词缀

由于类词缀系统的半开放性,汉语中究竟借入了多少外源性类词缀,各家看法并不一致。据我们所掌握的资料来看,最少的是尹海良提出的 1 例,他认为受外来语影响产生的类词缀还不能看作他源词缀,因为这些词素都有很强的汉语语义基础,汉语中真正能称得上他源类词缀的只有"门(-gate)"。③最多的是王玲提出的 42 个,分别为:半、超、次、单、双、非、类、前、亚、准、多、全、泛、后、化、性、反、零、吧、的、软、硬、卡、秀、客、领、巴、模、族、网、啤、迪、高、微、咖、E、电子、迷你、灰色、基因、概念、网络。其中"族"为日源类词缀,剩下的均为英源类词缀,有 41 个。④我们认为,汉语构词有其自身发展规律,在借入了英语中的词缀后,会按照汉语的规律对其进行改造,这被称之为"汉化"。但是因为汉化的存在就否认

---

① 沈孟璎:《试论新词缀化的汉民族性》,《南京师大学报》(社会科学版)1995 年第 1 期。
② 参见沈光浩《汉语派生式新词语研究》,中国社会科学出版社 2015 年版,第 36—38 页。
③ 尹海良:《现代汉语类词缀研究》,博士学位论文,山东大学,2007 年,第 91 页。
④ 王玲:《外来语素的词缀化》,《语文学刊》(高教版)2006 年第 7 期。

其来源于英语的事实则是不妥的。王力曾指出,"化"这个词尾大致等于英语的-ize,并以"工业化（industrialize）、机械化（mechanize）、现代化（modernize）、欧化（Europeanize）、庸俗化（vulgarize）、具体化（concretize）"为例佐证了这一点。[①]赵元任也认为汉语借译了外语的一些词头词尾,如"亲（pro-）、反（anti-）、化（-ize/-fy）、性（-ness/-ity）、主义（-ism）"等等。[②]由此可见,汉语中的外来类词缀不仅仅只有1例。而王玲提出的41个又过于宽泛,这些所认定的外来类词缀有的只是能产性较强的语素,语义明晰、实在,如"黑啤、生啤、熟啤、扎啤、干啤"中的"啤"就是"啤酒"义,"迷你裙、迷你手机、迷你车"中的"迷你"是"小巧"义,"使你着迷"只是根据字面组合附加的联想义,语义并未类化、抽象化、泛化,其他如"卡、秀、巴、模、迪、微、基因"等也都是这种情况。还有的本身就是汉语里的词,如"电子、灰色、概念、网络"等。

基于上文认定的类词缀界定标准,我们综合了吕叔湘[③]、张斌[④]和陈治安[⑤]等学者的研究,并考察了近些年新兴的外源类词缀,将由仿译引进的类词缀整理如表6-3所示。

表 6-3　　　　　　　由仿译引进的外源性类词缀

类词缀	对应的英源词缀	例词
半	semi-	半自动、半元音、半封建、半殖民
超	super-/ultra-/supra-preter-/hyper-/sur-	超音速、超短波、超声波、超固态、超阶级、超自然
次	sub-	次大陆、次生矿、次范畴、次声波
单	uni-/mono-	单细胞、单晶体、单相思、单名数
双	di-/bi-	双唇音、双宾语、双方言、双职工
反	anti-/counter-	反比例、反作用、反封建、反冲力、反社会
非	non-/un-/in-	非金属、非卖品、非婚生、非晶体、非正式、非导体

---

① 王力:《汉语史稿》,中华书局2004年版,第313页。
② 赵元任:《赵元任语言学论文集》,商务印书馆2002年版,第606页。
③ 吕叔湘:《汉语语法分析问题》,商务印书馆1979年版,第48页。
④ 张斌主编:《新编现代汉语》,复旦大学出版社2002年版,第173页。
⑤ 陈治安:《英汉词缀法构词比较》,《四川外语学院学报》1991年第1期。

续表

类词缀	对应的英源词缀	例词
类	quasi-	类前缀、类人猿、类行星、类词缀
前	pre-	前总统、前白齿、前科学、前苏联
亚	sub-	亚热带、亚硫酸、亚音速、亚健康
准	para-/pene-/quasi-	准宾语、准平原、准军事、准前缀、准直播
多	poly-/multi-	多角度、多层次、多侧面、多方位
泛	pan-	泛神论、泛灵论、泛生论、泛大陆
后	post-	后印象派、后现代主义、后工业化时代
零	zero-	零增长、零事故、零口供、零风险
软	soft-	软饮料、软着陆、软指标、软技术
硬	hard-	硬环境、硬设备、硬指标、硬科学
门	-gate	伊朗门、质量门、艳照门
化	-fy/-en/-ize/-tion	绿化、美化、淡化、简化、欧化、工业化、机械化、现代化、庸俗化、语法化
性	-ity/-ness	灵活性、创造性、正确性、规律性
学	-ics	力学、动力学、论理学、电子学
主义	-ism	自由主义、虚无主义、马列主义、沙文主义

从表 6-3 可见，汉语中的类词缀与英语中的词缀不是一一对应的关系，只是表达的范畴义大致相当。英语中的词缀身份单一，而汉语中的类词缀都是由实语素对译后，在类推机制的作用下，语义类化或泛化，呈现定位、黏着趋势后演变而来的，这种根缀重合现象可以说是汉语中特有的。同时，英语中的派生词进入汉语后并不一定仍是派生词，如 unconfident 一词中，un-是英语的前缀，但汉语可以译作"不确信的"，也可以译作"犹豫的"。即使看上去构词方式与英语派生词相同，也不能就此判定其为类词缀，还要看它是否已经形成了汉语类词缀的特点。例如，由"多"构成的词语"多角度（multi-angle）、多层次（multi-level）、多方位（multi-aspect）"等词语，与英语派生词的结构一致，但对于"多"是否为类词缀这一点，学界有不同的看法。张慧娜认为"多"是词根语素，因为它有明显的词汇意义。[①]陶小东分析了三音节的

[①] 张慧娜：《当代汉语类词缀发展探微》，《内蒙古师范大学学报》（哲学社会科学版）2006 年第 5 期。

"多"字结构以后,提出有两种不同的结构,一为"Z-AB(多-角度)"式,一为"ZA-B(多年—生)"式,前者中的"多"为类词缀,而后者不是。①沈孟璎将词根"多"和类词缀"多"区分开,提出汉语里没有"多(词根)+名词"的结构,而类词缀"多"则完全不受这个限制,可以直接加在名词上,造成许多新的语言单位,语义也逐渐抽象化,仅仅表示数量大的概括义了。②可以说,陶、沈二位学者的研究共同廓清了"多"的双重身份。

英语中的词缀不等同于汉语的词缀,这说明汉语引进外源性类词缀并不是简单的"拿来主义",同时,这些类词缀借入汉语后,还会在汉语构词规律的影响和作用下,进一步汉化。这种汉化主要表现在以下几方面。

1. 在组合功能上更加强大。有些外来词缀虽然源于英语,但在组合功能上后来居上,比英语表现得更加丰富。

类后缀"化"源于英语后缀"-fy""-en""-ize""-tion",表示"使……变成某种状态或具备某种性质",附加于形容词、动词后,构成派生动词,如"人格化(personify)、简化(simplify)、深化(deepen)、现代化(modernize)、革命化(revolutionize)"等,也可以构成派生名词,如"语法化(grammaticalization)"。但是汉语中类后缀"化"的组合功能不仅仅限于此,它还可以和非谓形容词组合,派生出"小型化、大型化、轻型化、重型化"等,和副词组合,衍生出"经常化、多样化、极大化、绝对化"等,甚至可以和短语结合衍生出"高智商化、高学历化、近现代化"等词语。③不仅如此,"~化"词模还可以派生出"女性化""理想化""戏剧化"等具有形容词功能的词语,更有诸如"老龄化、多样化、年轻化、永恒化、专业化、作家化、知识化、诗人化"等无法用相应词缀对译出来的词语。

---

① 陶小东:《关于"新兴词缀"》,《上海师范大学学报》(哲学社会科学版)1993年第4期。

② 沈孟璎:《试论新词缀化的汉民族性》,《南京师大学报》(社会科学版)1995年第1期。

③ 陈晓明:《浅析词缀"化"及化缀词》,《江汉大学学报》(人文科学版)2005年第8期。

类前缀"零"源于英语的"zero~"结构,词缀义为"不、没有"等否定意义,如"零增长、零误差、零容忍、零宽恕、零威亚",也表示"空的、虚的",如"零声母、零形态、零词缀"等,"零"的语义均指向紧随其后的语素,"零增长"意为"没有增长","零声母"意为"声母为空的"。但是,随着"零~"结构的流行,大量仿拟造词的出现,"零"在组合上发生了演变,如"零进球""零后卫",虽然"零"的词缀义没有变,但是这种组合却是在汉语里自发而生的,英语里没有。还有一些组合,在词缀义没有改变的情况下,语义指向却变了,如"零换乘"并不是"不换乘",而是指"不用长距离行走即可换乘";"零申报"不是"不申报",而是指"没有经营收入也应该申报";"零接触"不是"不接触",而是"没有距离的接触";"零接待"不是"不接待",而是"没有消费的接待"。在这些组合中,"零"的语义并非直接指向其后的构词语素。①

可以说,类词缀"化""零"突破了英语原有的组合限制,或改变语义指向,和更多词根语素相结合,或跨类组合,甚至跨层组合,使词语模的类推性更强,能产性更高。

2. 在意义上进一步扩大化。词义的类化或泛化是语素成为类词缀的前提条件,但是有一些外来词缀进入汉语后随着组合功能的增强,语义也进一步扩大化。

类前缀"准(para-/pene-/quasi-)"刚进入汉语时的初始意义为"类似"义,即表示两种事物性质相似,如"准平原、准山城、准直播"等,但是随着"准+有生命事物"这一组合结构在汉语中占据强势地位后,"准"的"逼近"义得以凸显。②如"准妈妈、准夫妻、准毕业生、准邻居"等等,都无法用对应词缀回译成英语,"准"潜在的另一个类义得以显化。

"门(-gate)"词缀义的扩大化是一个典型的例子。"~门"的出现与始于1972年美国发生的"水门事件"(Watergate Affair)有关,起

---

① 此处分析综合了张谊生《当代新"零"词族探微——兼论当代汉语构词方式演化的动因》、周日安《数词"零"的缀化》的研究。

② 彭小川、毛哲诗:《类前缀"准"的多角度研究》,《湖南大学学报》(社会科学版) 2006年第2期。

初多指政治丑闻。每当一国领导人遭遇执政危机或执政丑闻后,国际新闻界便通常会冠之以"门(-gate)的名称"。如:里根政府的"伊朗门"(Iran-gate),克林顿的"拉链门"(zipper-gate),布什执政期间的"情报门"(intelligence-gate)、"虐囚门"(prisoner-gate),等等。"门"作为"政治丑闻"的代名词,随着其在汉语里的快速蔓延与发展,意义也进一步扩展,用来指社会生活中有"黑幕""丑闻""具有负面意义"的轰动性事件。如:

假捐门:指当事人公开承诺捐款而实际却没有兑现的事件。
泼墨门:指2009年12月23日晚12点左右,在演员章子怡家附近她的一张巨幅照片被一群黑衣男子泼墨的事件。
含汞门:指因伊利奶粉涉嫌汞含量超标而引发的事件。

随着"~门"词的不断衍生,"门"也可用来指"新发生的、有一定轰动效应、能引起公众兴趣和广泛关注的新闻","黑幕""丑闻"的负面意义有所减弱,更多的指"引发争议的事件"。

解说门:指央视解说员黄健翔在2006年6月26日解说世界杯足球比赛时因过于情绪化而引起观众热议的事件。
国籍门:指某些运动员或演艺明星由于归属或变更国籍引起热议以致争端的事件。
口罩门:指美国奥运代表团自行车队抵达北京时戴着口罩的事件。

据我们的统计,仅《汉语新词语》(2006—2015)中就收录了135个"~门"派生词。正是这一系列具有汉语特色的仿词的出现,使"~门"结构的使用范围从政治生活领域扩展到一般社会生活领域,语义也进一步泛化。

3. 在用法上出现"聚合同化"。"聚合同化"是用来描述词义发展演变的一个术语,指由于聚合关系的影响和制约而发生的词义衍生现象。如:"议"和"论"是一对同义词,构成了一个聚合,这一聚合体规约着这两个词在"言论""主张""文体的名称"等多个义位上继续保持同义关系。① 在这里我们借用"聚合同化"这一表述,用来描述这样一种情况:由于汉语中有词、词根、词缀重合的现象,外源类词缀的用法会受到自源性同形词或词根的影响,在语用搭配上出现同化现象。如:实义词"门$_1$"指"房屋、车船或用围墙、篱笆围起来的地方的出入口",和外源类词缀"门$_2$(-gate)"构成了同音同形的聚合关系,"门$_2$"的用法受到了"门$_1$"的"感染",出现了下面这样一些用法和搭配:

例(1):"质量门"频频开启,精装房想说爱你不容易。(转引自叶南《当代汉语自源性类词缀化及其逆同化现象》)

例(2):时间关上2012年的大门,也试图关上行业的那些所谓"召回门""散酒门""酒精门""塑化门"。(来源同上)

例(3):旅游"宰客门""夹"伤鞍山客。(来源同上)

例(4):安南的"伊拉克门"事件可能还不只是一个司法问题,还可能是一个政治问题。包括美国最坚定盟友英国在内的全部大国,不是力挺安南就是表示中立,所以安南应当能够带着他的位子成功穿越他的"伊拉克门"。(转引自张谊生《附缀式新词"X门"试析》)

例(5):接下来是那个刚刚走过"嫖娼门"事件的×××一群贼眉鼠眼的丑星出来唱歌⋯⋯(来源同上)

例(6):有人把伊拉克战争干脆称作"伊拉克门",这是因为围绕伊拉克战争,不断有各种各样的丑闻传出。今年,"伊拉克门"推开一扇又一扇,主角除了美国大兵以外,伊拉克前政府高官也卷了进来。(来源同上)

例(7):郭美美引爆慈善危机,百度文学被指侵权,故宫十重门,四川会理县官员悬浮照,五道杠少年事件,微博直播动车事故,潘石屹"潘币"蹿红,公务员微博直播"自首"等,位列网络事件榜十大入围名单。(新浪网 2011.12.29)

---

① 张博:《组合同化——词义衍生的一种途径》,《中国语文》1999年第2期。

"故宫十重门"指故宫博物院 2011 年出现的十个事件,包括"失窃门""错字门""会所门""哥窑门""瞒报门""拍卖门""屏风门""封口门""古籍门""逃税门"。这十个事件引发了公众对故宫的管理与体制的质疑。上面的例子表明,受"门$_1$"的同化,"门$_2$"构成的词可以同"开启""关上""穿越""走过""推开""夹"等动词形成句法层面的组合关系,也可以和量词"扇""重"搭配,突破了"~门"结构原有的句法组合限制,达到了一语双关的效果。

(二) 由音译发展而来的外源性类词缀

一些音译外来词在经过音节语素化后,成为能产性较高的外来语素,随着其组合功能的扩大,意义进一步泛化,逐渐发展成为汉语的类词缀。比较典型的是类后缀"吧"和"的"。

"吧"最早出现在"酒吧"一词中,源于英语的 bar,采用了"饰标+音译"的方法进入汉语里,指"西餐馆或西式旅馆中卖酒的地方"。"吧"最初只是一个记音符号,本身并不表示意义,只有与前面的饰标构成一个整体才成为一个语素。在随后的使用中,饰标"酒"逐渐脱落,"吧"承担了"酒吧"之意,与其他语素结合构成了"吧娘、吧友、吧托、吧女、吧丽、吧蝇、串吧、泡吧"等一系列与"酒吧"意义相关的词语。由于酒吧既是"卖酒的地方",又是"为人们提供休闲娱乐的地方",随着构词能产性的增强,已获得语素资格的"吧"的意义朝着两个方向进一步类化,既可用来指"供应某种商品的专卖店",如"巧克力吧、醋吧、房吧、果吧"等,也可指"有特定功能或设施的休闲场所",如"琴吧、书吧、陶吧、乐吧"等。不仅如此,随着其组合能力的增强以及网络的兴起,"吧"的语义进一步概括化,用来指"网络中所提供的虚拟的交流或娱乐空间",如:"囧吧、股吧、爆吧、贴吧、吧主"等,于是伴随着形式上的缩略化,语义上的扩大化,"吧"逐渐演变成为汉语里的一个类词缀。

类词缀"吧$_2$"与汉语里的语气词"吧$_1$"同音同形,在用法上也出现了"聚合同化"现象。"吧$_1$"可以跟动词一起组合成具有鼓动性的祈使句,如"去吧","走吧"等。而类词缀"吧$_2$"在构词时,也出现了类似的结构,如"来吧、嚼吧、冲吧、酿吧、玩吧、哭吧"等。"哭吧"作为一种专门提供发泄情绪的营业酒吧,其广告词为:"哭吧,哭吧，哭吧！哭个痛快，哭出轻松，哭得你笑对人生！"这是"吧$_1$"句法层面的组合关系投射到"吧$_2$"的词法层面的结果，迎合了人们在语用上追新求异的心理。

"的士"是 taxi 由粤语引进的，本来是一个纯粹的音译词，但是在长期的使用中，"的"字逐渐获得了独立，承担了"taxi（出租汽车）"的整个词的意义，并参与构词，成为能产性较强的语素，如："的哥、的姐、的票、打的、拦的"等。随着其使用频率的提高，构词能力进一步增强，"的"在原有意义的基础之上衍生出了新的意义，经历了由特殊到一般、由特指到泛指的意义扩散的发展过程，泛化为"供租用的交通工具"，如："货的、空的、马的、驴的、面的、奔的、电的、铁的"等。"的"大量地与其他语素缀合，意义扩大化，成为一个类词缀。

由此可见，音译词通过音节的语素化，语义的扩大化，也能为汉语引进能产性较强的类词缀。

二 自源性类词缀的显化

汉语里固有的一些语素，有类词缀化的倾向，但尚处于潜隐状态，随着外来词的引进，使得这些潜在的类词缀得以显化，成为十分活跃的构词后缀。

汉语中的"客"，原主要是对那些奔走各地从事某种活动的人的称呼，如"说客、政客、侠客、门客、刺客"等。随着谐音音译词"黑客（hacker）"和"博客（blog）"的引进和高频使用，导致类词缀"客"显性化，形成了大量的"~客"族词的聚合。这种聚合分为三类：

一是将外来词中有 [k]、[g] 等近似音的词语采用音译的方式嵌入"~客"词语模而形成的聚合。如：

　　播客：Podcast，一种在互联网上发布多媒体文件并允许用户订阅新文件的方法。也指用这种方式交流的人。

　　布客：The Man Booker Prize，指获得当代英语小说界最重要奖项布克奖的人。

　　极客：geek，也作"奇客"。智力超群、工作努力的奇才，多指对计算机和网络技术有狂热兴趣并投入大量时间进行钻研的人。

快客：cracker，专门从网上了解别人的隐私、开展网上诈骗与破坏的人。

掘客：digger，喜欢并善于在网上发掘新闻的人。

脉客：Man keep，指注重人际关系，善于建立和利用人脉的人。

飞客：Phreaking，是一群采用最古老的网络入侵技术盗用电话线路的人，是现今电脑黑客心目中病毒入侵的始祖。

沃客：work，通过网络出售知识、创意、科研成果等的工作方式。

粉飞客：fanfic，是 fans（迷）和 fiction（小说）的缩略词，指对某部影视剧或小说等虚构作品非常喜欢的人。

绿 V 客：green week 的意译加音译，指积极倡导节约环保并付诸行动的人。

二是自创的带有 [k]、[g] 等近似音的英语词，其对应的汉语词所形成的"~客"词族的聚合。如：

维客：wiki，供人协同创作的超文本网络工具。也指参与创作的人。

慕客：Mook，兼有杂志和图书特点的出版物。Mook 为英语 magazine book 的合写，性质介于 Magazine 和 Book 之间，是日本人所创造推广的一种新文化商品，具有图片多、文字少、信息多、理论少的特点。在台湾地区也称为"墨刻"或"慕客志"。

拜客：bike，坚持骑自行车出行，倡导低碳生活的人。

魅客：Poco Maker，指一种自制电子杂志的软件。

摩客：Moke（又名 Flash mobs），指通过网络、手机等新媒体工具迅速聚合在一起的年轻人，他们志同道合，集中在一起完全平等地进行交流，阐述自己的观点，分享彼此的快乐，结束后又各自迅速散去。

丫客：yeskee，指通过网络建立个人多媒体空间的人。

泡客族：Perfect Career，指出入高档写字楼的那些有头脑、有个性、能适应社会、懂得享受生活的一群人。

趣客：joke，指通过网络发布娱乐视频作品的人或者是原创视频短片。

切客：check in，指热衷于利用提供地理位置服务的互联网系统记录即时所在位置、与人分享的人。

怕死客：PSK，英语 Personal Survival Kits 的缩写。指通过网络相互交流野外求生装备和技巧的人。

三是利用"～客"词语模自创词语而形成的聚合，如："车客、动车客、换客、拼客、群租客、晒客、试客、淘客、印客、悠乐客、账客、职客、叮客、追客、拼饭客、调客、陆客、帕客、剩客、贴客、耀客、嘿客、帮客、即客、秒杀客、创客、摆客、纠客、秒客、趴客、拍客、欠客、买客、团客、闲客、筹客、刷客、虚客、灰客、蓝客、闪客、推客、毕剩客、代秒客、代扫客、低碳客、刚需客、慢拍客、沙发客、刷书客、淘职客、微骚客、租衣客、海淘客、配资客、助筹客、反水货客、国际扫客"等，"客"用来泛指某类人。"e 摘客"则是指一种电子扫描笔。"思客"是"博客"的仿拟词，指"武汉市政府参事室门户网为每位参事建立的个人思想空间"。

随着使用频率的增加，"客"已泛化为对某类人或某种东西的称呼，并显化为构词活跃的类词缀。

汉语中的"奴"本指"丧失人身自由，为主人从事无偿劳动的人"，如："农奴、家奴"等。后来，古人将这种"人受人役使"的主奴关系扩展到本是平等的自然界，把自然界的物种、物品也分出所谓的"主"与"奴"，如："木奴"指"橘树和橘子"；"竹奴"或"青奴"指"古代的一种用竹篾编制的消暑用具"；"烛奴"是把烛台比作为人擎蜡烛的奴仆。这里的"奴"用来比喻"物受人的役使"。不仅如此，"物受物役使"的现象也用此作喻，如："酪奴"是"茶"的别称，因食肉饮酪之后，常常饮茶以助消化，茶之辅助酪浆的地位如同奴婢侍奉主子，故有此称。①"治书奴"是"裁纸刀"的别名。陶谷《清异录·

---

① 李润桃：《"奴"的文化蕴涵》，《安阳师范学院学报》2007 年第 1 期。

文用·治书奴》："裁刀，治书参差之不齐者，在笔墨砚纸间，盖似奴隶职也，却似有大功于书。"以此类推，"～奴"也用来比喻"人受物役使"的现象，如："书奴"用来比喻学书法墨守成规而不能创新者。唐代亚栖《论书》："凡书通即变。王（羲之）变白云体。欧（阳询）变右军体，柳（公权）变欧阳体，……若执法不变，纵能入石三分，亦被号为书奴。""诗奴"是唐代诗人贾岛的别号，因其一生以诗为命，好刻意苦读，故有此号。

无独有偶，英语中也有很多比喻"人受物役使"的"～奴"词语，如：net slave（网奴）、mortgage slave（按揭奴）、house slave（房奴）、car slave（车奴）、card slave（卡奴）、wage slave（工资奴）、gasoline slave（汽油奴）等。[①]随着这些仿译词的引进，"奴"的泛化义得以凸显，用来指"受某些事或物役使、拖累的人"，形成了大量附缀式词语，如："气奴、电奴、医奴、药奴、油奴、钱奴、券奴、墓奴、白奴、基奴、球奴、音奴、花奴、鸟奴、电脑奴、法奴、婚奴、养老奴、工作奴、买房奴、租房奴、出国奴、贪奴、情奴、欲奴、性奴、爱奴、恨奴、教育奴、英语奴、考研奴、大学奴、论文奴、考试奴、学位奴、外语奴、证奴、教奴、学奴、考奴、报奴、分奴"等；"奴"也用来指"受某些人役使或拖累的人"，但两者之间已不存人身依附关系，如："妻奴、孩奴"等。可见，外来词的引进触发了"～奴"词语模的显化，随着语义的泛化，位置的相对固定，"奴"逐渐演变成能产性增强的类后缀。

三 外来类词缀的产生机制

外来类词缀大多是能产性较强的外来语素，因此缩略机制和类推机制在类词缀的产生过程中同样发挥了重要作用，这一点前面已作论述，这里不再赘述。除此之外，语法化也是外来类词缀产生的助推器。

"语法化"源自英语的 grammaticalization，中国传统语言学中称之为"实词虚化"，是指从词汇形式演变为表达语法范畴的虚词或构词词形的虚语素的过程。沈家煊指出，语法化通常指将意义实在的词转化为无

[①] 龙海平：《说"奴"》，《语言新观察》2007年第2期。

实在意义、表语法功能的成分的现象或过程。①类词缀的产生是一个语法化的过程，其发展就是经历了语义从实到虚的这个历程，真词缀已经实现了语义的完全虚化，而类词缀则是处在词根完全虚化为词缀的中间状态。据邬菊艳、王文斌的研究，类词缀的语义虚化程度与语法化程度成正相关关系，与语义滞留程度成反比。所谓语义滞留，是指一个语素的语法化程度无论多么彻底，其原语义或多或少依然滞留于经虚化的成分中，并限制其语义和语法功能。②以语素"芭"和"门"为例，在"芭剧、芭赛、芭团、芭星、冰芭、跳芭"等词语中，"芭"承载了ballet的全部意义，语义完全凝缩在"芭"上，因此"芭"是词根。而"门"，最初的语义为"政治丑闻"，随着使用范围的扩大，"政治"义素逐渐剥落，"丑闻"义素得以滞留。在创造性类推机制的作用下，"丑闻"义进一步虚化，其相对抽象的上位义"有争议的事件"滞留于其虚化义中，"门"由此演变为一个类词缀。可以说，外来类词缀的产生是语法化的结果。

第三节　对汉语固有词义项的增补

汉语中多义词义项的产生途径，按照通行的理论，常常解释为在词的已有义项的基础上派生出与原有义项相关或相似的义项，新义与旧义之间有较为明显的引申关系。如："箱底"一词由"箱子的内部底层"衍生出"不经常动用的财物"这一义项，就是通过转喻，也就是相关联想而引发的；而"鸟、兽、昆虫居住的地方"——"窝"一词派生出"坏人居住的地方"这一含义，则是通过隐喻，也就是相似联想而引发的。但是，在现代汉语词汇系统中，一部分词语义项的增加并不是由原有词语在本义或基本义的基础上衍生发展而来的，而是在与外来语言接触的过程中借用而生的。这主要有两种情况。

一　由仿译移植而来的外源义项

一些外语词采用仿译的方法译介后，其词面形式与汉语固有词语偶

---

① 沈家煊:《"语法化"研究纵观》，《外语教学与研究》1994年第4期。
② 邬菊艳、王文斌:《论英汉类词缀的语法化和词汇化》，《外语教学》2014年第5期。

合，外语原词中的某个义项被移植到对应的汉语词语中，使汉语固有词语增加了新的义项。这个义项是借用而生的，并且填补了固有词语的词义空位。

"强人"在早期的白话文中指"强盗"，清末刘鹗《老残游记》第七回中有："若当朝山访道的时候，单身走路，或遇虎豹，或遇强人，和尚家又不作带兵器，所以这拳法专为保护身命的。"在英语词 strong man 的影响下，增加了"强有力的人；坚强能干的人"这一义项，于是有了"女强人"的说法。

"底线"一词原是汉语中的体育用语，指"足球、篮球、排球、羽毛球等运动场地两端的界线"。英语中 bottom line 的仿译形式与此偶合，而 bottom line 是指 deciding or crucial factor。词面形式的对应，使汉语中"底线"一词将英语中的这一义项移植了过来，增加了"最低的条件，最低的限度"这一义项，于是有了"价位底线、谈判底线、道德底线"等词语。

"平台"原指"晒台"或"生产和施工过程中，为操作方便而设置的工作台"，与 platform 的仿译形式同形，遂增加了"指计算机硬件或软件的操作环境"这一义项。与此类似的，"桌面"本指"桌子上用来放东西的平面"，后将 desktop 的义项移植过来，也用来指"进入计算机的视窗操作系统平台时，显示器上显示的背景"；"墙纸"本指"贴在室内墙上做装饰或保护用的纸"，后借用了 wallpaper 的义项，也可指"计算机桌面上显示的图形或色彩"。

二 受仿译影响而生的外源义项

一些由英语而来的仿译短语，在转写的过程中，组成短语的词其本义或基本义大致与汉语中的某个词相对应，便用这个词来承载仿译短语中的新义，随着使用频率的增加，承载新义的词语逐渐摆脱仿译短语的框架束缚，按照汉语的组合规则进行语义合成，其新增义项逐渐稳固下来，填补了该词的词义空位，这种新义的增加我们称之为"受仿译影响而生的外源义项"。

"泡沫经济"是英语 bubble economy 的仿译，指"以资产（股票、房地产等）价格超常上涨为基本特征的虚假的经济繁荣现象"，随着该词使用范围的扩大、使用频率的提高，人们对词语表达的概念的了解也不断加深，于是"泡沫"逐渐脱离原来的组合环境，出现了"泡沫合同、泡沫政绩、泡沫文化、泡沫新闻"等词语，不仅组合功能更加强大，而且承载此义项的"泡沫"可以独立成词，如：

例：新加坡《联合早报》的社论认为，新加坡房地产价格调控的目标在于实现房价稳定，而不至于突然下滑冲击市场，以便让<u>泡沫</u>慢慢消解。(《人民日报》2013年10月25日)

这里的"泡沫"承载的就是借用而生的新义：比喻某一事物所存在的表面上繁荣、兴旺而实际上虚浮不实的成分或现象。

"电脑病毒"是 computer virus 的仿译，随着"反病毒、查杀病毒、病毒库、防病毒"等词语的使用，"病毒"也随之增加了新的义项——特指计算机病毒，并且实现了"转域"，由医学领域转用到了信息科技领域。

这两种借用而生的外源义项，其产生的原因如下：

1. 词义空缺是这些外源义项得以借用的内在驱动力。在中西文化的碰撞中，不断地有新事物、新现象、新思想出现，反映到语言上，势必出现词语表达方式上的空缺，借用这些义项来填补词义架构中的空位，才能更好地满足人们表达思维和交际的需要。

2. 符合语言的经济原则。借用和移植外源义项，不需要占用过多的词形或者创制新的词形，用最小的消耗去达到最大的交际效果，平衡了所指的无限性、多样性与能指的有限性之间的矛盾。

3. 汉语语素的多义性为这种借用提供了条件。汉语的复合词是一种线性的合成符号，虽然语素义和语素义的相加不完全等于词义，但是语素义和词义之间有着千丝万缕的联系，以语素的多义性为基础，将某个语素义用作别解，就有可能获得新的组合解释，承载新的义项。如，"强人"的"强"，可以解释为"使用强力的"，也可以理解成"坚强的""强大的"。"底线"的"底"可以指"物体的最下部分"，也可以表示"最低的"。

4. 物质世界的共同性以及人类思维和情感的共通性使得这种借用

成为可能。根据认知语言学的体验哲学，人类社会的发展具有相似性，人类的生存需要、生活模式和思想感情基本相同，人类的思维具有一定的共通性。这种共通性决定了语言的词义演变大都包含隐喻和转喻两种方式，而英汉两种语言共享某些概念的隐喻体也由此成为可能。如"泡沫"比喻义的衍生，"病毒"新增义的转域，都是基于这种共通性的存在。

第四节 对汉语同义词场的扩容

同一个英语词可能会采用不同的译介方式，由此而产生这样一些词语：它们表达的是同一事物或同一概念，但是称名不同，这就给当代汉语词汇的同义词系统带来了更多的新生力量。它们彼此之间或与意译词之间展开了竞争，或并存，或分化，在这个过程中，每一个同义词场内部关系都会在调整中发生变化。本节以同义词场为单位，探讨由不同的译介方式所产生的英源外来词与汉语里的意译词所构成的同义词场中，各组同义词之间的动态关系模式，从个案描写中分析几种典型的同义词场的发展变化，并试图从中抽取一些规律性的认识。

本研究所认定的同义词是指概念相同或基本相同的多个词，或相当于词的词组，其中包括等义词和近义词。并且，这些同义词是指共时意义上并存的词语，而不是历时意义上的过渡性并存的词语。我们知道，从外来词的历时发展过程来看，一个外来词在形成比较固定的形式前往往对其所采用的译介方式有一个试验和选择的过程，很多情况下又会最终转化为意译词，从而失去了作为外来词的资格。如：president 曾采用音译的方式被转写为"伯理玺天德"，后又被译为"皇帝""总统"，最后定型为"总统"。"伯理玺天德""皇帝""总统"这三个词构成了一组同义词，但这种同义并存现象是过渡性的、历时性的，不在我们的考察范围之内。另外，采用了相同的译介方式而采用了不同的书写形式所形成的同义词也不在我们的考察范围之内。如：sauna 被转写成"桑拿"和"桑那"。

一 同义词场形成的途径

我们这里讨论的是由不同的译介方式借入的英源外来词所形成的同

义词场以及这些外来词同汉语里的意译词所形成的同义词场。可分为以下几种情况：

1. 回潮外来词与普通话里的意译词所形成的同义词场。如：维他命/维生素，安琪儿/天使，荷尔蒙/激素，菲林/胶卷，派对/晚会/聚会/舞会，卡通/动画/漫画。

2. 方言外来词与普通话里的意译词所形成的同义词场。如：巴士/公共汽车/公汽/公交车，的士/出租汽车/出租车，镭射/激光。

3. 普通话里的外来词与意译词所形成的同义词场，如：WTO/世贸组织/世界贸易组织，OPEC/欧佩克/石油输出国组织。

二 同义词场内部关系的考察

上述的三个同义词场中以等义词居多，意义有差别的不多。这是同义词场刚形成时的情形，在以后的并存与竞争中，同义词场的内部关系有可能变化，也可能保持不变。我们在三个同义词场中分别选取几组同义词作具体的例样分析，以考察分析各词项之间的各种关系。

（一）回潮外来词与普通话里的意译词所形成的同义词场考察

回潮外来词指的是普通话中曾经被意译词所取代的英源外来词，在一定条件下被再度激活，重新回到普通话的词汇系统之中，与意译词形成并存竞争的局面。这些外来词复现后，与固有的意译词形成了什么样的竞争态势呢？我们选取了几组同义词作了如下的个案调查。

〔维他命—维生素〕

"维他命"和"维生素"这两个词的含义并无任何不同，是一组等义词，意为"多数动物为维持正常新陈代谢活动所必需的一类有机化合物"。"维他命"是一个谐译词，曾经通过上海话进入普通话的词汇系统之中，后来一度被意译词所取代，现在又重新复出，类似的还有"安琪儿""派对""菲林"等。

实际上，我们说这些英源外来词被意译词所取代，只是针对以普通话为共同交际语的中心社群而言的，而在港台地区这样的地方社群中这些音译词仍然在大量使用着。20世纪50年代以前，中国的文化中心在上海，汉语的优势方言是以上海话为代表的吴方言。那时现代汉语里的很多外来词是通过上海话进入书面语的。新中国成立后，受当时语言政策的影响，很多学者提倡用意译词来取代英源外来词，并且把这有意无意地提到爱国主义的高度来认识，从而人为地减少了英源外来词的数量。许多英源外来词就是在这一段时期前后销声匿迹的。而在此之前，从大陆迁往台湾、香港等地区的人，有许多是吴方言区的，他们带去了许多英源外来词，其中多是以上海为中心借入的，"派对、维他命、安琪儿、菲林"等都是属于这种情况。这些词虽然在内地的普通话词汇系统中消失了，却在这些地区的方言中得以留存，并流行不衰。此后，随着改革开放的到来，以广东、香港为中心的粤语区成了汉语的优势方言区，这些外来词借助着优势方言的力量又重新回到普通话的词汇系统当中，并与汉语里的意译词形成对抗之势。因此，"维他命"的回归途径大致如图6-1所示：

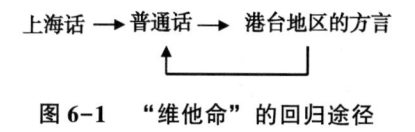

上海话 → 普通话 → 港台地区的方言

图 6-1　"维他命"的回归途径

"维他命"和"维生素"这两个词最初并没有意义的差别，在日常用语①中，二者可以互换。有时两个词并存于同一个句子之中，形成互为解释的关系。

例（1）：维他命 A 又叫树脂醇（retinol），有助视力，是保护眼睛黏膜和皮肤的维生素。（http：//www.yahoo.com）

但是在使用频率上，"维他命"明显处于弱势地位。表6-4是检索《人民日报》得出的频率数：

表 6-4

	2006	2007	2008	2009	2010	2011	2012	2013	2014	2015
维他命	0	1	1	5	11	0	4	6	2	4
维生素	4	26	54	40	97	74	92	93	159	74

---

① 这里的讨论不涉及医学、科技等专业领域的范围。

从表6-4可以看出,"维他命"虽然重新被激活,回到普通话的词汇系统当中,与意译词"维生素"形成并存竞争之势,但在使用频率上远远低于"维生素"。而且据表6-4推测,可能在短期之内无法与"维生素"平分秋色,真正形成对抗之势。另外,两个词的用法上逐渐出现了一些差异,"维他命"更常用作比喻。

例(2):此前有学者称ECFA是台湾的"维他命",有媒体称ECFA是台湾经济的"补骨汤",可以想见这一协议对台湾经济发展的重要性。(《人民日报》2010年6月30日)

例(3):也许,若干年后,人们会忘记陈晓光作为文化部副部长、中国文联副主席的"辉煌",但是,人们不会忘记晓光在近千首歌词中奉献给大家的音乐"维他命"……(《人民日报》2010年9月27日)

例(4):1942年2月28日,张学良还托人买到一部旧的《鲁迅全集》。在张学良看来,鲁迅的文字刺痛了他,但鲁迅的思想就是"维他命",是生命的必需品,须臾不能离开。(《人民日报》2010年9月3日)

例(5):据测定,燕窝含有50%的蛋白质、20%的碳水化合物、5%的铁、3%的其他矿物质,维生素含量微少。(《人民日报》2011年11月8日)

上述几例中,相比于例(5)"维生素"的用法,前几例中"维他命"均用作表示比喻的修辞义。同时,"维他命"还常用作品牌的名称,如"红牛维他命饮料有限公司""可口可乐'维他命获得饮料'"等,这种用法上的差异还是源于"维他命"字面组合所产生的"维持人和动物营养、生长所必需的生命物质"的联想意义所致,组合搭配与"维生素"有所不同。这种临时用法,在具体语境中经过一定程度上的时间和使用范围上的考验,也有可能逐渐沉淀下来,从而具有相对稳定性和常用性。

〔派对—晚会—舞会—聚会〕

"派对"一词源于英语的 party, *The Concise Oxford Dictionary*(《简

明牛津词典》）对这个词的解释是：a social gathering, usu. of invited guests（社交聚会，通常有邀请的客人）。这个词以音译的方式被转写为"派对"，在 1949 年以前流行于上海、南京一带，《汉语外来词词典》对这个词的解释是：

〔派对〕交际舞会。

从上面的解释可以看出，英语原词的意思更接近于汉语里的"聚会"，而"派对"一词又跟"舞会"形成了一组同义词。英语里的 a birthday party 我们又常常翻译为"生日晚会"。于是，"派对""聚会""晚会""舞会"构成了一个同义词场，意义有相近之处，却又不尽相同。"派对"一词一度呈消匿之势，之所以能重新回到普通话中，不仅仅是因为它作为英源外来词所具有的新鲜感，和其意义的宽泛也有着密切的关系。我们先来看《现汉》对另外三个词的解释：

〔晚会〕晚上举行的以文娱节目为主的集会。
〔聚会〕①（人）会合；聚集。②指聚会的事。
〔舞会〕跳交谊舞的集会。

"派对"的含义则要丰富得多，可以指"聚会"，如：

例（6）：朋友许君热爱陶艺，他在经营一家业务兴旺的企业之余，在京郊开办了一所完全不以赢利为目的的乐陶园，常常约些同好在那里弄埴烧陶，烧出来的陶瓷作品时有神来之笔，他就得意地举办内部展览，实际上也就是高雅的私人派对，他和来宾们在那场合交流陶艺心得，也兼山南海北地神侃，每每尽欢而散时，已月成金钩，蛙声一片。（刘心武《温榆斋随笔》）

显然，在这个例子中，"私人派对"指的就是"私人聚会"，既不是舞会，也不是晚会。"派对"也可以指"舞会"，如：

例（7）：从现在开始，凡是在北京、上海、广州、深圳购买欧莱雅纷莹产品的前 500 名消费者都有资格参加 8 月初在以上城市最时尚的跳舞俱乐部举办的"纷莹缤纷派对"，顶尖的 DJ，热门的跳舞音乐，当然还少不了用纷莹染出的绚丽头发，"纷莹缤纷派对"将会成为你精彩的夏季约会。(《北京晚报》2001 年 7 月 14 日)

"派对"的活动内容也可以和"晚会"相同，如：

例（8）：由北京庆文阶段文化中心举办的"YOU and ME 欢乐生日派对"活动为学习英语开辟了新途径。在这场派对中，小朋友们参与 YOU and ME 老师全英文短剧表演，表演形式新颖，通过唱歌、跳舞等方式来增强小朋友对语言的兴趣。(《北京晚报》2001 年 6 月 11 日)

在这个例子中，派对以文娱表演为主，如果在晚上举办，完全可以用"晚会"来替代，所不同者在于，"派对"不一定要在晚上举行。而且，在一些固定搭配中，"派对"不能代替"晚会"，如"春节联欢晚会""篝火晚会"等。

下面我们用义素分析法列表（见表 6-5）来揭示这四个词之间的异同点。

表 6-5

	人的集会	以跳交际舞为主	以文娱节目为主	发生在晚上
晚会	+	+/-	+	+
舞会	+	+	-	+/-
聚会	+	+	-	+/-
派对	+	+/-	+/-	+/-

可以看出，"派对"与"晚会""舞会""聚会"近义，但又不完全等值，之间的界线也不甚明确，"派对"的词义较为宽泛，这也是它能在沉寂之后又重新复出的原因。

〔卡通—漫画—动画〕

《汉语外来词词典》对"漫画"和"卡通"的解释如下：

〔卡通〕漫画，活动画，动画影片。源英 cartoon。
〔漫画〕用简单而夸张的手法来描绘生活或时事的图画。源日漫画 manga（意译英语 caricature，cartoon）。

从上面的解释可以看出，"卡通"是一个音译外来词，"漫画"是一个日语汉字词。表面看起来"卡通"是个上位词，包括了"漫画"和"动画"。"卡通"曾一度销声匿迹，原因可能在于，在提倡意译的大环境下，"卡通"的两个义项已经被"漫画"和"动画"取代。但仔细追究它们的含义时，我们发现其实不然，比如具有强烈讽刺意味的政治漫画，我们不叫"政治卡通"。并且随着几十年的发展，漫画的形式发生了很大的变化。受日本漫画的影响，一种新的漫画形式出现了，这种漫画运用分镜式手法来表达一个完整故事，由多幅绘画组成，画风精致写实，内容宽泛，风格各异，不再带有强烈的讽刺意味，看这种漫画就如同看无声的动画片一样，于是为了区别于传统漫画，人们把这种漫画称为"卡通漫画"。尘封已久的"卡通"遂重新出山，在功能和含义上都发生了变化。

从含义上说，"卡通"又增加了两个义项：
新增义项1：卡通漫画。

例（9）：与此同时，北京电视台青少中心还将于7月17日在北京卡通艺术博物馆开办为期10天的<u>卡通漫画</u>培训班，聘请动漫专家，讲授现代动漫的绘制技巧，让孩子们不仅看<u>卡通</u>，还亲自画<u>卡通</u>、参与卡通的制作，培养更广泛的兴趣。（《北京晚报》2000年7月12日）

新增义项2：具备卡通片中的人物或形象的特点或风格。

例（10）：曾志伟长得像个皮球，本人就很<u>卡通</u>，做漫画网站的代言人真是再合适不过。（http：//ent.tom.com）

例（11）：积木顶天乐，一款非常卡通的亲子同乐堆叠积木的游戏。（http://www.kidsdown.com）

从功能上说，"卡通"可以充当修饰性成分，如：卡通人物、卡通形象、卡通玩具、卡通女孩、卡通造型、卡通玩偶等等。并且可以被"很""非常"修饰，含义和功能的改变使"卡通"得以复出。但是，"卡通"的使用频率尚不足以跟"漫画""动画"形成分庭抗礼之势。表6-6是检索《人民日报》得出的频率数。

表6-6

	2006	2007	2008	2009	2010	2011	2012	2013	2014	2015
卡通	2	58	82	121	109	133	168	83	74	70
漫画	1	206	247	286	405	492	140	384	324	344
动画	4	195	250	350	547	995	279	151	484	627

同时，由于"卡通"不能涵盖"漫画"和"动画"的所有含义，于是语义场作出了相应的调整，导致了一个新词语"动漫"的产生，用来合称"漫画"和"动画"。

通过对上述三个小同义词场的分析，我们可以得出以下几点认识：

1. 借助强势方言的力量是回潮外来词复现所采用的手段之一。

2. 词义的宽泛和变异是这些回潮外来词在汉语里落地生根的重要内部因素。但是回潮音译词的使用频率还不足以和意译词相抗衡，至少从主流媒体语言的角度来看是如此。

3. 回潮外来词大都是纯音译词和谐音音译词，外来色彩较为浓厚，易给人以新鲜感，符合人们追新求异的心理。并且音节简短，大多为双音节或三音节词，能够满足人们的尚简心理。

4. 从语言的经济原则和规范要求的角度讲，有些音译词似乎没有复现的必要。但是，从语言的发展和语言运用的多样性和变异性的角度看，这些音译词的复现且与意译词的并存又是人们可以接受并欢迎的。

（二）方言外来词与普通话里的意译词所形成的同义词场

由于历史的原因，港澳地区和内地有很长一段时间互相封闭。社会制度和工作生活环境的不同，语言和文字使用习惯上的差异，使得港台地区和内地在对同一个外来概念或事物的表达上采用了不同的方式。总体说来，港澳地区倾向于音译（包括谐音音译），而内地更倾向于意译。由此而衍生了不少含义相同、形式不同的词语，其中有不少英源外来词和意译词。近40年来，随着改革开放和现代化事业的不断发展，内地与港澳地区的交流不断加深，港澳地区方言里的外来词不断进入内地，与普通话里的意译词展开了竞争，扩充了普通话里的同义词场。对于这样形成的同义词场，我们抽取了几个典型的个案，进行分析，以期能得出一些规律性的认识。

〔的士—出租汽车—出租车〕

"的士"一词源于英语 taxi，我国内地意译为"出租汽车"或"出租车"，港澳粤地区音译为"的士"。Taxi 一词是从商标词演化而来的。1907 年，美国纽约有个叫 Hary Alan 的人，对于街头公共交通马车的高昂价格感到不满，于是从法国引进一种四汽缸、16马力的小汽车，和出租马车开始抢生意，大受公众的欢迎。Hary Alan 给这种出租车取名为 Taximeter Cabriolet，意为"按程计价轿车"。其中的关键词 taxi 出自法文，而该法文又源自拉丁文，意为"收费"。以后 taxi 一词就逐渐演变而成为这种新型交通工具的简称。Taxi 在旧上海叫"计程汽车"，后来台湾地区沿袭这种称谓，叫"计程车"，实际上是最贴近 taxi 本义的译法。

"的士"一词从粤方言区进入普通话后，与"出租汽车""出租车"形成了一个同义词场，三者在一些情况下是可以互换的，有时共现于同一语篇中。如：

例（12）：天津市2万多名<u>出租车</u>司机记得他。<u>的士</u>司机胡建明宁可停止营运少收入，也要在局长接待日时直接向武局长面陈20条合理化建议，受到武长顺奖励的故事，被司机们传为佳话。（《人民日报》1997年4月19日）

但是，"的士"的词义有泛化的倾向。出租汽车和出租车指的是"供人临时雇佣的汽车，多按时间或里程收费"，但"的士"也可以指其他交通工具，而不一定是汽车，指称范围泛化为"供人临时雇用的交通工具"。

例（13）："五个个体私营群体"是指"三轮的士群体""小型拖拉机配件经营群体""食用油加工及其机械制造群体""革鞋业制造群体""文化娱乐业群体"。（《人民日报》1995年7月14日）

在上面这个例子中，"的士"就不能换为"出租车"或"出租汽车"。有些方言里甚至还出现了"波音的士"的说法。

有学者认为，出租汽车目前渐有被"的士"取代之势，因为"的士"以其音节简短，易于上口而占有优势①，但是据我们的统计和观察，实际情况并非如此。表6-7是检索《人民日报》得出的频率数。

表6-7

	2006	2007	2008	2009	2010	2011	2012	2013	2014	2015
的士	0	18	3	14	28	37	39	41	62	14
出租汽车	0	20	69	52	51	118	50	226	96	202
出租车	10	216	569	450	486	1297	726	1256	599	975

从表6-7可以看出，"出租车"的使用频率占有明显优势，并且处于上升的态势中，"出租汽车"的使用频率一直保持着平稳但不突出的地位，"的士"的使用频率偏低且无明显上升趋势。由此我们认为，"的士"不大可能在短期内取代"出租汽车""出租车"，三者可能会在很长一段时间内相持不下，并行不悖。虽然"的士"的使用频率偏低，但由于其词义的泛化，也不大可能随着其新鲜色彩的减低而在普通话中消失。

〔巴士—公共汽车—公汽—公交车〕

"巴士"源于英文bus，港澳粤地区音译为"巴士"，内地意译为"公共汽车"，简称为"公汽"或"公交车"。"巴士"一词从港粤地区传到北京及全国各地，与其他三个词形成了同义词场。《现汉》将其解释为：

---

① 孟伟根：《"出租汽车"小议》，《词库建设通讯》1994年第8期。

〔巴士〕<方>公共汽车。［英 bus］
〔公共汽车〕有固定的路线和停车站、供乘客乘坐的汽车。

可见，这两个词词义相同，大部分情况下可以互换。但在有些组合中，尤其是受双音节词修饰限定时，"巴士"由于发音简单，易记易写，容易占据优势地位，如：机场巴士、旅游巴士、大众巴士、品牌巴士等。

另外，"巴士"的词义还有进一步泛化的趋势，指称范围由"公共汽车"泛化为"公共交通工具"，有"水上巴士、空中巴士"等。如：

例（14）：有关部门正在积极建造 22 艘世博专用客渡船和 23 艘"水上巴士"船，以全新面貌和优质服务迎接世博会的到来。（《人民日报》2008 年 9 月 11 日）

这里的"水上巴士"，属于公共渡轮服务系统，是城市公共交通系统的组成部分，也可进一步简缩为"水巴"，如：广州水巴、上海水巴等。

表 6-8 是检索《人民日报》得出的频率数。

表 6-8

	2006	2007	2008	2009	2010	2011	2012	2013	2014	2015
巴士	1	32	47	45	71	159	106	89	92	86
公共汽车	1	66	61	63	106	104	35	84	51	51
公汽	0	1	1	0	4	3	0	2	0	0
公交车	4	289	306	402	387	601	329	667	636	410

统计表明，"公交车"的使用频率占据着强势地位；"公共汽车"的使用频率有下降趋势；"巴士"的使用频率有波动，但有缓慢上升的趋势；"公汽"的使用频率最低，但占据着词短优势，短期内也不大可能完全退出使用。这说明，这一组同义词将在普通话的词汇系统内长期共存，其中任何一个词在短期内都不可能取代其他的词而结束共存状态。

〔镭射—激光〕

"激光"是 laser 的意译词，laser 是 light amplification by stimulated emission of radiation 的缩写形式，曾被译为"光受激发射"，因译名较长，后来被钱学森教授改为"激光"，一直沿用至今。Laser 在大陆也曾被音译为"莱塞"，但并未流传很久，就被意译词取代了。"镭射"是香港地区的译法，20 世纪 80 年代末，"镭射"一词进入普通话中，与"激光"一词并存。

"镭射"与"激光"同义，但在使用范围上存在着较为明显的差异：专业技术领域或严肃场合用"激光"较多，娱乐或商业行业用"镭射"较多。如：

例（15）：它绚丽多姿、变幻无穷的镭射系统，将让金鸡湖的夜晚充满梦幻色彩。（《人民日报》2007 年 8 月 21 日）

例（16）：这台仪器的关键技术，就是获得真空紫外光谱区准连续波的激光。（《人民日报》2005 年 3 月 15 日）

虽然这两个词的用法分工比较明确，但也并非占据了自己领域的所有空间。"激光"有时会和"镭射"组成一个冗余组合，用于娱乐和商业领域。如：

例（17）：国家有关部门关于不准激光镭射厅营业的禁令发出已经几个月了，河南南阳市有些激光镭射厅仍在照常营业，放映的仍是色情淫秽暴力内容的影片。（《人民日报》1996 年 4 月 24 日）

"镭射"也会偶尔用于专业技术领域，如：

例（18）：劲嘉集团将镭射全息技术用于印刷，一个 50 人的小印刷厂崛起为"中国印刷百强"。（《人民日报》2009 年 5 月 14 日）

这说明，这两个词大体上分工比较明确，偶尔有交叉混用的现象。

其使用频率如表 6-9 所示。

表 6-9

	2006	2007	2008	2009	2010	2011	2012	2013	2014	2015
镭射	0	3	1	6	3	1	9	1	2	0
激光	3	96	134	122	238	178	93	188	236	164

从使用频率上可以看出，"镭射"还不足以和"激光"相抗衡，"激光"的强势地位可能会一直保持下去。

通过对上述三个小同义词场的分析，我们可以得出以下几点认识：

1. 汉语里固有的意译词在主流媒体语言中占据着比较稳固的地位。来自方言的外来词可能会对它们产生一定的冲击，但要真正形成平分秋色、并驾齐驱的局面还需要较长的时间。

2. 英源外来词的引进并非总是以"定名空缺"为前提的，尤其是来自方言的外来词，有不少是作为普通话的同义词而存在的。它们是汉语丰富性和精密性的标志之一，能够更加准确地表情达意，表达事物在范围大小、适用对象等方面的细微的差别。从语用上讲，这类作为同义词而存在的方言外来词是为了满足人们求新、求异、求变的心理。

3. 同义的音译词和意译词的竞争是一种必然，但是否一定会以一方的消失为最终的结果，则并非必然。长期共存有可能是它们的另一种生存态势，这是人们的语言观逐步宽容、趋向多样化的结果。

4. 音节的简短在竞争中并不占据绝对的优势，如"公汽"的使用频率就不高，我们在讨论词汇规范的时候，不能据此作出主观的取舍。

(三) 普通话里的外来词与意译词所形成的同义词场

随着社会氛围的不断宽松和语用心理的趋新趋异，以及人们英语水平的提高，不仅音译的方式在现阶段有盛行之势，而且通过形译引进的字母词也日渐增多，这些英源外来词与意译词形成了并存的局面。我们抽取的个案及分析如下。

〔OPEC—欧佩克—石油输出国组织〕

OPEC 是英文 Organization of Petroleum Exporting Countries 的首字母缩写，意译为"石油输出国组织"。1986 年 11 月 2 日，上海的《解放日报》记者江红首次将这个缩写词音译为"欧佩克"。对此，有些学者提出了异议，认为："将其译为'欧佩克'甚为不妥。此种音译之风不可长，亟须断然刹住。这种译法与其说是改进，不如说是改退，因为译者的社会责任是讲究译名的社会效果——尽量让最大多数的读者理解和接受，而不是相反。把'石油输出国组织'译成'欧佩克'似乎存心要读者莫名其妙，并为报刊'名词解释'栏增添本来是多余的内容。"[①]但是我们对这三个词的使用频率的调查情况显示却并非如此。表6-10是检索《人民日报》得出的频率数。

表 6-10

	2006	2007	2008	2009	2010	2011	2012	2013	2014	2015
OPEC	0	0	0	0	0	0	0	0	3	1
欧佩克	0	148	252	145	110	84	27	61	94	162
石油输出国组织	0	26	44	21	20	29	8	15	20	17

从表6-10可以看出，"欧佩克"一词显然已经获得了普遍认可，占据主导地位。"石油输出国组织"虽然先入为主，占有较突出的地位，但可能由于音节数太多，受节律的制约，使用频率有所下降。字母词OPEC则处于劣势地位，并且大多数情况下是以注源陪衬的形式出现，尚未取得独立使用的地位。

〔WTO—世贸组织—世界贸易组织〕

WTO是英文World Trade Organization的首字母缩写，意译为"世界贸易组织"，"世贸组织"是汉译的缩写。

这三个词完全等义，使用时可以无条件互换，并无明确的分工与规定。表6-11是检索《人民日报》得出的频率数。

表 6-11

	2006	2007	2008	2009	2010	2011	2012	2013	2014	2015
WTO	2	4	5	70	8	52	4	5	58	111
世贸组织	5	188	121	173	208	732	370	387	188	148

---

① 陈中绳：《词语翻译》，《中国翻译》1987年第6期。

续表

	2006	2007	2008	2009	2010	2011	2012	2013	2014	2015
世界贸易组织	6	107	114	119	156	329	231	185	156	145

统计显示，WTO 的使用频率波动较大，不如"世贸组织""世界贸易组织"那么稳定。但相较于同是字母词的 OPEC 而言，WTO 的使用频率和传播速度则要高得多。

WTO 刚开始使用时，还是以注源形式出现的，如：

例（19）：1999 年 11 月 15 日，中美双方就中国加入世界贸易组织（WTO）达成双边协议，这标志着为中国的"入世"排除了最大的障碍。(《人民日报》1999 年 11 月 22 日)

但很快就摆脱了陪衬的地位，开始独立使用，如：

例（20）：专家学者和企业界人士就商标法律制度与中国进入 WTO 后的法律适应性等问题进行了研讨。(《人民日报》1999 年 12 月 18 日)

不仅如此，WTO 在汉语言的环境中还产生了新的用法，可活用作动词和形容词。

例（21）：中国 WTO 后失业人口将达 1.7 亿，许多农民还将进一步失业。(http：//www.21hr.net)

例（22）：尤其是最近同事们的言行越来越 WTO 了，这更让她感觉自己在这么个人才济济的大公司里简直是毫无用处。(《涉世之初·哪怕只是一枚硬币》2002 年 3 月)

这说明，越是与社会热点相关的外来词传播得越快，越容易取得独立使用的地位，也越容易产生新的意义或用法。

通过对上述两个小同义词场的分析，我们可以得出以下几点认识：

1. 英源外来词扩展了汉语的同义词场,是汉语词汇无限丰富的一大表现。所指相同的英源外来词和汉语里的意译词长期共存于汉语的词汇系统之中,说明了汉语的词汇系统具有羡余性,并不排斥表达同义语义的手段的多样化。

2. 对于新出现的英源外来词,即使汉语里已有同义的意译词,即使它们的译介方式并不符合现行的某些原则,我们也不必匆忙地加以选择规定,更不能凭想当然而加以规范,它们的存亡,只能取决于人们的语用取向,而不能凭靠其他的力量。汉语只有不断地吸收其他民族中有益的表达形式,才能保持其旺盛的生命力,不管是音译还是形译词,只要是大众普遍接受了,我们就应视之为规范。

3. 越是公众关注的焦点,其同义表达形式可能就越多,而且传播得也越快。

三 同义组合的冗余现象分析

在语言学研究中,冗余指的是超过传递最少需要量的信息量。与英源外来词有关的同义组合的冗余现象是目前学界关注得比较少的一种现象。我们认为,有必要对这种现象进行一番考察。

我们将这种冗余现象分为两种。

(一)蕴含式冗余组合

1. 蕴含式冗余组合现象

所谓蕴含,即一个表达单位负载的信息包含着另一个表达单位负载的信息。蕴含式冗余组合是指外来词本身隐含的义素在组合层面上以词的形式重复出现所形成的冗余现象。先看下面几个例句:

例(23):明智班35个五岁左右的孩子大多是外地打工人员的子弟,从他们身上几乎找不出什么优秀的遗传基因,有的学生家长甚至连自己的名字都不会写,大多数孩子入学的时候从1数到20都困难。(《北京晚报》2001年3月4日)

例(24):如果你把这种蛋白质作为一种洗发香波的添加剂使用,我们可以根据这一基因实用性,授予你拥有该基因的专利。(《北京晚报》2001年8月20日)

例（25）：《我也不会那么做》超快感的重金属低音贝司似狂野的嘶吼，结茧的灵魂瞬间超脱一切的束缚，跟着火辣辣的音乐疯狂起舞。(《北京晚报》2001年9月28日)

例（26）：车站广场到处是出租的士和中巴车，喷泉花坛四周人来人往……(《北京晚报》2001年5月8日)

例（27）：包括的士司机、公共巴士司机以及爱好驾驶人士在内的200多人，在今天举行的典礼上宣誓，会在停车或等候的时候关掉引擎，这样既可使空气更清新和节省燃料，又可避免滋扰别人。(《北京晚报》2001年9月1日)

我们知道，词在组合时通常都要遵守同素规则，即组合成词组的各语义单位常至少含有一个共同的义素。如：

晒太阳＝晒（a. 在阳光下，b. 吸收，c. 光和热）＋太阳（a. 地球和其他行星都围绕它旋转，b. 从它得到，c. 光和热）。①

"晒a"和"太阳a"都含有"太阳"义素，"晒b"和"太阳b"都含有"得到"义素，"晒c"和"太阳c"都含有"光和热"义素。这些共同的义素表明组合成分是在互相选择，显示了组合成分在语义上的黏着性。但这些共同的义素通常是隐含在词的义项中的，在组合层面上并未显现。我们再来看上面五个例句中出现的"基因、香波、贝司、的士、巴士"等音译词在《现汉》中的解释：

香波（shampoo）：专为洗头发用的肥皂或合成洗涤剂。
巴士（bus）：<方>公共汽车。
的士（taxi）：<方>出租小汽车。
贝司（bass）：多指低音电吉他。
基因（gene）：生物遗传体的基本单位，存在于细胞的染色体上，作直线排列。

---

① 张志毅、张庆云：《词汇语义学》，商务印书馆2001年版，第212页。

可以看出，"遗传基因、洗发香波、低音贝司、出租的士、公共巴士"等组合是外来词本身隐含的义素以词的身份出现在组合层面上，"遗传、洗发、低音、出租、公共"都成了冗余信息。这些组合的使用频率，在北京大学中国语言学研究中心的CCL语料库中的检索结果为：公共巴士（17）、出租的士（2）、低音贝司（1）、洗发香波（31）、遗传基因（305）。从结果可以看出，这些组合在汉语中已经占据了一席之地，并且得到了主流媒体语言的承认，尤其是"遗传基因"和"洗发香波"这两个组合，人们在现实心理上已经完全接受了这两个词组。

2. 蕴含式冗余组合的特点

这些冗余组合具备如下两个特点：

（1）构成冗余组合的外来词基本都是纯音译词和谐音音译词。纯音译词和谐音音译词相对于用其他方式引进的外来词而言，前者由于各构成成分都是音节，不能承担反映所指对象特征的任务，因而不存在内部语义形式。后者则是被附会了一个虚拟的内部语义形式。

（2）这些冗余组合呈现出单向性的特点。我们说冗余与否，都是在关系的比较中得以体现，在关系的依存上得以显现。所谓单向性，是指一个词相对于另一个词而言是冗余成分，其中一个词的含义隐藏在另一个词的义素之中。

3. 蕴含式冗余组合的成因

词义的演变是这些冗余组合形成的根本原因。这种词义的演变分为两种情况。

（1）泛化而生的词义演变。"巴士、的士、贝司"这些外来词进入汉语之初，都有自己固定的指称对象，但在汉语社会使用过程中逐渐改变了自己固有的指称范围，呈现出泛化的趋势，表现为词义的扩大。如："巴士"的指称范围由"公共汽车"泛化为"一种供乘客乘坐的有固定路线和停靠点的交通工具"，有"水上巴士、空中巴士、私人巴士"的说法。"的士"的指称范围由"出租汽车"泛化为"供人临时雇佣的按时间或里程收费的交通工具"，有"公交的士、私家的士、三轮的士"等。"贝司"的指称范围有由"低音电吉他"泛化为"电吉他"的趋势，出现了"高音贝司"的说法。例如：

例（28）：一辆载工人的私人巴士，失控闯上另一条车道，撞上一辆汽车，导致 8 名乘客受伤入院。（www.zaobao.com）

例（29）：我还第一次坐上了"私家的士"。何谓"私家的士"？原来是一些车主为了更好地承担养车费用，于是驾上自己的车像普通的士那样外出载客，以挣取费用。（http://mastersjt.spaces.live.com）

例（30）：《生命有一种绝对》曲风柔和，钢琴及乐队和旋伴奏令音乐中充满了离别的伤感和一丝凄凉的无奈，高音贝司配合主唱单薄的嗓音，仿佛有一种可以冲破胸膛的力量，紧紧握着对未来的约定，对实现生命里一种绝对的勇敢和信念。（http://music.ent.tom.com）

这种词义泛化的出现是由于人们在使用的过程中对外来词的外延重新作了约定，将其他具有相似或相同特质的事物、现象纳入词的指称范畴之内。从这其中我们可以看到词义相似引申的痕迹，也就是说，这种词义的泛化是在事物、现象之间的相似性以及人们对这些相似性的认知基础上实现的。

同时，"巴士、的士、贝司"这些外来词的译介方式都是纯音译，这也为词义的泛化创造了条件。如前所述，纯音译词由于内部语义形式的缺失，使得其词性和词义呈现出一定的模糊性，因而能够承担更多的义项，或更宽泛的含义。

（2）附会而生的词义演变。这种词义的演变更多地体现在谐音音译词上。因为谐音音译词被人们附会了一个虚拟的内部语义形式。如"基因"和"香波"，就是人们循音附义为这两个词附会了内部语义形式"有香味的液体"和"基本因子"。这种附会的内部形式使外来词原有的义素在一定程度上被潜化了，字面表层意义则得到了凸显和强化。

4. 蕴含式冗余组合的功能

其功能表现在两个方面：

（1）在形式上对逐渐抽象化、概括化的语义进行限定。"巴士、的士、贝司"这些外来词词义的逐渐泛化反映了汉语社团对这些事物的认知过程，在对其语义特征的提取上从精细、具体到概括、抽象，描述相关经验的精细程度也由高而低。"公共、出租、低音"在一定程度上为逐渐泛化的语义作了限定，以区别于"私人巴士、公交的士、高音贝司"等。从共时层面上来看，这些组合是冗余的。但随着时间的推移，语义的演变，我们也有可能看见一个从"冗余"发展到"非冗余"的历时演变过程。

（2）凸显外来词逐渐潜化的义素，达到深层强化的目的。"遗传"和"洗发"的使用使"基因"和"香波"这两个词固有的义素在组合层面上得以显化，表面上看起来是冗余信息，实际上起到了强化这两种外来事物的性质和用途的作用，使意义更加显豁。

（二）同指式冗余组合

1. 同指式冗余组合现象

所谓同指，是指语言中的含有相同信息的重复出现共同指代同一事物。外来词的同指式冗余组合，是指同为等义词的音译词和意译词在组合层面上所形成的冗余现象。例如：

例（31）：<u>蕾丝花边</u>织就的背心，成为秋冬时尚亮点。（《北京晚报》2001年2月5日）

例（32）：歌舞晚会的结尾是世界著名的里约热内卢<u>嘉年华狂欢节</u>的缩影。（《北京晚报》2001年4月24日）

例（33）：以 CD 为储存介质的播放机可以"一机二用"——既能听 MP3 又能听 CD。其缺点在于采用<u>镭射激光</u>头读取盘片，防震性能较差。另外，如果您没有光盘刻录机的话，就无法定制盘片中的 MP3 音乐，只能依靠购买获取 MP3 音乐源。（《北京晚报》2001年7月30日）

例（34）：有医学专家认为，晒太阳能延年益寿，能提高人体中的<u>荷尔蒙激素</u>，对糖尿病、肥胖症、老人骨折、癌症和各种呼吸道疾病都有医疗作用。（《北京晚报》2002年10月6日）

例（35）：美国著名的<u>布鲁斯蓝调</u>音乐之王 B.B. 金 5 日傍晚来到美丽的日内瓦湖畔城市蒙特勒，在"金"迷的欢呼声中为自己的半身塑像揭幕，从而拉开了一年一度的蒙特勒爵士音乐节的帷幕。（《北京晚报》2002年7月6日）

我们再来看一下这些词在词典中的释义：

蕾丝（lace）：花边。

嘉年华（carnival）：（四旬节前持续半周或一周的）狂欢节；快乐节；谢肉节。

镭射（laser）：激光器。

荷尔蒙（hormone）：激素。内分泌腺分泌的微量有机物，其制剂在医药和畜牧业中都有重要用途。

布鲁斯（blues）：蓝调的音译，是一种由在美国的非洲后裔创造的音乐流派，与爵士乐同样成为产生于现代的少数几种新艺术形式之一。

上述五个例句，都出现了同为等义词的音译词和意译词并列组合的同指式冗余现象。

在现代社会进入信息时代之后，随着信息交换的日益频繁，对词语的运用提出了简省的要求。这种同指式冗余现象在汉语里的使用情况又是怎样的呢？CCL语料库的检索频率如下：镭射激光（11）、布鲁斯蓝调（2）、荷尔蒙激素（1）、嘉年华狂欢节（1）、蕾丝花边（7）。从搜索结果来看，"镭射激光"和"蕾丝花边"的可接受度较高。正如前面所分析的，"镭射"与"镭射激光"常用于商业、娱乐领域。"蕾丝花边"的使用和台湾歌手郑智化的那首《蕾丝花边》的歌曲传唱大江南北不无关系。在人们的反复传唱中，这种冗余组合也逐渐凝固下来，得到了人们的认可和接受。

2. 同指式冗余组合的特点

这种冗余组合呈现出下面两个特点：

（1）以音译词在前、意译词在后的情况居多，表面上看来是偏正式组合，实际上是联合式组合。表面上看来是"种差+属概念"的形式，实际上是等义词之间的注释与被注释的关系。有的组合在音节和谐的前提下，音译词和意译词的位置也可以互换，如：

例（36）：成品酒吧驻唱乐队，其成员都是由山城前辈级乐手组建而成，主音吉他兼队长是由号称"山城第一现场吉他"的著名音乐人赵伟担任，曾远赴北京、上海等地进行深造，其乐队以多元化的演奏风格完成爵士、<u>蓝调布鲁斯</u>等经典演绎。（http://www.cqdsrb.com）

（2）这些冗余组合呈现出双向性的特点，即两个词互为冗余，其中一个基本可以代表另一个的意义。

3. 同指式冗余组合的成因

在语言中冗余现象和简化倾向是并行存在的，它们是一对矛盾。这一矛盾来源于社会功能，又在社会功能的作用下并行发展，相辅相成，相互制约。一般情况下，冗余现象可以增加信息传送的准确性和可接受性，简化倾向则可提高信息传送的效率。但是上述这种冗余现象不但没有增加信息传送的准确性，反而会使人产生误解，认为"蕾丝花边"是"花边"的一种，"荷尔蒙激素"是"激素"的一种。既然有悖于准确性的原则，又为什么会在我们的语言生活中存在并使用呢？我们认为，隐藏在这种现象后面的语用心理因素是值得我们研究的。

语言的产生和发展是受到人们语用心理的影响和制约的。语言社团从来就是喜新厌旧的，追求新奇刺激是人们心理的共性。这种求新心理表现在三个方面：一是接受、传播和适应新事物、新观念的迫切心理。二是对语言表达的多样化的追求，对新的语言形式的热衷。"当一个词用了很长时间以后，它的新鲜度逐渐降低，人们就会失去对它的格外关注，即使意义没有什么变化，也没有什么新事物去取代它，但人们还是想换一个'新瓶'来装'旧酒'，从外在形象上重新获得新鲜感，于是就会有新词出现，与原有词'争宠'，尤其是当外来词语与之争锋时，新面孔总是格外受青睐。"[①] 三是对语言表达的个性化的追求，人们不希望千人一腔，四平八稳，而希望能够标新立异，与众不同。但同时，为了保证交际的成功，人们还要抱着合作的心理，言语双方要尽量得到对方的认可和理解。因此，人们在选择词语时会尽量挑选对方容易理解的词语。这种冗余现象的出现正是求新与合作心理共同作用的产物。

[①] 葛本仪：《汉语词汇学》，山东大学出版社2003年版，第657页。

我们可以将这些音译词和意译词按照其进入普通话的方式分为三类：

第一，台港语用音译，普通话用意译，后来台港语的音译词进入普通话中来，形成了并存的局面。如："蕾丝"与"花边"，"嘉年华"与"狂欢节"，"镭射"与"激光"。

第二，普通话中本来也有音译词的，后来改用意译词了，而香港方言中一直使用音译词，后来音译词又重新回到普通话中，即回潮词和意译词。如："荷尔蒙"与"激素"。

第三，普通话中采用了音译和意译两种方式，形成了并存的局面。如："布鲁斯"与"蓝调"。

意译词的优点在于符合汉族人的认知习惯，容易为人所理解。而音译词则由于内部语义形式的缺失，具有强烈的外来色彩，能给人一种新鲜感。尤其是来自港台地区的音译词由于其背后所代表的强势地区文化更容易受到人们的青睐，更容易满足人们的心理需要，所以这些音译词常常会取代原有的意译词而被人们大量地使用。但人们在交际时又要遵守合作的原则，在传播新事物、新观念以及新的表达方式时又需要得到对方的理解，所以原有的意译词也没有退出使用的舞台。

音译词和意译词以解释和被解释、注释和被注释的方式并用，正好满足了人们求新与合作的心理，在这两种心理的共同驱动下，促成了上述冗余组合的形成。

4. 同指式冗余组合的功能

同指式冗余组合在一定程度上满足了人们追新求异的语用心理。这些冗余组合刚开始使用的时候，尽管不合规范，但却是对原有形式的一个突破，人们对它的界定是模糊的，而某些人使用语言恰恰喜欢追求这种"模糊"，造成了使用上的扩大化。

总之，这些外来词的冗余组合虽然在一定程度上偏离了汉语现行的语言规范，但我们也不必匆忙地加以选择规定，更不能凭想当然而加以规范，它们在汉语里究竟是昙花一现还是落地生根，只能取决于人们的语用取向。

结　　语

在本研究中，我们将英源外来词引进的三个高潮期进行了对比，从译介主体、译介方式、词语类属、引进途径等方面总结了这三个时期英源外来词的特点，认为英源外来词的译介主体逐渐多元化，译介方式日趋多样化，词语类属从政治制度、哲学思想、科学技术扩展至文化、娱乐生活等方面，其引进途径受强势方言区的影响较大，以吴方言区和粤方言区为主要的来源地区。

我们对英源外来词的译介方式进行了分析，认为纯音译向意译过渡并非语言发展的必然倾向。译介方式的演变是由汉语发展的内外部因素所决定的。汉语作为交际工具和现实编码，一方面要"极力抵制使自己走入'密码'的歧途"；另一方面又要在语用上保持一定的新鲜感，这促使外来词语的译介始终在透明化、简明化和陌生化、新颖化之间寻找着平衡点。

英源外来词词形的演变分为同源异形和同形异源两种情况。同一译介方式下的同源外来词的词形演变规律是在对音准确、表意明确的基础上尽量追求词形的简省。不同译介方式下的同源异形则遵循的是"异格并用"的原则。而来源不同的外来词之间的词形偶合或与汉语固有词形成的词形偶合，其原因大多可归结为外来词原有字义的消解、字面组合连缀成义、字面意义附加了联想意义或外来语素参与构词等因素。

音段的置换、音段的增删以及音节的拆分重构是英源外来词语音演变中常见的三种音系修补策略。研究表明，这三种策略的采用一方面是为了尽可能地保留英语中的语音信息，力求语音的近似，另一方面是为了满足汉语的音系结构要求。

英源外来词词义的演变可分为"自发而生的词义演变"和"借用而生的词义演变"，在研究中，既考察了英源外来词在汉语的语用环境中自发生成的演变,也考察了在其历时发展过程中受英语原词影响而发生的演变。我们认为,一方面,英源外来词和汉语里固有的词语一样,随着时代的发展和汉民族社会的变迁而演变着;另一方面,也受到了英语原词语的影响和制约。

英源外来词的引进催生了新的衍生性外来语素,扩展了汉语的语素系统和词缀系统,并对汉语多义词的形成和同义词场产生了重要影响。关于英源外来词中的回潮现象和冗余组合现象,研究表明,借助强势方言的力量是英源外来词重新出山所采用的一种手段,词义的宽泛和变异是这些回潮词能够在汉语的普通话词汇系统内长期留驻的决定性因素之一。求新与合作的语用心理是促成冗余组合现象形成的原因,而能否在汉语里植根还需时间的检验。

对于英源外来词的研究,有些问题我们目前只是蜻蜓点水似的触及了一下,还有一些尚未涉足,这是在以后的研究中需要进一步深入和改善的,主要有以下两方面:

1. 英源外来词的语素化、词缀化过程是一个动态的演变过程,对于其整个动态过程的跟踪考察是我们接下去要研究的方向。

2. 文中虽然对英源外来词进行了一定的定量分析,但由于掌握的材料和工具有限以及时间的限制,所以具有一定的局限性。运用计算机建立大规模的外来词语料库将会为今后的研究提供更准确的数据支持。

参考文献

外文文献

Appel & Musken, *Language Contact and Bilingualism*, New York: Rouledge, 1990.

Downes, William P., *Language and Society*, London: Fontana Paperbacks, 1984.

J. Lyons, *Semantics*, Cambridge: Cambridge University Press, 1977.

Liu, Lydia H., *Translingual Practice*, California: Stanford University Press, 1995.

Ruth King, *The Lexical Basis of Grammatical Borrowing*, Amsterdam: John Benjamins Publishing Company, 2000.

Yip, M., "Cantonese loanword phonology and Optimality Theory", *Journal of East Asian Linguistics*, 1993-2.

译著及著作

[美] 布龙菲尔德：《语言论》，袁家骅、赵世开、甘世福译，商务印书馆1980年版。

[瑞士] 索绪尔：《普通语言学教程》，高名凯译，商务印书馆1981年版。

[意] 马西尼：《现代汉语词汇的形成——十九世纪汉语外来词研究》，黄河清译，汉语大词典出版社1997年版。

[英] 杰弗里·利奇：《语义学》，李瑞华等译，上海外语教育出版社1987年版。

本书编辑组：《词汇学新研究——首届全国现代汉语词汇学术讨论

会选集》，语文出版社 1995 年版。

曹炜：《现代汉语词汇研究》，北京大学出版社 2004 年版。

岑麒祥：《汉语外来语词典》，商务印书馆 1990 年版。

陈福康：《中国译学理论史稿》，上海外语教育出版社 1992 年版。

陈松岑：《语言变异研究》，广东教育出版社 1999 年版。

陈原：《社会语言学》，学林出版社 1983 年版。

程湘清：《汉语史专书复音词研究》，商务印书馆 2003 年版。

《词汇学理论与应用》编委会：《词汇学理论与应用》（三），商务印书馆 2006 年版。

房玉清：《实用汉语语法》，北京大学出版社 2001 年版。

冯胜利：《汉语的韵律、词法与句法》，北京大学出版社 1997 年版。

冯天瑜：《新语探源——中西日文化互动与近代汉字术语生成》，中华书局 2004 年版。

符淮青：《现代汉语词汇》（增订本），北京大学出版社 2004 年版。

高名凯、刘正埮：《现代汉语外来词研究》，文字改革出版社 1958 年版。

葛本仪：《汉语词汇研究》，山东教育出版社 1985 年版。

葛本仪：《现代汉语词汇学》，山东人民出版社 2001 年版。

葛本仪：《汉语词汇学》，山东大学出版社 2003 年版。

郭伏良：《新中国成立以来汉语词汇发展变化研究》，河北大学出版社 2001 年版。

贺川生：《商标英语》，湖南大学出版社 1997 年版。

贺国伟：《汉语词语的产生与定型》，上海辞书出版社 2003 年版。

胡晓清：《外来语》，新华出版社 1998 年版。

胡兆云：《语言接触与英汉借词研究》，山东大学出版社 2001 年版。

贾彦德：《汉语语义学》，北京大学出版社 1999 年版。

何善芬：《英汉语言对比研究》，上海外语教育出版社 2002 年版。

梁晓虹：《佛教词语的构造与汉语词汇的发展》，北京语言学院出版社 1994 年版。

刘青主编：《中国术语学研究与探索》，商务印书馆 2010 年版。

刘叔新：《汉语描写词汇学》，商务印书馆 2000 年版。

吕叔湘：《中国文法要略》（上），商务印书馆 1941 年版。

吕叔湘：《汉语语法分析问题》，商务印书馆 1979 年版。

罗常培：《语言与文化》，语文出版社 1989 年版。

罗新璋：《翻译论集》，商务印书馆 1984 年版。

潘文国：《字本位与汉语研究》，华东师范大学出版社 2002 年版。

潘文国：《汉语的构词法研究》，华东师范大学出版社 2004 年版。

潘允中：《汉语词汇史概要》，上海古籍出版社 1989 年版。

沈光浩：《汉语派生式新词语研究》，中国社会科学出版社 2015 年版。

沈国威：《近代中日词汇交流研究：汉字新词的创制、容受与共享》，中华书局 2010 年版。

史存直：《汉语词汇史纲要》，华东师范大学出版社 1989 年版。

史有为：《异文化的使者——外来词》，吉林教育出版社 1991 年版。

史有为：《汉语外来词》，商务印书馆 2016 年版。

史有为：《外来词：异文化的使者》，上海辞书出版社 2004 年版。

孙常叙：《汉语词汇》，吉林人民出版社 1956 年版。

孙银新：《现代汉语词素研究》，中国文史出版社 2003 年版。

汤志祥：《当代汉语词语的共时状况极其嬗变》，复旦大学出版社 2001 年版。

王力：《汉语史稿》，中华书局 2004 年版。

汪榕培：《英语词汇学高级教程》，上海外语教育出版社 2002 年版。

王艾录、司富珍：《汉语的语词理据》，商务印书馆 2001 年版。

王艾录、司富珍：《语言理据研究》，中国社会科学出版社 2002 年版。

武占坤、王勤：《现代汉语词汇概要》，内蒙古人民出版社 1983 年版。

邢福义：《文化语言学》，湖北教育出版社 1990 年版。

刑福义主编：《汉语语法特点面面观》，北京语言文化大学出版社 1999 年版。

杨锡彭：《汉语外来词研究》，上海人民出版社 2007 年版。

杨荫深：《细说万物由来》，九州出版社 2005 年版。

张斌主编：《新编现代汉语》，复旦大学出版社 2002 年版。

张静庐编：《中国近代出版史料初编》，群联出版社 1953 年版。

张培基等：《英汉翻译教程》，上海外语教育出版社 1980 年版。

张绍麒：《汉语流俗词源研究》，语文出版社 2000 年版。

张永言：《词汇学简论》，华中工学院出版社 1982 年版。

张志毅、张庆云：《词汇语义学》，商务印书馆 2001 年版。

张子高、杨根：《徐寿和中国近代史》，科学技术文献出版社 1986 年版。

赵明：《明清汉语外来词史》，厦门大学出版社 2016 年版。

赵艳芳：《认知语言学概论》，上海外语教育出版社 2002 年版。

赵元任：《赵元任语言学论文集》，商务印书馆 2002 年版。

浙江大学汉语史研究中心编：《中古近代汉语研究》（第 1 辑），上海教育出版社 2000 年版。

中国翻译工作者协会《翻译通讯》编辑部编：《翻译研究论文集（1894—1948）》，外语教学与研究出版社 1984 年版。

钟少华：《中国近代新词语谈薮》，外语教学与研究出版社 2006 年版。

周振鹤、游汝杰：《方言与中国文化》，上海人民出版社 2015 年版。

邹嘉彦、游汝杰主编：《语言接触论集》，上海教育出版社 2004 年版。

工具书类

［英］霍恩比：《牛津高阶英汉双解词典》，商务印书馆 2015 年版。

包铭新：《时尚话语》，上海科学技术文献出版社 2001 年版。

亢世勇、刘海润主编：《新词语大词典（1978—2002）》，上海辞书出版社 2003 年版。

侯敏、周荐主编：《2007 汉语新词语》，商务印书馆 2008 年版。

侯敏、周荐主编：《2008 汉语新词语》，商务印书馆 2009 年版。

侯敏、周荐主编：《2009 汉语新词语》，商务印书馆 2010 年版。

侯敏、周荐主编：《2010 汉语新词语》，商务印书馆 2011 年版。

侯敏、杨尔弘主编：《2011 汉语新词语》，商务印书馆 2012 年版。

侯敏、邹煜主编：《2012汉语新词语》，商务印书馆2013年版。
侯敏、邹煜主编：《2013汉语新词语》，商务印书馆2014年版。
侯敏、邹煜主编：《2014汉语新词语》，商务印书馆2015年版。
侯敏、邹煜主编：《2015汉语新词语》，商务印书馆2016年版。
李行健、曹聪孙、云景魁主编：《新词新语辞典》（增订本），语文出版社1993年版。
刘正埮、高名凯、麦永乾、史有为编：《汉语外来词词典》，上海辞书出版社1984年版。
钱乃荣主编：《酷语2000》，上海教育出版社2001年版。
沈孟璎主编：《实用字母词词典》，汉语大词典出版社2002年版。
宋子然主编：《100年汉语新词新语大词典（1912年—2011年）》，上海辞书出版社2014年版。
王均熙编撰：《当代汉语新词词典》，汉语大词典出版社2003年版。
香港中国语文学会：《近现代汉语新词词源词典》，汉语大词典出版社2001年版。
杨健平主编：《时尚词汇——新名词应知应晓》，北京科学技术出版社2001年版。
于根元主编：《中国网络语言词典》，中国经济出版社2001年版。
周荐主编：《2006汉语新词语》，商务印书馆2007年版。

期刊论文

北京师范学院中文系汉语组：《五四以来汉语书面语言的变迁和发展》，《中国语文》1959年第4期。
卜祥忠：《汉语外来词的"汉化"现象》，《枣庄师范专科学院学报》2002年第3期。
岑运强、刘冀：《论汉语外来词的分类与译介原则》，《井冈山师范学院学报》（哲学社会科学版）2000年第3期。
陈榴：《汉语外来语与汉民族文化心理》，《辽宁师范大学学报》（社会科学版）1990年第5期。
陈晓明：《浅析词缀"化"及化缀词》，《江汉大学学报》（人文科学版）2005年第8期。

陈治安：《英汉词缀法构词比较》，《四川外语学院学报》1991年第1期。

陈中绳：《词语翻译》，《中国翻译》1987年第6期。

陈忠：《汉语借词研究中的几个问题》，《江海学刊》1963年第1期。

陈忠诚：《初论〈英汉大词典补编〉的译名》，《四川外语学院学报》2001年第1期。

刁晏斌、尹立楠：《当代汉语中的新同音语素》，《南京师范大学文学院学报》2009年第1期。

董晓敏：《当代汉语词汇变化文化透视》，《江西师范大学学报》（哲学社会科学版）2002年第3期。

董秀芳：《汉语词缀的性质与汉语词法特点》，《汉语学习》2005年第6期。

端木泓：《圆明园新证——万安方和考》，《故宫博物院院刊》2008年第2期。

郭剑英：《一个世纪以来的汉语外来词研究》，《郴州师范高等专科学校学报》2003年第1期。

郭利霞：《从"粉丝"到"扇子"》，《华北电力大学学报》（社会科学版）2007年第3期。

何自然、吴东英：《内地与香港的语言变异和发展》，《语言文字应用》1999年第4期。

贺文照：《汉语意译外来词归属问题探讨》，《安庆师范学院学报》（社会科学版）2000年第3期。

胡清平：《音意兼译——外来语中译之首选》，《中国翻译》2001年第11期。

黄河清：《汉语外来影响词》，《词库建设通讯》1995年第8期。

黄河清：《汉语音译外来词中所蕴含的语法现象》，《词库建设通讯》1994年第12期。

黄丽丽：《港台语词的一些特点》，《语文建设》1990年第3期。

姜恩庆：《现代汉语新外来词探究》，《天津商学院学报》1999年第4期。

姜明磊：《汉语外来词多译并存问题初探》，《柳州职业技术学院学报》2003年第3期。

金定元：《也谈专有名词普通化》，《外语教学与研究》1992年第2期。

黎昌抱：《试论外来词的翻译与内部形式化》，《丽水师范专科学校学报》2000年第3期。

李春琳：《现代汉语外来词的构词理据》，《新疆师范大学学报》（哲学社会科学版）2003年第3期。

李国南：《试论英语专有名词普通化》，《现代外语》1991年第1期。

李明：《关于卡拉OK、收银台和镭射影碟的思考》，《语文建设》1991年第12期。

李润桃：《"奴"的文化蕴涵》，《安阳师范学院学报》2007年第1期。

李行健：《词义演变漫议》，《语文建设》1994年第7期。

李行健：《"新词新义"仍需关注》，《山西师范大学学报》（社会科学版）2002年第4期。

李秀：《浅析现代汉语外来词》，《语文学刊》2003年第6期。

李玄玉：《论"汉语谐译词"的历史发展轨迹》，《锦州师范学院学报》（哲学社会科学版）2003年第4期。

李宇峰、于广元：《谈粤语源英语外来词对普通话的影响》，《扬州大学学报》（人文社会科学版）2006年第4期。

刘梦：《英镑、先令和便士》，《语文建设》1993年第8期。

刘新中：《关于汉语音译词研究的几个问题》，《文科教学》1996年第1期。

刘英凯：《汉语与英语的共有词缀化趋势：文化顺涵化的镜像》，《深圳大学学报》（人文社会科学版）2000年第2期。

刘泽先：《十九世纪的化学字》，《词库建设通讯》1998年第9期。

龙海平：《说"奴"》，《语言新观察》2007年第2期。

罗聿言：《试论现代汉语"新借形词"》，《语言文字应用》2000年第4期。

马庆株：《现代汉语词缀的性质、范围和分类》，《中国语言学报》1995年第6期。

孟华：《译名和译名方式的文化透视》，《语文研究与应用》1992年第1期。

孟伟根：《"出租汽车"小议》，《词库建设通讯》1994年第8期。

孟伟根：《汉语外来词的词义汉化及其回译》，《词库建设通讯》1996年第8期。

彭小川、毛哲诗：《类前缀"准"的多角度研究》，《湖南大学学报》（社会科学版）2006年第2期。

邵志洪：《词的理据在跨文化交际中的模糊性——从80年代的英语新词谈起》，《外语教学与研究》1993年第2期。

邵敬敏：《香港方言外来词比较研究》，《语言文字应用》2000年第3期。

沈家煊：《"语法化"研究纵观》，《外语教学与研究》1994年第4期。

沈孟璎：《试论新词缀化的汉民族性》，《南京师大学报》（社会科学版）1995年第1期。

盛炎：《试论澳门语言现状及其发展趋势》，《中国语文》1994年第1期。

史有为：《外来词研究的十个方面》，《语文研究》1991年第1期。

史有为：《外来词：两种语言文化的融合》，《汉语学习》1991年第6期。

史有为：《外来词研究之回顾与思考》，《语文建设》1991年第11期。

史有为：《外来概念词质疑及其处置》，《词库建设通讯》1993年第7期。

史有为：《外来词对接诸问题》，《语言文字应用》1996年第1期。

史有为：《语言社群类型与台湾的外来词》，《语言文字应用》1999年第2期。

苏金智：《从几组语词看语言变异与多样文化的关系》，《语言文字应用》1992年第2期。

苏金智：《英语对香港语言使用的影响》，《中国语文》1997年第3期。

苏新春：《当代汉语外来单音语素的形成与提取》，《中国语文》2003年第6期。

孙晓娅：《如何为新词命名？——论民国初年的"翻译名义"之争》，《文艺研究》2015年第9期。

谭海生：《对译借词——粤方言外来语中的一种特殊借词》，《广东教育学院学报》1995年第1期。

汤志祥：《汉语词汇的"借用"和"移用"及其深层社会意义》，《语言教学与研究》2003年第5期。

陶小东：《关于"新兴词缀"》，《上海师范大学学报》（哲学社会科学版）1993年第4期。

王存美：《伊妹儿及其他——网络语言拾零》，《柳州职业技术学院学报》2002年第12期。

王慧：《信息理论对汉语外来词翻译的影响》，《海淀走读大学学报》2002年第2期。

王建华：《谈"幽你一默"的语言现象》，《晋中师专学报》1997年第1期。

王玲：《外来语素的词缀化》，《语文学刊》（高教版）2006年第7期。

王铁昆：《汉语新外来语的文化心理透视》，《汉语学习》1993年第1期。

王振昆：《词汇的规范化与词的内部形势》，《汉语学习》1983年第3期。

温建辉：《"葡萄"名称的来源考释》，《中国酿造》2013年第9期。

邬菊艳、王文斌：《论英汉类词缀的语法化和词汇化》，《外语教学》2014年第5期。

吴世雄：《关于"外来概念词"研究的思考》，《词库建设通讯》1995年第8期。

吴世雄：《关于"外来概念词"研究的再思考》，《词库建设通讯》

1997 年第 1 期。

伍民：《五四以来汉语词汇的一些变化》，《中国语文》1959 年第 4 期。

武占坤、王勤、程垂成：《十年来汉语词汇的发展和演变》，《中国语文》1959 年第 7 期。

《香港中国语文学会"外来概念词词库"总说明》，《词库建设通讯》1993 年第 7 期。

谢屏：《新经济形势下翻译观念的转变》，《上海科技翻译》2001 年第 3 期。

杨必胜：《试论"港词北进"》，《语文建设》1998 年第 4 期。

杨挺：《直用原文——现代汉语外来语运用中的一个新趋势》，《中国语文》1999 年第 4 期。

杨枕旦：《豪猪非猪，黑蝇非蝇——科技术语翻译杂议（一）》，《外语教学与研究》1987 年第 2 期。

杨枕旦：《Sea Horse（海马）是鱼不是马——科技术语翻译杂议（六）》，《外语教学与研究》2000 年第 3 期。

杨枕旦：《墨鱼非鱼——再谈意译的不足》，《科学术语研究》2001 年第 3 期。

杨枕旦：《Karst——旧译名"喀斯特"为何被重新启用》，《外语教学与研究》2001 年第 4 期。

杨振兰：《外来词的汉化及其外来色彩》，《山东师大学报》（社会科学版）1989 年第 1 期。

叶南：《当代汉语自源性类词缀化及其逆同化现象》，《西南民族大学学报》（人文社会科学版）2014 年第 9 期。

游汝杰：《〈上海通俗语及洋泾浜〉所见外来词研究》，《中国语文》2009 年第 3 期。

于辉：《汉语英源外来词删音现象的音系研究》，《语言文字应用》2013 年第 3 期。

袁斌业：《试论当代大众传媒对翻译的影响》，《广西师范大学学报》（哲学社会科学版）2002 年第 4 期。

翟步习：《谈谈外来词的译介方式》，《内蒙古农业大学学报》（社会科学版）2003 年第 2 期。

张博：《组合同化——词义衍生的一种途径》，《中国语文》1999 年第 2 期。

张德鑫：《第三次浪潮——外来词引进和规范刍议》，《语言文字应用》1993 年第 3 期。

张德鑫：《翻译与语言文字应用》，《语言文字应用》1992 年第 4 期。

张慧娜：《当代汉语类词缀发展探微》，《内蒙古师范大学学报》（哲学社会科学版）2006 年第 5 期。

张吉生：《再论汉语外来语音节可接受性的优选分析》，《外国语》2006 年第 2 期。

张巨龄：《"博士后"一词该不该改？——兼谈汉语新词产生与确立条件》，《语文新圃》2005 年第 11 期。

张蕾：《近三十年中国流行语的文化阐释》，《文艺研究》2011 年第 12 期。

张铁文：《词源研究与术语规范——X 射线词族的词源研究》，《术语标准化与信息技术》2005 年第 1 期。

张铁文：《〈现汉〉"西文字母开头的词语"部分的修订》，《语言文字应用》2006 年第 4 期。

张小平：《当代外来概念词对汉语词义的渗透》，《世界汉语教学》2003 年第 2 期。

张小平：《当代汉语类词缀辨析》，《宁夏大学学报》（人文社会科学版）2003 年第 5 期。

张谊生：《当代新"零"词族探微——兼论当代汉语构词方式演化的动因》，《语言文字应用》2003 年第 1 期。

张志毅：《词的理据》，《语言教学与研究》1990 年第 3 期。

周定国：《谈汉语音译外来词规范化》，《语文建设》1994 年第 10 期。

周定一：《"音译词"和"意译词"的消长》，《中国语文》1962 年第 10 期。

周洪波：《外来词译音成分的语素化》，《语言文字应用》1995 年第

4期。

周荐:《拟外来词——文化交流中的怪胎》,《语文建设》1996年第1期。

周荐:《论词汇单位及其长度》,《语言教学与研究》2006年第1期。

周日安:《数词"零"的缀化倾向》,《西北师大学报》(社会科学版)2003年第3期。

周日安:《"粉丝""铁丝"与"钢丝"》,《修辞学习》2006年第6期。

朱京伟:《西洋乐器中文译名的形成与演变》,《词库建设通讯》1999年第11期。

朱亚军:《现代汉语词缀的性质及其分类研究》,《汉语学习》2001年第2期。

宗守云:《时髦的"傻瓜"》,《咬文嚼字》2001年第5期。

邹嘉彦、游汝杰:《当代汉语新词的多元化趋向和地区竞争》,《语言教学与研究》2003年第2期。

学位论文

白云霜:《当代汉语词汇新增义位研究》,博士学位论文,河北大学,2012年。

江莉:《十九世纪下半叶来华西方人的汉语研究——以〈中国评论〉为中心》,博士学位论文,北京外国语大学,2015年。

王英姿:《译名研究》,博士学位论文,华东师范大学,2009年。

谢雨丽:《〈航海述奇〉(两种)外来词研究》,硕士学位论文,华东师范大学,2015年。

尹海良:《现代汉语类词缀研究》,博士学位论文,山东大学,2007年。